アイヌ人物誌

松浦武四郎 原著
『近世蝦夷人物誌』

更科源蔵・吉田豊［訳］

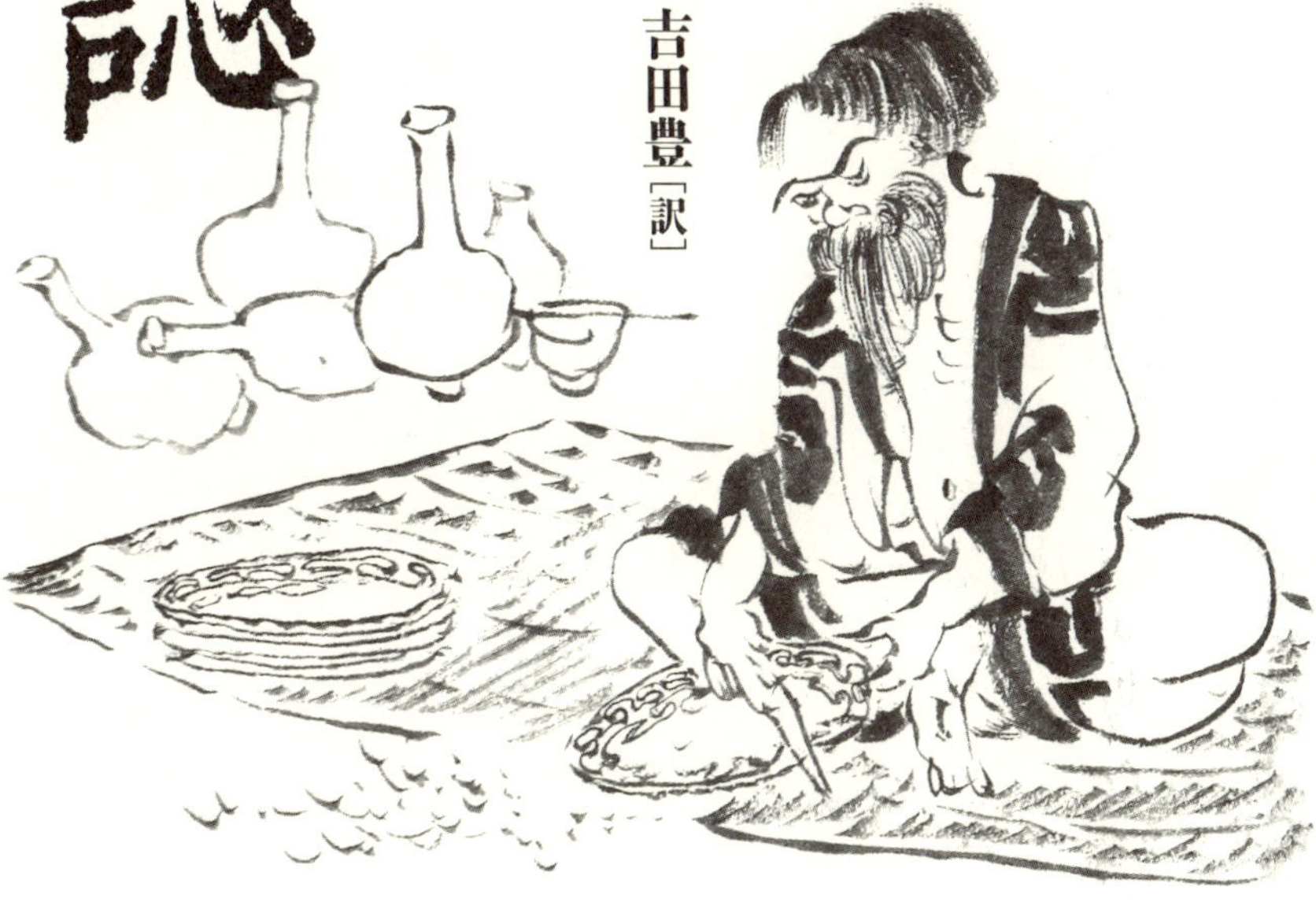

青土社

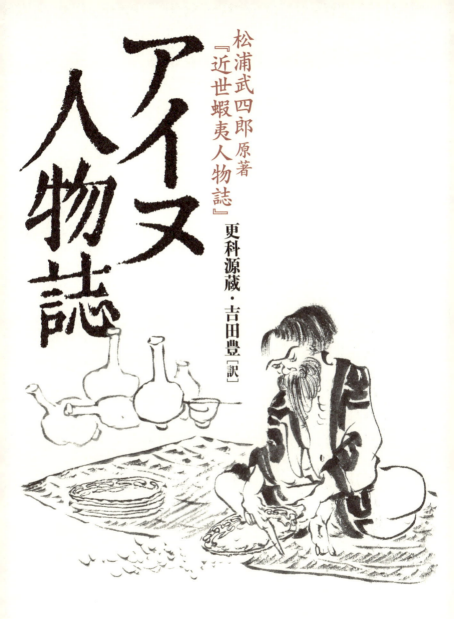

アイヌ人物誌

『近世蝦夷人物誌』関係地図

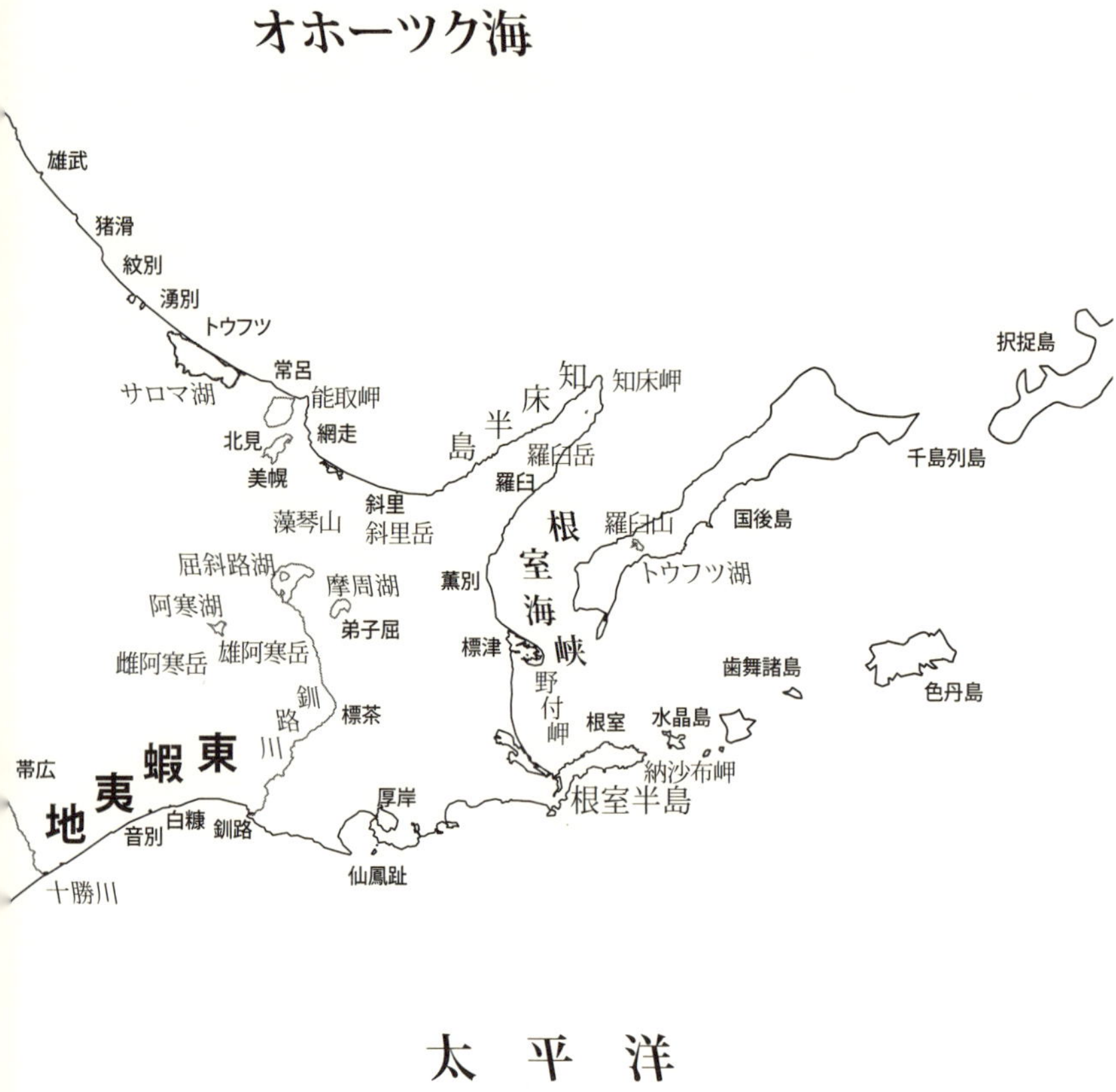

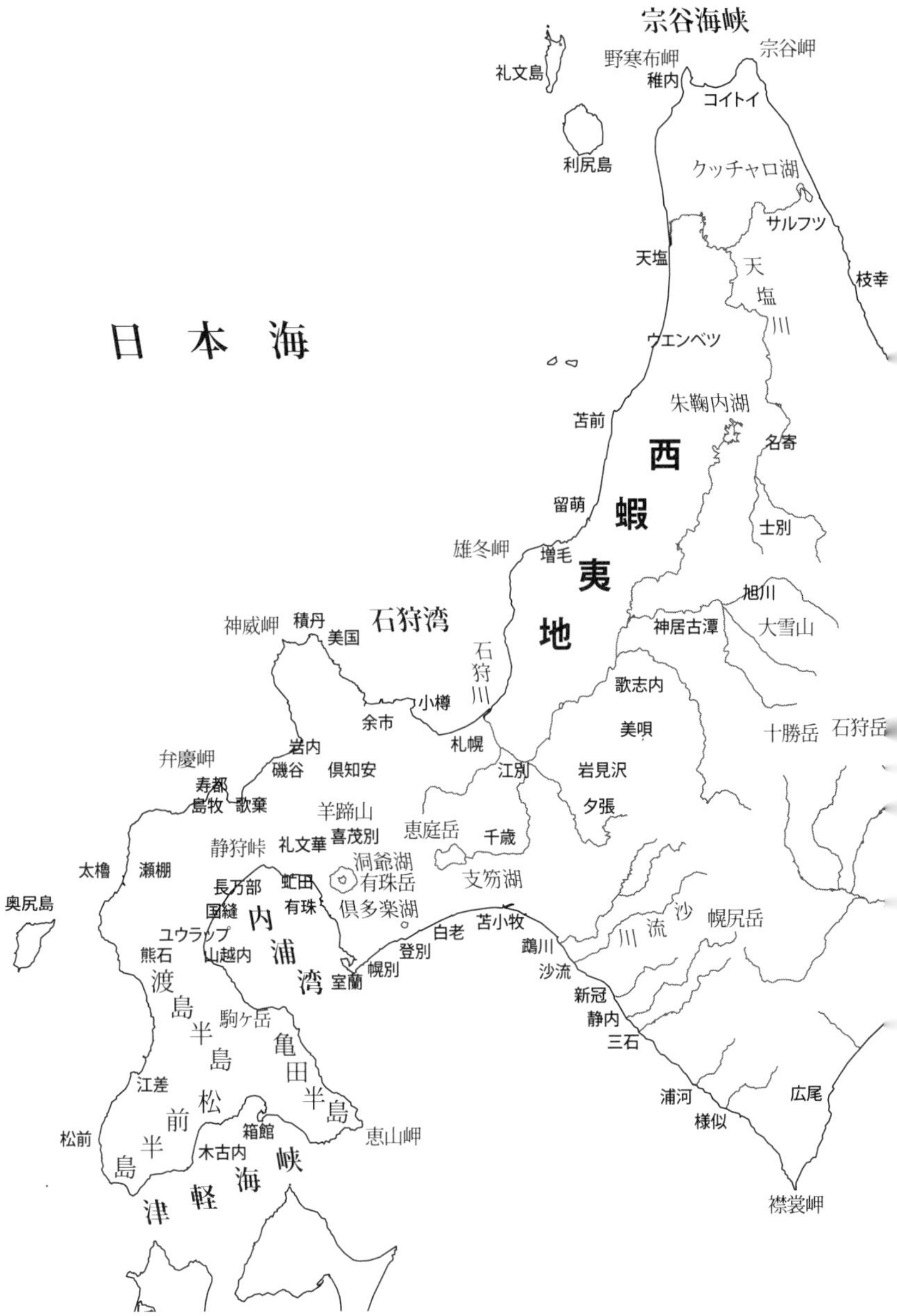
宗谷海峡
宗谷岬
野寒布岬
稚内
礼文島
コイトイ
利尻島
クッチャロ湖
サルフツ
天塩
天塩川
枝幸
日本海
ウエンベツ
朱鞠内湖
苫前
名寄
西蝦夷地
留萌
士別
雄冬岬
増毛
旭川
神威岬
積丹
美国
石狩湾
神居古潭
大雪山
石狩川
小樽
歌志内
余市
美唄
十勝岳
石狩岳
札幌
岩内
弁慶岬
磯谷
倶知安
江別
岩見沢
寿都
島牧
歌棄
羊蹄山
夕張
静狩峠
礼文華
喜茂別
恵庭岳
千歳
太櫓
瀬棚
洞爺湖
有珠岳
支笏湖
長万部
虻田
奥尻島
国縫
有珠
倶多楽湖
内浦湾
白老
苫小牧
沙流川
幌尻岳
ユウラップ
熊石
山越内
登別
鵡川
幌別
室蘭
沙流
渡島半島
新冠
駒ケ岳
静内
亀田半島
三石
江差
松前半島
浦河
広尾
箱館
様似
松前
恵山岬
木古内
津軽海峡
襟裳岬

『近世蝦夷人物誌』関係地図
「北蝦夷地（樺太）」

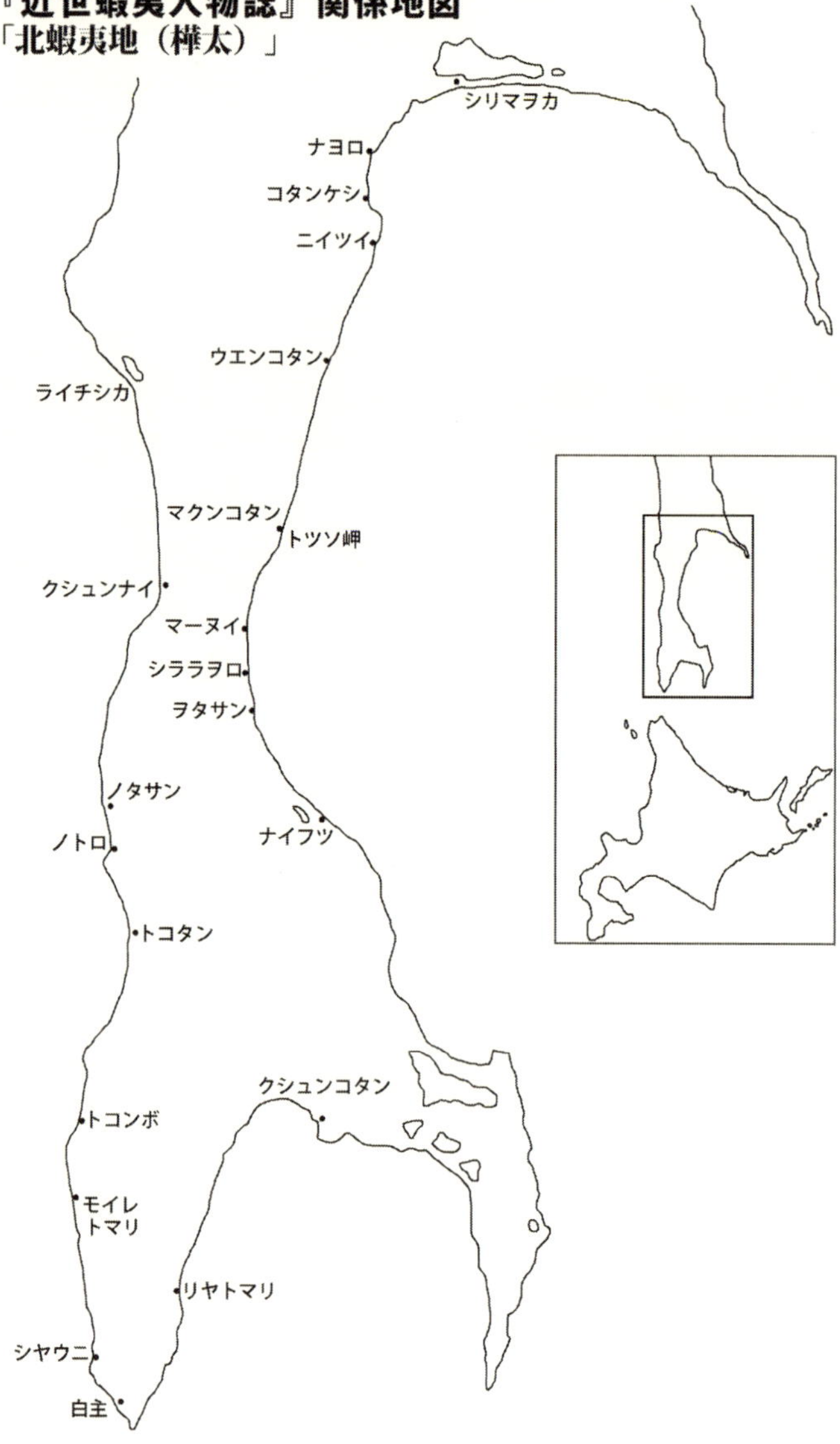

アイヌ人物誌　目次

近世蝦夷人物誌 弐編

弐編 巻の下 236

近世蝦夷人物誌 参編 269

参編 巻の上 270

参編　巻の下　323

解題　松浦武四郎《まつうらたけしろう》と『近世蝦夷人物誌《きんせいえぞじんぶつし》』

更科源蔵

この本の著者である松浦武四郎（竹四郎とも署名する）は、十六歳のときから故郷を離れ、日本国中を隅から隅まで歩き、でき得れば唐（中国）天竺（印度）にまでも渡ろうとこころざした。それが不可能と知ると、当時流人の島として世間から疎外されていた蝦夷島に渡り、五回にわたって道のない山野に分け入り、今は異国になった樺太《サハリン》までも探検の足を踏み入れ、時の為政者によって隠され、忘れられている辺境の島の姿を、世に紹介した。時には刺客につけねらわれながらも、ついに明治維新を迎えて、蝦夷地に近代の曙の光がさしたとき、その国郡名を定め、彼の雅号である北海道人の名をとって、この島を北海道とした。北海道の名付けの親であった。

彼は、時の為政者からは悪徳をあばく痴者《しれもの》として刺客をつけられたように、波荒い北海の濃霧にさえぎられた島で、日本人のあくことのない野蛮な収奪と不徳のもとで、蝦夷といわれたアイヌ民族が、どのような立場におかれ、どのような仕打ちをうけていたか、彼の数十巻にのぼる旅日記にも、それらがきびしく批評され告発されている。しかし多くは地理の書としてであって、充分に彼の記述したかったことがのべられていない。そのヒューマニストとしての本質をまとめたのが、この『近世蝦夷人物誌』

であるといえよう。しかしこの書の出版は、幕末の箱館（函館）奉行所でもゆるさなかった。彼の歯に衣を着せない記述が、時の為政者の出版禁止となったものであることにちがいない。

これがはじめて活字になったのは、彼の死後二十余年後の明治四十五年（一九一二）から、雑誌『世界』に二年にわたって連載されたのにはじまる。そのために奉行所の都合のよいように手の加えられない、彼の意志がある程度通っているものが、そのまま発表されたといえよう。

■旅の中での自己形成

著者の松浦武四郎は、現在の三重県一志《いちし》郡三雲村字小野江（当時の伊勢国一志郡南須川村）の出身で、家は代々苗字帯刀をゆるされた庄屋で、彼はそこの四男。父の桂介時春という人は、本居宣長門下で国学を修め、白梅舎月菜、小野江人、小野古江釣人と号して文をたしなみ、茶道もよくする風流人で、武四郎の幼時に剃髪して仏門に帰依し、慶祐とも号した。この父が末ッ子で、やんちゃ坊主の武四郎を、こよなく愛したことが、彼の人となりに大きな影響を与えていたようである。

彼の生れた文政元年（一八一八）という年は、蝦夷地の周辺にはオロシア船が出没し、とくに北方領土では何かと物騒がしく、幕府は蝦夷地を松前藩から取りあげて直轄し、奥羽各藩に警備をさせたりしていた時代であった。

彼は十三歳のときから十六歳までの間、津藩の儒者の平松楽斎の塾で学んだが、楽斎の勘気にふれて破門になった。理由は明らかにされていないが、後年楽斎が送った手紙の中に、「むざと議論などされ無く、わざわひに遠ざかられ候様申遣はし候ことに候」などとあるので、彼の起伏の激しい反骨精神のせいであったろうと思われる。

楽斎の門を追われた彼は、故郷を離れて江戸に向うとき、親類の者に書き送った手紙の中に「先私は江戸、京、大坂、長崎、唐又は天竺にても行候か」とあって、旅人としての生涯を望むのであるが、江戸では平松塾で知り合った、山口遇所という人のところに寄寓し、この人が篆刻《てんこく》をするので、見よう見真似で篆刻の技を身につけた。それは諸国を遍歴するには、画家となるにしては技術が未熟であるし、俳諧師となっても世の中は文盲が多くて、仲々絵画や俳句でもって糊口をしのぐことはむずかしいから、その点篆刻が最も生き行く助けになると、思いついたのである。天保四年(一八三三)、彼が十六歳のときのことである。

彼の江戸への脱出は、心配する父の使いの者によって連れ戻されるが、すでに放浪癖のついた彼は、素直に東海道を通って帰ろうとはせず、中仙道を通って、戸隠山や御嶽などに登り、自然のふところに深く分け入って、何かをさぐりとろうとした。

故郷に戻って暫く静かにしていたが、翌天保五年(一八三四)の秋、父にもらった一両の金を懐にして、先ず大阪を手はじめに播州、備前や紀州、和歌山などの近畿路から淡路、讃岐へと足をのばした。江戸で習い覚えた篆刻の技を生かしての旅であるが、十七歳の少年としては、大胆きわまる行動といわざるを得ない。

この気儘な旅は天保九年(一八三八)、長崎で疫病にかかるまで西日本の各地に足跡を残した。その地名をあげてみると天保六年には紀州、那智、熊野、高野など紀伊半島から、近畿、北陸路に入り信濃を通って、ときには村人に四書、唐詩などの講義をしながら、江戸に入り、日光や仙台、水戸を通って再び江戸に入った。さらに便船を得て鳥羽にあがり、その翌年には四国の霊所をくまなく歩き、紀州に帰り、伊賀、播磨、但馬などを歩いて、中国地方の日本海岸を、鳥取、大山、米子、松江、大社を通り、萩、広島と歩いた。その行く先には、天保四年（一八三三）にはじまった天保の大飢饉の、暗い陰が重々しくのしかかるようにたれこめていた。

そして天保八年（一八三七）には、広島、山口から九州にわたり、博多、大宰府、唐津を通り伊万里に出て、三月二日大村に泊り、大塩平八郎が乱を起したことを耳にし、若い血が騒いだ。かつて大阪に滞在中大塩の門を叩き、「しばらくここに滞在してはどうか」と、すすめられたことがあったからである。

勿論この年も、この南の国でも麦もとれず、人々は野草の根を掘って生命をつなぐ有様で、とても篆刻などの技が通用する状態ではなく、臼杵から都留というところに越える途中、そのまずしい懐をねらう追剝に遭って「其の時纔《わず》かに貯ふる処の一朱銀二個を遺したり」と手記している。その困難をきわめる中も屈せず、彼の旅はなおも南へ南へと続けられた。

鹿児島には他国者の入国が厳しいので、ここでも曹洞宗の僧形になって、僅か三日間ではあるがまんまとくぐりぬけることができた。

とげとげしい凶作の間を通り抜け、五箇荘《ごかのしょう》までも入ろうとしたが、あまりのひどさに足がすくんでかここには入らず、天草の島で冬を越し、年が明けてそこから長崎に渡ったところで、疫病にかかり、大熱にうかされたが、親切な介抱をうけて危うく一命をとりとめた。そんなことから臨済宗の寺の伴僧になり、名も文桂と改め、後に平戸の宝曲寺という寺の住職になり、また、中国から茶を移し植えたという千光国師ゆかりの、千光寺の住職になり、彼としてはめずらしく、三年という長い間ここにとどまった。

勿論その間全く神妙にしていたわけでなく、五島列島に渡ろうとしたが、大塩の乱のあと旅人の取締りが厳しく、手も足も出なかった。しかし、彼のいた千光寺からは南の島々、とくに雲霧の彼方に壱岐、対馬があった。その飛石のような島の彼方には、唐につながる大陸が横たわっているところからすれば、彼が三年もの間おとなしく、この付近の寺守をしていたのは、国禁をおかしても大陸へ渡ろうとの夢をひそかに抱いていたからではなかったろうか。

一度彼は対馬に行く烏賊《いか》釣り船に便乗して島に渡り、落日の彼方に浮ぶ大陸の島影に胸をこがしたことがあったが、その年は烏賊が不漁のため、彼の不法をたしなめるかのように、漁船は彼をうながして、早々に引揚げてしまった。

■北方への開眼

このような失意の彼の耳に、それまでほとんど世の注目を集めることのなかった、蝦夷島という、耳なれない島の事を伝えてくれたのは、長崎で代々町年寄格の地位にあった津川文作という老人であった。

この人は蝶園と号する風流人で、海外から送り返される漂流民の、経験談などを聞きとって、それを報告する仕事などをしていた。その報告書がほとんど未開発のまま彼の手元に残っていた。その中に、どうかすると外国の触手がのびようとする北方関係の資料があったので、武四郎は津川老人の所蔵する二百余冊の、外国関係の書を借りて二か月の間に読破した。

それによると、露人が千島伝いに南下をはじめたのは明和二年（一七六五）頃からで、択捉《エトロフ》や得撫島《ウルップ》で島民との間にいざこざが絶えなかった。

その後寛政元年（一七八九）に、千島の国後《クナシリ》と根室の目梨《メナシ》の蝦夷が、漁場請負人の不当な取引きと取扱いに反撥して、反乱を起したが、その背後にロシアの後押しもあるらしいといわれ、蝦夷地の周辺が急に騒がしくなり、徳川幕府も捨てておけず、蝦夷地を松前藩から取上げて直轄地にした。

一方ロシアは日本の漂流民を送り返し、交易をせまったが、幕府は漂流民を受け取りながらも、国法を盾に交易は拒絶したため、ロシアは文化三年（一八〇六）樺太の日本人漁場を荒し、翌年には二隻の露（ロシア）船が、千島の択捉島の漁場を荒し、幕府の役人や警備にあたっていた、南部と津軽の藩士を追い払い、礼文島沖、根室沖、利尻島でも商船や藩船を襲うということが起こった。

こうしたことから日本方でも、文化八年（一八一一）という年に、国後島の測量に来たジアナ号という露船の船将、ゴローイン等を捕えてしまった。そこでジアナ号の副将のリコルドが、さきの択捉襲撃のときに捕えた番人の五郎次という者と、漂流民六人を還して、ゴローインの放還を申し出、翌文化九年にゴローインが放免され、後に『日本幽閉記』を著している。武四郎が津川老人から借りた本の中にはこれらの著書も勿論ふくまれていた。

こうしたことから武四郎は、それまで唐、天竺に向けていた目を、急に北方に転ずるようになった。故郷を離れて十年、放浪の旅をしている間に、父も母もすでに世を去っていたことを知ると、矢も盾もたまらず飛びたつ思いで、天保十四年（一八四三）の秋に故郷に帰り、父母の法要をすませると京阪に入り、近江路から北陸にぬけ、未知の日本海岸を北上し、山があれば山に入り、岬があればこれをまわるという旅をつづけた。当時松前に渡る船は、青森県鰺が沢からであったので、ここで便船を求めたが、ここでも高野長英の脱獄事件のため、旅人の取調べが厳しく、渡海は絶望となる。

渡海をはばまれた武四郎は、漫然と時の来るのを待たず、冬空の下に凍てついているような蝦夷地を目の前にした津軽や下北半島を歩きに歩いた。未知の国である蝦夷地の予備知識を吸収しながら気付いたことは、蝦夷の奥地に入ると、本州のように篆刻による収入を得られないということであった。年が明けると仙台の旧知を訪れ、江戸に直行したのは、それらの事情を物語っているようである。

彼がはじめて新天地に足を踏み入れたのは、その翌年の弘化二年（一八四五）二十八歳のときであった。

この年は江戸から奥州街道を直線的に急ぎ、津軽の鰺が沢に入り、ここで多くの友情に支えられ、江差で商売をしている斎藤家の手船に乗せてもらって、江差に渡り斎藤家の世話になる。彼は篆刻だけではなく、詩歌は佐佐木信綱の父に、絵画は石井柏亭の父に学んでいたし、その他仏法についても素人ではなく、長崎滞在中に、蘭学の素養も多少は身につけていた。江差に渡った二十八歳の彼は、幅広い人物に成長していたわけで、彼は忽ちに多くの友人知己によって、温かく取りかこまれた。

彼ははじめ千石場所といわれ、日本人が経営する漁場の密集する日本海岸を目ざして旅に出るが、ここは諸国から流れ込んだ人々が騒然としているので、松前藩では神経をとがらせ、旅行者の取締りが厳しかった。そこで、途中まで行って旅を中止して引返し、白鳥という箱館の商人で、太平洋岸の場所請負人と知りあいになり、その手引きで太平洋岸の場所場所で、丁重な接待を受け、現在も地の果てといわれている、知床岬にまで足跡を印している。

■和人の渡来の足跡

この北の島への和人の渡来はいつであったか、勿論さだかなあかしはない。札幌に近い江別の岳陵地帯の、奈良、平安朝の貴族のものと思われる墓から、副葬された蕨手直刀や和銅開珎が発掘されたことがあり、相当古い時代から、この地への渡来はあったものと思われる。

鎌倉時代に入って戦乱や凶作のため、目の前に見える蝦夷が島に、奥州路から逃げ渡るものが多くあったというが、建久二年（一一九一）という年に、強盗らが流刑にされ、建保四年（一二一六）にも強盗や海賊が流されたという記録もある土地柄であったようである。弘仁元年（八一〇）に、渡島の蝦夷は出羽国に属しているという史料もあるが、元久二年（一二〇五）という年に、北条義時が執権となると安東氏が、「東夷ノ堅メ」、「夷島ノ押」之として、初代の代官になって、この島のことを取りしきったとある。

しかしこの安東家に内紛がつづき、北条氏に叛き津軽の十三湊に館をうつしたり、嘉吉三年（一四四三）には南部義政に攻められて、ここを放棄して蝦夷島に逃げたりした。その後安東政季のとき、後の松前藩祖となる武田信広や相原政胤、河野政通らと、下北の大畑から蝦夷島に渡った。

これら安東氏の一族の渡来により、箱館から江差にかけて十二の館がつくられ、当然先住の人々との間に確執が起った。世にいうコシャマインの乱の起きたのは、この渡海の二年後、康正二年（一四五六）の夏のことであった。

この騒乱で安東一族の砦のほとんどが陥ち、わずかに安東家政の守る茂別館と、蠣崎季繁の花沢館とだけになったが、このとき武田信広が反撃してコシャマイン軍を破り、その功によって蠣崎季繁の嗣子となった。

その後数度にわたり、アイヌの蜂起があり、その度に、強大な蝦夷の勢いに圧倒されて、蠣崎氏以外は滅亡あるいは没落したが、蠣崎氏だけは巧みにいつわって和睦し、騙し討ちにするという方法で切り抜けてきた。天文二十年（一五五一）四代目の季広のときに、東西の蝦夷と講和し、諸国から集まる商船から「夷役」という税金をとって、西蝦夷（日本海岸）の酋長と、東蝦夷（太平洋岸）の酋長に配分し、ようやく平和を招来した。

そして五代目慶広の時代までは、依然主家は安東家で、松前の大館と上磯の茂別館に拠っていたが、次第に衰亡し、実権は蠣崎家に握られていった。

とくに五代目慶広の時代になると、当時北条氏を討って天下を平定した豊臣秀吉に会って「蝦夷島主」の待遇を受け、はじめて安東氏の従属から脱して独立した。秀吉の後、天下が徳川に移ると早速家康に謁見して、氏を松前と改めた。これは徳川の旧姓松平の松と、前田利家の前からとったものといわれている。

天下分け目の関ヶ原の合戦のあった年、慶広は現在の松前に本格的な築城にかかり、慶長十一年（一六〇六）秋に落成し、福山城といって、これを中心に西は熊石あたりまで、東は箱館の亀田付近までを、和人の居住地とし、亀田と熊石に番所を置いて、蝦夷地に入る和人を取調べ、紛争を起さないように気をくばった。

■場所請負の暴虐

城もでき家臣も他の大名並になるにつれ、領地内に農業をもたない松前藩は、他藩のように、藩士に知行米を給与できないので、蝦夷地といった奥地をいくつかに分けて、藩士がそこに住む蝦夷の産物と、交易する権利を与えた。蝦夷の求める物品を持った藩士が、知行地に出かけて、蝦夷同士が久しぶりで会ったときに、互いの身体をさすって健康を祝し、久闊を叙すという、親愛の交友をあらわすウムシャという方法で、土産物を贈り、その返礼として産物を貰って帰り、その貰った産物を本州から来ている商船にさばいて、知行米に替えるというものである。こうした場所を知行地といい、分けてもらえる藩士を、場所持ちとか、支配処持ちといった。

場所持ちと蝦夷との関係は、以上のようなものであったが、藩士たちは相手の蝦夷が素朴で無欲であるのにつけ入り、次第に本来のウムシャとちがって、威圧的なものになり、蝦夷に恩恵を施し、制令を伝えるという、支配者的立場をとるようになった。そしてはじめは藩士本人が、直接知行地に出かけて交易にあたっていたのが、次第に代理人となり、ウムシャがオムシャと訛るようになった頃には、公然と交易所を設け、はじめは毎年交易品は舟一艘の量に限定されていたが、藩主に別に運上金（税金）を納めると、舟二艘でも三艘でもよくなり、さらに産物の生産に場所持ちの藩士自らが、手をかけるようになった。

一方藩士と商船の取引きでは、企画の大型化につれ、商人に対する藩士の負債が多くなり、その返済に困ったあげく、漁場の交易権を商人の手にまかすようになった。これは藩士だけではなく、藩主の直領地にまでも及び、それまでの藩主及び藩士と、蝦夷との友好的な交易から、完全に商人対蝦夷の経済的取引きに置換えられてしまった。この知行地の経営を請負う商人を、場所請負人といい、料金を運上金、交易所を運上屋といった。

当時の蝦夷との交易の場合、物と物との交換で、米一俵が交換の基準であった。蝦夷地ではその一俵が、四斗ではなく二斗俵であった。それも作柄などでさらに少なくなり、寛文九年（一六六九）シャクシャインの乱が起きた頃の一俵は、僅かに七、八升より入っていなかった。しかしそれでも一俵は一俵であり、米一俵で干鮭百尾とが交換されたのである。

シャクシャインの乱の原因は、現在の日高静内を境にする、東方系の人々と、西方系の住民との間の、漁狩猟権の争いに端を発したといわれているが、最後にはこの二大勢力が一つになり、奥地に入って鷹をとっていた和人の鷹師や、金山の金掘りたち、それに商船などに襲いかかった。乱後津軽の隠密の調べによると、太平洋岸では白老《しらおい》、幌別、三石《みついし》、幌泉、十勝、釧路の音別《おんべつ》、白糠《しらぬか》などで鷹師、金掘りなど二百十二人、日本海岸でも歌棄《うたすつ》、磯谷、岩内のシリフカ、余市、古平《ふるびら》、小樽、増毛《ましけ》で百四十三人が血祭りにあげられた。

これに対して松前藩では討伐軍を差し向け、またしても和議にさそって酒で酔いつぶし、「俄に是を囲んでシャクシャイン、チメンバ等十四人を殺し」たと、『新撰北海道史』にある。

とまれこの騒乱の結果、これまで松前地方に、僅かの橋頭堡より持っていなかった松前藩は、北海道の半分以上に自分の勢力を伸ばすに至った。

シャクシャインの乱のあと、松前藩では、なるべく和人が奥地に入ることを制限し、蝦夷との余分な摩擦をさける方針をとったが、当時の経済発展は、奥地の根室や千島にも触手をのばし、一方マルコ・ポーロの『東方見聞録』などの刺激で、にわかに外国の探検船が北海道の近海に現われ、さらにさきにもふれた、シベリア侵略をはたしたロシア人の南下によって、日露の間が急に険悪になり、北方の雲行は日に日にあやしさを増した。

加えて場所請負は千島にまでのび、国後場所は、財政逼迫した松前藩に多くの経済的融通をした木材業者の請負となった。借財の形《かた》に押しつけられた漁場であったから、この請負人のもとで働く人々がどんなものであったか、想像にかたくなかった。春から秋まで働かせて酋長格で米三俵、普通蝦夷が一俵か二俵、女は煙草三把か、一、二把に小刀一丁という手当であったが、米一俵といっても僅か三升より入っていないこともあった。

その手当をすら貰えないまま、雪の積るまで働かされ、女房や娘は漁場の支配人のなぐさみ者にされ、働きの悪い者には米、酒に毒を入れて殺すなどとおどかした。その不安がひろがったところに、偶然、酒をのんだ者や、餅を食べた女が急死したり、働きが悪いといって薪で叩かれて死ぬということもあり、ついにたまりかねて寛政元年（一七八九）五月五日に、根室領目梨の住民も加わった二百余人が反乱を起し、七十一人を血祭りにあげた。

松前から派遣された討伐軍によって、首謀者等三十一名が処刑されて、事件は落着した。首謀者に抵抗を思いとどまらせ、降伏をすすめた長老たちの思わくとしては、この和人等の不徳を訴えれば、首謀者たちの罪は許されるものと思ったのかもしれない。

この日本人の血の中にひそむ、不徳の恥部を白日にさらすような騒動の中で、僅かに救いを求めるとすれば、ヒューマニストの和人商人が二人と、船頭が一人助けられたということである。

この騒動のあと蝦夷地は幕府の直轄となり、松前藩の禁じていた日本語を使うことも、日本文字を習うことも自由になり、日本の風習になじませようと、入れ墨や熊祭の風習を禁止し、箱館に奉行所を置き、南部と津軽の藩兵に警備させ、八王子同心〔幕府が甲州口警備のために八王子に置いた同心。百人一組で十組あったので千人同心ともよばれた〕の子弟に、後の屯田兵と同じように、開拓と兵備を兼ねさせた。

この幕府の直轄は、千島に国後騒動があって十一年後の、寛政十一年（一七九九）から、文政四年（一八二一）までの二十三年間であった。この蝦夷地が再び松前藩の支配に戻された文政四年という年は、松浦武四郎の三歳の年であった。

■漁場関係者の罪悪史を告発

こうして松前藩に戻った蝦夷地では、その後どのような政策が行なわれたか明らかではない。安政元年（一八五四）の黒船来航により、再び蝦夷地が幕府の直轄となったときに調べた、厚岸《アツケシ》、根室、国後、択捉の人口は、幕府が松前に返地した文政五年（一八二二）の人口に比較すると、厚岸で八〇四人が二一七人、根室の八九一人が五八一人、国後の三四七人は僅か九九人、択捉島の八四九人は不明とされている。厚岸アイヌの減少は、天保年間に痘瘡の流行があり、根室にも疫病があったからともいわれているが、その他の激減の理由は何であったのであろうか。

文政年間から国後漁場を請負った、藤野家の略歴によると、漁場を経営する人手がなく「人ヲ斜里ニ派シ土人数十戸ヲ之ニ移シ、沿岸数箇所ニ漁場ヲ開、漁業ニ従事セシメ、傍ラ石毛ノ地ヲ拓カシム。……現今国後島ニ居住スル土人ハ斜里郡ノ人種ナリ」とあって、なぜ減少したかについては明らかにされていない。これについて二、三の旅行者の、書き記した記録もあるが、出版してそれらを世に告発したものは、松浦武四郎の『知床日誌』であろう。

舎利（斜里）、アハシリ（網走）両所にては最早十六七にもなり、夫を持べき時に至ればクナシリ島へ遣《や》られ、諸国より入来る漁夫船方の為に身を自由に取扱はれ、男子は娶《めと》る比《ころ》に成ば遣られて昼夜の差別なく責遣《こきつか》はれ、其年盛を百里外の離島にて過す事故、終に生涯無妻にて暮す者多く、男女共に種々の病にて身を生れ附ぬ病者となりては働稼のなる間は五年十年の間も故郷に帰る事成難く、又夫婦にて彼地へ遣らるる時は、其夫は遠き漁場へ遣し、妻は会所（幕府の交易所）または番屋（請負人の番人の出張所）等へ置て、番人稼人〔皆和人也〕の慰み者としられ、何時迄も隔置れ、それをいなめば辛き目に逢ふが故、只泣々日を送る事也。如此無道の遣ひ方に逢ふが故に、人別も寛政中は二千余（文政五壬午改三百十六軒千三百二十六人、安政五戊午改百七十三軒七百十三人）有しが、今は漸々半に成しぞうたてけり。

これをさらに具体的に記したものが、この『近世蝦夷人物誌』であるということができると思う。したがってこれは、その当時の蝦夷人物誌であると同時に、霧深い北辺の地に行われていた日本人の、無残きわまる罪悪史であるともいうことができる。

武四郎がこの知床岬を、根室領からはじめて訪れたのは、最初に北海道に渡った弘化二年（一八四五）と、その翌年に北見領からの探検と、安政五年（一八五八）の幕吏としての一周であった。

彼の前後五回にわたる縦横無尽の探検旅行は、その鋼鉄のような健脚によるところ大であったが、それが単なる興味本位の探検旅行ではなく、ヒューマニストとしての、蝦夷に対するあたたかい眼差しにあふれていたということを忘れてはなるまい。そしてそうした彼の行動を、陰から密かに援助していた、水戸藩の協力もまた忘れてはならないように思う。

水戸藩は貞享四年（一六八七）に、快風丸という大船を建造して松前の状態をさぐり、翌元禄元年（一六八八）には石狩にまで来て、石狩川筋の実態を調査したりしている。天保四年（一八三三）には烈公徳川斉昭は、幕府に上書して、水戸三十五万石の添地として蝦夷地を賜れば、之を警備し開拓しようとし、天保九年（一八三八）にも再び請願したが、大奥などの反対にあって目的を達することができなかった。

彼武四郎はそうした水戸藩の隠密などに近より、「烈公よりも、いと有難き仰せごとを蒙りたり」とあるように、何らかの積極的な応援を得て、彼の大業がなしとげられたと見るべきである。

彼はまた寛政元年の国後の乱のあと、国後場所の請負人になった柏屋喜兵衛という水戸藩とは水と油の仲である井伊大老の御用商人の持ち船に水夫《かこ》としてもぐり込んで、「此二島（クナシリ、エトロフ）こそ紅夷赤狄と境を接せし洋中の孤島なれば、第一の要所とすべきこと……」とあるように、千島の実状を裏表からさぐり、精力的にこれを記録した。

彼のこれらの調査は和人からの安易な訊書きではなしに、被害者である蝦夷からのものであったということに千鈞の重みがあるといえよう。彼の行動は常に安々とした特権的な立場からでなく、たとえば第二回目に樺太まで行ったときには、樺太に行く医師の草履取りとなり、また千島に行くときは、水夫として雑用に働く小者のアイヌと寝食を共にするという生活であった。だから、『近世蝦夷人物誌』のような、厚味のある奥深いものが書き残されたものといえる。

訳者例言

一、本書は松浦武四郎著『近世蝦夷人物誌』の全文（本文三編、九巻）を現代語訳し、若干の注釈を加えたものである。

一、底本には『日本庶民生活史料集成』第四巻（高倉新一郎校訂、三一書房）所収のものを用い、吉田武三校訂『松浦武四郎紀行文・下』（冨山房）を参照した。

一、挿入の図は、武四郎子孫の松浦一雄氏が国立史料館に寄託されている武四郎自筆本（第一編巻中・下、第二編巻上・中、第三編巻下の五点）にあるものである（撮影・皆川健次郎）。

一、現代語訳は、現代の読者に内容を正しく理解していただくことと、原文の味わいをできる限り生かすことを旨とし、一部、逐語訳を離れたところがある。項目の番号も訳者がつけたものである。

一、原文において、人名や地名を二種以上の表記をしているばあい、原則として初出の表記で統一した。

一、地名は、現在、漢字の表記のあるものはそれで表記した。しかし通行している漢字の表記と原文の地名が同地域とは特定できないばあいは、原文の通りとした。

近世蝦夷人物誌　初編

近世蝦夷人物誌　序文

蝦夷の人々を哀れに思うのは、彼らが髪をざんばらにし、着物の襟を左前[*1]に着ているからではない。生肉を食べ、穴に住んでいるからではない。彼らの哀れなところは、君臣、父子、夫婦、長幼の人の道を、かつて誰からも教えられていないことである。

もしも彼らが、人の道を学んでさえいるならば、ざんばら髪や左前の着物などは、少しも問題ではないのである。

お上がこの地に役所を置いて、蝦夷を治めておられるのも、おそらくはこのためではあるまいか。

ところが、赴任してくる役人たちは、蝦夷に人の道を教えるという本来の務めを果たさずに末節のことばかりこだわり、正道を忘れて名誉と利益を追い求めている。

偽わりの権威によって蝦夷をおどしつけ、その髪を切り、鬚を刈って、その風俗を短時日のうちに改めようとし、これに従わぬ者があれば、鞭や杖で打ちのめし、その姿を変えさせようと一時も猶予しないのである。

これでは、彼らはどうして心から喜んでお上に従うことができようか。そもそも民を治める基本は、その希望にこたえつつ、導いていくことにあるのに、これはなんたる誤りであろう。

友人の松浦氏はこのことを嘆き、かつて私にこう告げた。

「蝦夷を治めるのは、水を治めるのと同様に、その本来の性質に従って正道に導くだけのことである。彼らの清らかで柔順な性格は、まさに水の性そのものであるが、これを乱せば濁り、これに逆らえば波立つ。その純粋で柔順な本性を理解し、それを乱さぬようにすれば、苦労することなく、これを治めることができるのだ」と。

彼は蝦夷地を旅して戻ってくると、蝦夷の人々の、義行にすぐれ、道徳に秀でた行動を集めて記録し、三巻の書として私に序文を依頼した。

私はこれを一読して感嘆し、こう言った。「ああ、あの北の果ての不毛の地に住む人々を、だれが教え導いたのであろうか。そこには、彼らの天性のうるわしい性質が、その行動の中におのずと現われているのがみられる。それは、高位の役人や富豪たちでさえ、及びもつかぬ立派なものである。

ましてや、彼らに対し、すぐれた師が懇切に教育し、親愛な友人が親切な忠告をして、日を逐《お》い、月を逐ってその成長を助けていったならば、どれほどすばらしい結果となるであろうか」と。

私はこうして松浦氏の持論が誤っていなかったことを知った。現在の急務は、まさにここにあ

るのだが、松浦氏はもはやこの地にはいないのである。（原文漢文）

安政五年戊午（一八五八）元旦

獨松居士[*2]　箱館の仮住居にて記す

＊1――ざんばら髪、左前　原文は被髪左衽《ひはつさじん》で、古来、中国で野蛮な風俗とされてきた。

＊2――獨松居士　向山栄五郎、号は黄村。安政三年（一八五六）、箱館奉行支配調役となった。旗本、故向山源太夫の養子。源太夫は武四郎の上司であった。

凡例

一、この書名に〝近世〟の文字をつけた理由はつぎのとおりである。

この蝦夷地においては、寛文（一六六一～七三）のころに東蝦夷（太平洋岸日高方面）にシャクシャインという者がおり、明和（一七六四～七二）のころ、岩内《イワナイ》（日本海岸）にワシマという者が、天明・寛政（一七八一～一八〇一）のころには、アッケシ（釧路の厚岸）場所のツキノイ婆、イトコイ、チキリアシカリ、虻田《アブタ》（噴火湾岸）場所の酋長《おとな》サカナ、北蝦夷（樺太）のヤエンクルなどという者がおり、いずれも豪勇で義を重んじ、多くのすぐれた言行を残した人々であった。そのほかにも、当時の各地には、多くの孝子や苦難をなめた人々が、数限りなくいたのである。しかし、シャクシャインについては『蝦夷乱興廃記』『シャクシャイン乱妨記』その他の記録が残されており、ワシマについては『西蝦夷地一乱始末』『岩内場所聞書』、各種の届書や日記などが、アッケシのツキノイ婆、イトコイなどの件については、『寛政元年蝦夷乱発記次第』『クナシリ島蝦夷乱記』、蝦夷の反乱に関する各種届書、顚末書等、同様の内容で表題だけ異なった書物が十典にも及んでいる。そのほか、各場所の記録から抜書きするならば、数十人の人々に関する材料があり、これだけでも一冊の書物には収めきれぬほどである。

したがって、これらについては、いずれ別の書物に収めることとしたい。

本書には、去る弘化元年（一八四四）甲辰《きのえたつ》の年、私が初めて蝦夷地に足を踏入れて以来、今年安政四年（一八五七）丁巳《ひのとみ》の年に至るまでの十四年間に、直接会って詳しく話を聞けた人々と、さして遠からぬ時期の人々についての記録を収めたので、まず〝近世〟の二字をつけるのが妥当であろう。

　およそ人物に対する評価は、その人の死後にならねば下すことはできないというのは、伴蒿蹊《はんこうけい》＊1、花顛子《かてんし》＊2らの見解である。

　だが、それは内地でこそ言えることであって、万里の風雪に隔てられた海外にある蝦夷地でのことは、人々の耳に達することがむずかしく、また二度と再びこの人々と巡り合えるかどうかもわからないのであるから、私としては、一度でも見聞したことについては、他の蝦夷の人々にもこれを確かめて、少しも誤りがない場合には、ここに記した。〝近世〟の二字をつけたのは以上の理由による。

　また、〝人物志《ママ》〟とした理由はつぎのとおりである。

　この地の人々は、漢詩、和歌、連歌、俳句などの技を持たぬため、文学の道で名をあげた者こそいないが、忠と孝、五常（仁義礼智信の五つの美徳）の道にすぐれ、豪気、義勇の士が多い。ところが、このすぐれた人々の多くは、貧窮のうちにある。これは、人は貧困の境界にあってこそ、その真価を世に知られるからであろう。

　私も江戸にいた当時は、机と硯を一つずつ、それに僅か土鍋一つを抱えてあちこちと転居し、隅田川の月を眺めるために大川端の花街を宿とし、歌舞伎の顔見世興行や両国の花火見物に出かけるときこそ、刀を差していったが、ふだんは丸腰で過ごした。変わらぬのは夏冬通して季節はずれの冬着一枚という生活であった。そして江戸の地の儒者、文人、無宿人、遊び人とつきあう一方、また諸大名、貴公子、公家、殿上人といった人々からも、自分の業績や姓名を、かなり知られていたのである。

ところが、この箱館の地に来てからは、私も暖かな衣類、豊かな食事に恵まれて、役人の端くれとなったのだが、そのためか私の業績を知るものはなくなってしまった。これは、貧乏の苦しみから免がれたためであろうか。
一、本書の構成は、伴蒿蹊の『近世畸人伝』三熊思孝《みくましこう》の同続編に学んで、蝦夷の忠孝貞操の記録を中心として、その他、誠実純朴な人々、武勇の士、あるいは無頼の者についてまで記した。ただ、畸人伝は内地の記録であるため、何の国、何郡、何村とだけ書けば、だれにもその土地がわかるのだが、蝦夷地についてはそういうわけにはいかない。ただ何場所としただけでは、その地が遠いのか近いのか、西か東か、人の住む所かそうでないかなど、一向にわからない。このため、ごく概略ではあるが、その土地はどういう所か、どのような位置にあるのかを記した上で、人物について述べてある。これを世間の才子たちは一笑に付するかもしれぬが、私としては、蝦夷の人々のことを述べるには、まず、その住む土地について記すのが基本だと考えたのである。
また、これによって蝦夷地の地理を知ってほしいとの狙いもあったのである。
一、この書物において、土地の人の年齢は、すべて人別帳の安政四年（一八五七）現在によって記した。ただし、昨安政三年のことを記した、久遠《クドウ》場所のクワンレキ、美国《ビクニ》場所のヱコニ（ヱコマ）などについては、昨年現在の年齢となっている。
ただし、人別帳記載の年齢は、運上屋たちが、幼年の者については実際より幼くして給金を減らし、長寿の者については年齢を下げて老人養護の手当を減らすなどの細工をしているおそれがあり、記録された年齢がすべて正確であるとはいえない。

一、本書の文体は風雅でも低俗でもない。あえて文章を飾ろうとしなかったのは、ただ真実を伝えたいと考えたためである。

この原稿は、今月の半ばに書き起こして本日夕刻、ようやくできあがった。このため、なにぶんにもあわただしい執筆であったため、ことばの重なりや誤りが少なからずある。なお、本書には若干の絵を加えてある。これは拙い文章を補うためと、蝦夷嫌いのお役人が見られるときの欠伸《あくび》どめになろうかと考えたためである。

一、また、事実を明らかにするため、請負人、支配人、番人等の実名を記した。しかし、ここに名の出た人々も、この書物を読んだお役人のところへ出入りするのに、別に心配することはあるまい（彼らも似たようなものなのだから）。しかし、ここに記されていることは、すべて詳しく見、確かに聞いたことばかりであって、少しも事実に相違なく、決して『東海道中膝栗毛』（十返舎一九著）や『妙々奇談』（周滑平著）のようなふざけた作りごとではない。だから単なる娯楽読みものとして扱うのはやめていただきたい。

一、この原稿ができたとき、ある人がこれを読んで言った。

「この書物は三分の一が蝦夷地の地理、三分の一が人物記録、そして、あとの三分の一は、あなたによる（和人の行動に対する）悪口ですな」と。

私は答えて言った。

「その最後の三分の一は、私を憎む者にとっては悪口、賞賛する人からは立派な志を抱いたものと思われるでしょう。また、これがお上の目に触れれば、お上への恨みごととされることでしょう。いずれにせよ、この三つの見方があります」と。

思うに、韓退之《かんたいじ》が潮州の南に流罪となり、蘇東坡《そとうば》が浙江の北に左遷されたのも、すべて、その言行についての判断が、平凡な役人どもの目にはつきかねたためであろう。

そのことを思えば、私がこの書を著していささか警告の言葉を述べたことから、破羅山《ばらさん》（釧路厚岸にある山）に三年の流罪に処せられるといったおそれもあるだろう。

願わくば、高い地位におられる方々よ、このことだけは、ひとつお許しいただきたいものである。

安政四年丁巳の大晦日、箱館馬頭（現・谷地頭）の波気志楼の南の窓の下にて
伊勢出身　松浦　弘《ひろし》記す
おのづからをしへにかなふ蝦夷人《えみしら》がこころにはぢよみやこがた人

＊1――伴蒿蹊《はんこうけい》（享保一八～文化三、一七三三～一八〇六）。江戸中期の国学者。近江の豪商の家に生まれ、国学、歴史、和歌にすぐれた。随筆集『閑田耕筆』、商家教訓書『主従心得草』、伝記集『近世畸人伝』など著書が多い。本書は武四郎ものちに述べているとおり『近世畸人伝』の体裁に学んでいる。

＊2――花顛子《かてんし》三熊花顛《みくまかてん》（享保一五～寛政六、一七三〇～一七九四）。思孝《しこう》と号す。江戸中期の画家、文人。風俗画と桜の絵にすぐれた。伴蒿蹊と親しく『近世畸人伝』の挿絵を画き、また『近世畸人伝続編』を著した。

初編　巻の上

1　兄弟の豪勇、兄イコトエ・弟カニクシランケ

蝦夷地の西海岸、石狩という所には、川幅が二～三百間（約三百六十～五百四十メートル）にも及ぶ大河がある。その水源は各方面に分かれて、この島の水脈の大半がこの川筋に集まっている。いかに大きな河であるかは、都の人々も聞き及んでいるであろう。

この河の河口から、丸木舟で六、七日ほど溯っていくと、雨竜《ウリユウ》川という支流があり、その水源は、そこから北にあたる西海岸の漁場である留萌《ルルモツペ》や苫前《トママイ》の背後に達するのである。

その雨竜川の川筋に、兄をイコトエ、弟をカニクシランケという兄弟が住んでいた。

その年配からみて、おそらくは寛政以前の生まれであろう。幼いころには、家にコンラムという下男がいた。兄弟は両親が年をとり、長いこと病気をしていた間にも、山野に狩りに出て、どう猛なヒグマやワシを獲っては海岸に運び、米、酒、たばこ、あるいは古着などと交換して、老いた父母を慰め、少しも孝行を怠ることがなかった。

しかし、彼らが五十ほどになったころ、両親は石狩の山の露とはかなく世を去ったので、その

なきがらを近くのシュマンペッという所に葬り、朝夕の食事を供えるなど、生前と少しも変わらず孝養を尽くしていた。兄のイコトエは、両親の死を深く嘆いたあまり病気にかかって、これも一年ほど病床に臥したのち、その地の土となってしまったのである。

このため弟のカニクシランケも、日ましに元気を失っていったが、周囲の人が妻を迎えるよう世話をしたので、石狩川上流の地からクツランケという娘をめとった。

それからは昔と少しも変わらず、朝には石狩岳の方面に獲物を求め、夕べには十勝《トカチ》や夕張《ユウバリ》、日高の様似《シャマニ》の山々に分け入り、阿寒《アカン》から釧路《クスリ》、天塩《テシオ》の峰々にまで駆け回って、下男のコンラムとともに、巨大なワシやヒグマを、五頭、八頭としとめるまでは戻ってこなかったという。

彼の豪力ぶりは、鼎《かなえ》を差し揚げるほどのもので、丸木舟を差し揚げて、家の傍の高い木に立て掛けるなど、さまざまな力わざをして楽しんでいたとのことである。

また、日ごろ使っていた鉞《まさかり》は、刃の幅が一尺（約三十センチ）、重さは百斤《きん》（約六十キロ）から二百斤もあった。これに六尺もの長さの柄をつけて、水車のように振り回し、日ごろ薪などを伐るにも、この鉞を用いていた。

よその土地の蝦夷や、巡検の和人の番人などがその家を訪ねると、彼は鉞を片手であしらって見せては、驚かせていたという。

ところが、妻のクツランケには子供が一人も生まれないのを残念がっていて、ときどき行く天塩の山の方面、名寄《ナヨロ》という所にいた非常な大力の娘、セイコクという者と親しくなり、これを妾

45　兄弟の豪勇、兄イコトエ・弟カニクシランケ

として愛していたが、まもなく家に呼び寄せ、一同で仲よく暮らしていた。やがてクッランケは病死したので、それからはセイコク一人に家を守らせ、コンラムと二人で、相変わらず山岳を踏み渡って狩りをして過ごしていた。

そのうちセイコクは三人の女の子を生んだ。姉をフウレケシ、つぎはビバ、末の妹はケーショマと名づけて大切に育てていた。

やがてこの娘たちはだんだんと成長してきたので、夫婦は似合いの青年があれば嫁がせたいと考えたが、このように鳥も通わぬ深山に住んでいたのでは、望ましい夫を得ることもできまいと、やむなく両親の墓地のある雨竜川畔のシュマサンナイを引払って山を越え、西海岸の苫前領の羽幌《ハボロ》の川筋に住居を定めたのであった。

十二年ほど前、私は樺太に行っての帰途、その家を尋ねたところ、カニクシランケはセイコクとともに三人の娘を養っていたが、家も並みの建て方ではない。彼の容貌は、赤い鬚が胸を隠し、髪は雪霜のように白く肩を覆い、鋭い両眼は左右を射て、威風堂々としてしかも荒々しくはなかった。

私たちが着くのを待ち兼ねて、床にヒグマの皮を敷き、長さ一尺五寸（約四十五センチ）、幅八寸（二十四センチ）ほどの凹みのある石に火を入れて出してくれた。その石は、おそらく重さ四貫目（約十五キロ）はあったであろう。彼が片手でやすやすと持ってきたので私も片手で引き寄せようとしたが少しも動かず、彼の豪力の噂が嘘ではないことを、はじめて知った次第である。

その後、羽幌付近、石狩、天塩の山々のことを、すこぶる親切に教えてくれ、一夜の宿を乞うたところ、こころよく応じてくれたので、一泊して別れたのであった。

今年になって、羽幌に行った折、この人々はどうしたかをたずねたところ、カニクシランケは三、四年前に亡くなり、妻のセイコクと三人の娘たちだけが残っているということであった。そのときは二里ほど行き過ぎてしまっていたので、残念ながらセイコクを訪ねることもなく通り過ぎたが、今年六月、苫前に泊まり、それからセイコクの家を訪れた。

十二年前には、彼女もまだ体が太く逞しかったのだが、今は盲目となり、腰も立たない。年は七十二歳になるとのことであった。

十二年前のことを話し、みやげなどを与えたところ、涙を浮かべて、ただ一言、二言答えて、うつむくばかりである。娘たちのことをたずねると、姉娘のフウレケシは、同地の役土人、サンチャウの妻となり、次のビバはそのわきの床に寝ていたが、これを指してまだ夫はいないという。また末娘のケーショマにはシフェチという夫がいるとのことなので、ビバには、どうしてまだ夫がいないのかと問いつめたところ、彼女は、当地の番人の妻（妾）にさせられたため、心ならずも、まだ結婚できずにいるのだと、まことに恥ずかしげな様子で、乱れた白髪の陰の眼いっぱいに涙を浮かべていたのであった。

たった一夜の宿を求めた縁で訪ねて行った私を、下男に命じて昆布をとり出して炉で焼かせるなど、すこぶる親切にもてなしてくれたのには、悲しみと嬉しさに、ともに涙を流してきたことをここに記す。

この一条は、私が石狩のアイヌからたびたび聞いていた話と、天塩、名寄の役土人のルヒヤンケから聞いたこと、また同所支配人の清治が彼らの家を訪ねて親しく見聞したことなどを合わせて記したものである。

2　副酋長《わきおとな》リクニンリキ

島牧《シマコマキ》という漁場は日本海沿岸にあって箱館（函館）から約五十里（約二百キロ）、松前からの距離もほぼその程度のところである。

天明（一七八一〜八八）以前には人家が五十軒あまり、人口も二百人近くあったという。

この付近は、寛政〜文化（一七八九〜一八一七）のころは幕府が直轄地としておられたが、僅かの年月であったため、それほどの影響はなかったようである。ところが、その前後に、悪徳商人たちの手に任されたために、人口は日ましに減って、文政五年（一八二二）の壬午《みずのえうま》、蝦夷地が幕府から松前藩にご返還されたころには、僅かに三十三軒、百二十八人にまでなっていた。

それ以後も、請け負う商人がたびたび変わって、アイヌたちは少しも心の安まるときとてなかった。

今回、松前藩から請負人に渡されたときには、人家はたったの十軒、人口も三十九人しかなかった。三十九人といっても、うち二十六人は男で、女は僅か十三人しかおらず、そのうち妊娠できる年齢のものは六人しかいない。しかも、その一人は久遠《クドウ》の人別帳のものだという。それを除いた五人のうちの三人は、山崎屋なにがしという商人が、この地を請け負っていたとき、支配人の市三郎というものが、この漁場に若い女が不足していることを大いに心配して、太平洋岸の室蘭《モロラン》や幌別《ホロベツ》などの地に出かけ、いくらかの宝物と引き換えに三人の娘を買い取ってきて、未婚で年長のアイヌと結婚させたものである。

これによって、ようやく四、五人の子供もでき、子孫が絶えずにすんだのであるが、その後、また請負人が他の者に変わると、そのような事情も理解しようとせず、夜となく昼となくアイヌたちを酷使したため、家に残された子供や老人たちは非常に苦しんだ。男たちは薪を取りに行く暇もないため、真冬にも暖をとることができず、凍えるほどのありさまで、このため春を過ぎるころには病気にかかって死ぬ者が多く、子供が育つのは至難な状態であったという。

この地の副酋長《わきおとな》リクニンリキ（四十一歳）という者は、このことを深く悲しみ、支配人や通訳に対し、アイヌたちのために、あと三人ほどの娘をよそから買い取り、未婚の者にめあわせてほしいと嘆き訴えた。

だが、支配人も通訳たちも、少しもこれを聞き入れようとせず、リクニンリキが再三にわたってこのことを強く願ったことにひどく腹を立て、彼を捕えて荒縄で縛りあげ、台所の梁に吊し上げて痛めつけたということである。

　だがリクニンリキは、それに少しも懲りず、こんどは幕府の直轄となったと聞くと、同地勤務の役人の赴任を待って、到着されるやいなや、またも右のことを願い出たというが、その回答がなかなかないのに立腹し、向山源太夫殿（箱館奉行組頭、安政三年西蝦夷地領受取のため巡回した隊長。武四郎はその配下で行を共にした）が来られたならば、また、なんとかして人目を忍んでお願いしようとアイヌたちに言い聞かせ、覚悟をきめていた。だが、向山殿は、ここから船で寿都《スッツ》に渡ってしまわれたため、直訴の機会を逸して、残念至極の思いでいたという。

　そのとき私が、島牧を出て陸路、寿都に向かおうとしているのを知ったリクニンリキは、向山殿の船を見送るため寿都につくとすぐ、陸路を引き返して、同じ船に乗っていた小使のフクタロ（四十七歳）ほか平のアイヌ四人と計六人で、人目のないところでお話したいと、弁慶岬というところで私たちを迎えた。そして、彼らの漁場でアイヌを酷使していること、女性が不足して独身のものが多いことを訴えて、あと三、四人、東部方面から娘を求めてきてほしいと願い出たところ、ひどい目に合わされたことなどを、詳しく語り聞かせた。そして、このままでは、あと十年も過ぎればアイヌの種は尽きてしまうでしょうと深く嘆き、「もしも、こうしたことを誰が偉い方にお知らせしたのかと、後日、問題となった折は、副酋長のリクニンリキが告訴したと、私を名指しでお答えください。この件につきましては、私は固く決意しておりますので、どのような重罪に処せられようとも、願いさえかなえば満足であります。私一人の命のために、漁場のアイヌたちを裏切ることはできませぬ」と勇み立って語るさまは、まことに雄々しく思われた。果たせるかな、この副酋長は、まっ先に日本風に姿を改め、また種痘の実施の際にも一番にこれを受け、そのうえでアイヌの人々にすすめたという。

そのおかげで、この島牧では、お上からのこの二つのお達しが、なんの障害もなく、アイヌたちの納得のもとに実施されたという。

まことに珍しいことではある。

3　三女の困窮、ヤエコエレ婆・ヒシルエ婆・ヤエレシカレめのこ

日本海岸の石狩川筋にある一已《イチヤン》という地は、石狩の運上屋から川舟で八日ほども溯った深山の部落である。

ここに住んでいたヤエコエレという老女は、安政四年に七十八、九歳となるそうで、左の眼は、かつて山へ薪を取りに行ったとき、大きな木の枝が朽ちて落ちてきたのが刺さって盲となっている。腰も二重に曲って、杖にすがらねば一歩も歩けぬということであった。

この老婆には、姉をペラトルカ、妹をシトルンカという二人の娘がおり、ペラトルカにはシロサンという聟を、シトルンカにはヤイサキという聟をとって、二組の夫婦の間には四人の男子

（ラクンテ、サイカヲツカ、カネカウシ、ヨウカウシ）ができ、仲むつまじく暮らしていた。

ところが、番人の寅松という者が、ペラトルカに横恋慕して、さまざまな無理難題をもちかけ、夫のシロサンを遠方の漁場に行かせて、妻のペラトルカを自分が行く漁場につれて行って、夫婦の仲を裂いてしまった。このため、ペラトルカも、やむをえず寅松に従い、シロサンも、こうなっては仕方がないと諦めていたのであった。それ以来、すでに五年にもなるのに、寅松は妾のペラトルカを、一度も故郷へ帰してやったことがないという。

また、その妹のシトルンカ夫婦も、海岸の漁場につれて行って労役をさせ、十数年の間、一度も老人を見舞に戻ることを許さなかった。また四人の息子たちはいずれも成長して、漁業や山林の仕事をさせられていたが、彼らが、一度、祖母の里へ行かせてほしいと支配人に願い出たところ、ひどくののしって「稼ぐこともできぬばばあが山にいるのを、なんのために見舞になど行くのか。山なら山にいて勝手気ままに暮らし、くたばってしまえ」と叱りつけられたのである。このため彼らも、仕方なく、心ならずも日を過ごすばかりであった。

こうしてヤエコエレ婆は、娘や孫たちがどれほど恋しくともどうすることもできず、家は腐朽し、年をとって体はますます衰え、今は一匹の魚をとることもできず、目が不自由なためアイヌの着物であるアッシを織ることもできなくなってしまった。そこで、あちらこちらから、一匹、二匹の魚をもらい受け、往き来するアイヌたちから、一つまみのたばこ、一椀の米を恵まれて、ようやく命をつないでいた。

だが、この一巳の地も、近年までは七、八軒の人家があったのが、アイヌたちがつぎつぎと漁場に出されて、今は二軒だけとなり、それも一軒は七十あまりの老婆一人、もう一軒は六十五、六歳の老婆と十歳ほどの娘だけで暮らしており、毎日の暮らしにもこと欠くありさまであった。このためヤエコエレのために食物を恵んでくれる人もおのずとなくなり、このまま、この里にいては、一日も生き長らえることはできぬと思ったのであろう、今年（安政四年）四月のはじめごろであったか、家を捨て、鍋一つ、鉞一挺を携えて、ひそかに山に入ったのであった。

そして、ウバユリ（ユリ科、球根を食用、アイヌ名トレプ）、エゾエンゴサク（ケシ科、球根を食用）などを掘り、またエゾニュウ（セリ科、茎を食用、アイヌ名ニオ）、ハナウド（セリ科、茎を食用、アイヌ名シャク）などの茎をとって生命をつなぎ、それらも枯れ果てたときは、わが身も死ぬものと覚悟して深山に分け入った。

そして、雨竜川のほうへと越えていったところ、とある大木の根もとが朽ちて穴があき、どうにか膝が入るようになっているのを見つけて、ここを住まいと定め、毎日、そのあたりで草の根を掘り、茎を折っては、雨の日の食料とするため乾して蓄えていた。

一方、その下流に樺戸《カバタ》という部落があり、その地のアイヌ、イリモの妻に、ヤエレシカレという当時二十九歳の女性がいた。この者は、二、三年前までは非常な美女で、あでやかな姿であったという。

このために、ある和人の番人が、彼女に非道な恋を言いかけて、もし言うことを聞かなければ、夫のイリモをひどい目に合わせてやると責めたてた。そこでヤエレシカレもやむなく、ひそかにこれに従ったところ、はじめは一度か二度のことと思っていたのに、夫のイリモを小樽《オタルナイ》の漁場に行かせて無情にも夫婦の仲を裂き、ヤエレシカレを思うままにしたのであった。

ところが、その番人は、以前から梅毒を病んでおり、彼女がこれに伝染して病気にかかったことから冷淡となって通ってくることもなくなり、一椀の米、一服の薬を与えるでもなく、そのまま見捨ててしまった。こうしてだれ一人、毎日の食を与えるものもないままに雇蔵《やといくら》（労役小屋）に、ただ一人寝かされていたが、一さじの飯も、一口の菜もなく、そのまま餓死するのも情なく思ったのであろう。そちこちから生魚をもらっては、それを食べていたが、そのうちに病気はますます進み、鼻は落ち、体はただれ腐ってしまったのでわれながら人目を恥じて、山中に入ろうと雇蔵を立ち去ったのである。

そして、川上に溯る舟に頼んで乗せてもらい、上樺戸まで戻ったが、そこも今は家もなくなり、身を寄せるところとてない。さらに上流へ行って、縁故ある人の家へ行って介抱を受けようかとも思ったが、この姿では、今さら身寄りに会うこともできぬと思い直し、雨竜川の合流点のウリウフトという所から少し川下にある、常にチョウザメが住むというユウベッカの深い淵に身を投げようとした。

舟の人々がこれをとり押さえてわけを尋ねるとヤエレシカレは「この姿となって故郷へ帰るのも口惜しく、いっそこの淵に身を投げようとしました」と答えた。

人々は、「それはそうであろうが、命あっての物種だ。死んでしまえば元も子もない。また、この病とて、治らぬときまったものでもあるまい」などと、いろいろとなだめて、ようやく命を救ったのであった。

そこで、ウリウフトという所へ舟を寄せてもらい、上陸したところ、少し奥のほうに一筋の煙が昇っているのが見えるので、船頭とつれ立ってたずねて行くと、そこには、あのヤエコエレ婆が、ただ一人暮らしていた。

船頭は、ヤエレシカレが上流の土地へ行くのを嫌がっていたため、それなら、この人と一緒に、ここに住みなさいとすすめ、そこに形ばかりの小屋を作り、食料なども分け与えて置いたということである。

こうして二人が共に暮らしているところへ、また一人、雨竜のアイヌで、ヒシルエという七十一歳の老婆がやってきた。

このヒシルエは、夫とは早く死別したが、二人の息子がおり、兄のリコチウシは三十三歳でウシシュノという妻をめとり、弟のイコチツユレは三十歳になるが、まだ独身であった。彼女は、この三人を頼りに暮らしていたが、運上屋が三人ともに労役に駆り出して、少しも故郷に戻さず働かせていたため、今は家も朽ち果て、体は老い衰えて腰も二重に曲がり、漁ひとつできぬありさまとなってしまった。このままでは餓死するより仕方がないと、これも鍋一つ、鉞一挺を持って雨竜を立ち去り、草の根や、エゾニュウやハハナウドの茎を食べて、ようよう命を長らえながら、

57　三女の困窮、ヤエコエレ婆・ヒシルエ婆・ヤエレシカレめのこ

いま一度、息子のリコチウシ、イコチツユレに会って運上屋への恨みを述べたいと、このウリウフトまでやってきたのである。

そして、川を下る舟でもあれば、漁場に働く息子たちに言伝てして、逃げ出してなりと一度、ぜひ戻ってくるように言おうと思っていたところ、そこにヤエコエレとヤエレシカレの二人が、形ばかりの小屋に住んでいるのに会ったのである。二人が、日々草の根、草の茎に命をつなぎ、その草の果てるときが身のおわりと覚悟して、死んだならば魂となって、あの支配人や番人たちに恨みをはらすのだと語るのを聞いて、ヒシルエもこれに同意して、それならわしも、ここに来て秋を待ち、野の草の枯れるのを一生の終わりとしようと、思い諦めたのは、まことに哀れな次第であった。

私は、このことを聞いたので、上流に行くとき、その地に舟を着けて探したが見当たらなかった。それが心残りで、下りのときにまた舟を着けて探し求めたところ、フキの茎で作った小屋に三人が暮らしているのを発見した。

ヤエレシカレの体は、すでに半ば腐乱して臭気を放ち、我慢できぬほどとなっていた。

私は、彼女たちに、米、たばこ、針などを与えて帰ったのだが、このヤエコエレたちの恨みを、神もあわれと思し召したのであろうか、その苦難の件が、箱館奉行、堀織部正殿のお耳に達した。奉行殿はヤエコエレの妹娘、シトルンカを呼び出されて、みずから多くの玄米などをお与えになって、この者たちを一度山に戻し、老人たちを養わせるようにと、ありがたいお言葉を賜わったのである。まことに口に尽くしがたいほど、かたじけなく存ずる次第であった。

4　孝子コトン

コトンは太平洋岸の釧路《クスリ》漁場の領地内にある仙鳳跡《センホウシ》の土産取《みやげとり》*の役を勤める六十余歳のチカフイという者の伜である。

母親が亡くなってから、すでに十余年となり、妻はフイサク、その間に娘二人、息子一人が生まれて夫婦睦まじく暮らしていた。

このコトンなる者は、性格が素直で、沈着で勇気にすぐれ、義侠心に富んで、孤児ややもめなど、恵まれぬ人々をよくいたわっていた。とりわけ、父親には心から孝行を尽くして、一杯の酒、一さじの飯でも手に入れれば、まず家に持ち帰り、父に見せてからでなければ、食べようとはしなかった。

三人の子供たちが、食事のときに騒ぎ立てるので、これでは父親が落ちついて食べられないであろうと心配し、食事の折は三人の子供を外につれ出して、ゆっくりと食べるよう父親にすすめ、それが終わってから子供たちに食事を与えていたという。

三番目の子が生まれたときのことであろうか、こう子供が多くなっては、とかく親を粗末にするようになると考えて、外へ養子に出そうとしたのを、老父が懸命にとめて、ようよう家で養うことにしたとのことである。

そのほかにも、さまざまな孝行のことを聞いたが、すべてを書き記すことができないのは残念なことである。

コトンの非常な孝行については、厚岸駐在の喜多野某殿がお聞きになって、厚くこれを賞されたと聞く。たれが孝行の道を教えたわけでもないのに、親のためにわが子を手放すことまで考えるなど、これほどすぐれた人物が出たのは、たとえようもなく、すばらしいことだと感銘したことであった。

*——土産取　役土人（乙名、小使）待遇で、オムシャのときに土産を賜わるもの。

5　オノワンク老人

樺太のオタサンという部落は、宗谷から渡ったシラヌシという所から、さらに百里（約四百キロ）余の奥地の東海岸にある。目を遮るものとてなく、東の大海原まで見渡すことができる。

ここに、オマンネンというアイヌがいて、その父親オノワンクは、年齢はすでに八十歳を過ぎ、

61　オノワンク老人

白髪は肩を覆い、眉、髭は頬に垂れ、黄髭、赤髭は垂れて胸を隠している。その髭面の間からほほえむ目もとをみると、まことに、並みの人物ではあるまいと思われた。

この老人は、すこぶる言葉少なで、何を問われてもみだりに答えなかったが、われわれがその家に行って宿を乞うと、丁寧に挨拶をし、やがて、みずから五弦の琴を棚から下ろして、それを抱えて浜辺へ出た。

われわれがなにごとかと、それをのぞき見ていると、老人は白砂の上に坐り、これを抱いて弾くのであった。

それからしばらくして、家に戻ってきたが、そのときにはわれわれの食事もできていたので、飯を与えたところ、半膳ほど食べて、残りは隣家の子供たちに与え、帰ってくるとまた炉ばたに坐り、一心にこの琴を弾いていた。

夜になると、六月十三夜の月が、胡砂（北国の砂塵）にかすみながらも、おぼろ気にさしてくる。老人はまた浜辺に琴を持ち出してひとり、何とも知れぬ歌のようなものを唱いつつ弾くのである。

あまりにも老人がこの琴を愛し、弾いて楽しむのをふしぎに思って、つれていたアイヌにたずねると、この琴はトンクル（五弦琴）といって、昔からこの島に伝わり、さまざまな曲が伝わっているのだが、アイヌたちが運上屋の漁労に駆り出されることが多くなるにつれて、これを弾いて楽しむものもいなくなり、その曲もいつか絶えて、それを伝えるのは、ただこの東海岸のオノワンク老人だけとなってしまったという。老人はこれを悲しみ、なんとかしてだれかに曲を伝え

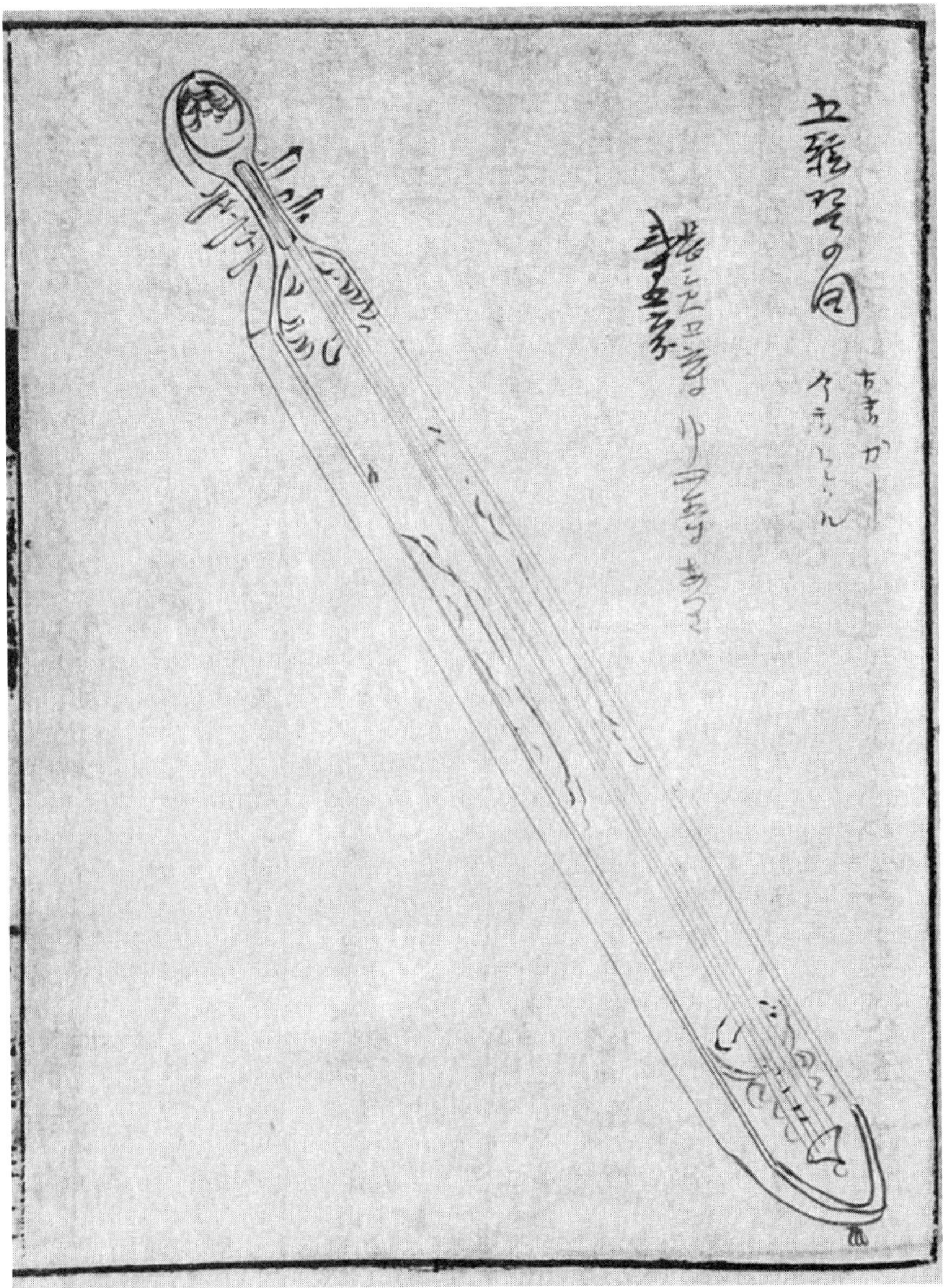

オノワンク老人

たいと、僅かの暇さえあれば、この琴をかき鳴らして、その伝えを受けるものがいないのを嘆いているのだということであった。

そこで、つれてきたアイヌたちに「そなたたちはこれを弾けるのか」と問うたところ、この土地に近いロレイというところの出身でアカラカという者がいくらか弾けるといい、さっそく弾いて聞かせた。なるほど、いくらかは覚えてはいたが、その音色はオノワンクに比べて、すっかり劣っていた。

その琴の古いのを、一面ほしいのだがと願ったところ、こころよく私に一面を渡し、「昔はこの浜辺に住むアイヌたちも、このような楽器で楽しんだものでありますが、今はこれを楽しむ暇とてもなく、運上屋というものができて以来、四季を通じてこき使われ、一生を辛く過ごしております。この楽器が絶えてしまったことをその証拠として、江戸という国からおいでになった高貴な方々に、いま一度、われらの窮状をお伝えくだされ」と、すこぶる哀れ気に訴えて、これを与えてくれたのである。それはまことに珍しい体験ではあった。

6　烈婦モレワシ

この烈婦モレワシという女性は当年二十八歳。日本海岸の天塩川の上流、名寄《ナヨロ》の中内淵《ナイブト》という土地に住むシケロクという二十七歳の者の妻であった。

この名寄というところは、交易所から溯ること、およそ八十余里（約三百二十キロ余）で舟で十日あまりかかるために、米一粒、たばこ一服を手に入れるにも、まことに不自由をしていたのである。

ところが、七、八年前だというが、このシケロクが病気にかかって床についた。モレワシは、付近では一さじの煎じ薬も手に入らぬため、十日あまりもかかる道のりを、ただ一人小舟に棹さして、日ごろ織りあげていたアツシなどを交易所まで運び、これを薬と交換しては持ち帰って夫に飲ませていた。

また、肉食ばかりしていては病気によくあるまいと、終始、山に入って、トレップ（ウバユリ）、トマ（エゾエンゴサク）、アンラコロ（クロユリ）などを掘ってきては与えていた。こうして、もはや七年もたち、シケロクは体が腐りただれて、いまは大小用さえ妻の手を借りねばならぬほどとなったが、モレワシは七年間、少しもいやがることなく、まごころこめて看病を続けてきたのである。

今年の春のことだという。モレワシは、また山へトレップ、トマ、アンラコロなどを掘りに入ったところ、大きなヒグマが二頭現われて、子グマ二頭を遊ばせているところに出会ってしまった。

親グマは、彼女が子グマを捕えにきたと思ったのであろうか、ひと吠えしてつかみかかってきたが、モレワシは少しもあわてず、肩をつかまれながら腰の小刀を抜いて、つかみかかった腕を刺した。大グマは、この一刺に彼女の肩を離して、五、六間（九〜十メートル）ほど退いた。このとき、母グマも傍から向かってこようとしたが、モレワシが、鉞に横に柄をつけて草の根を掘るようにしたものを振りあげたところ、二頭のクマはその勢いに恐れをなして、どこかへ逃げ去ったという。

そこでモレワシは、二頭の小グマを捕えて家に持ち帰り、家の横に飼っていたが、まことに、あのような貞淑な女性は、いざというときには勇敢になるものだと、人々から尊敬されたということである。

7 小使役トミハセ

太平洋岸、日本海岸を問わず、蝦夷地の各漁場には、それぞれ酋長《おとな》、小使《こづかい》、土産取《みやげとり》という役のアイヌがいる。

トミハセ（三十七歳）というのは、この小使役を勤めるアイヌで、石狩漁場の交易所から約四十里（百六十キロ）、舟で溯って五日ほどかかる雨竜《ウリユウ》郡徳富《トツク》の者である。妻はヤエノマツといい、二人の間には十歳、五歳、二歳の三人の女の子がいた。

一家はまことに睦まじく暮らしていたが、五、六年ほど前に、父母とも亡くなってしまった。トミハセは、それ以来、すっかり力を落として、朝に夕に父母の墓へ行き、たださめざめと涙を流しては、なにごとか語りかけていたという。また、交易所に勤めている間は、朝夕に山の方へ向かっては、なにごとか言っているので、アイヌたちはふしぎがり、「おまえは、朝夕、なにを言っているのか」とトミハセにたずねた。

トミハセは「別にどうということもない。今日は寒かった、今日は暖かかった、なんの仕事をした、どこへ行った、いま帰ってきたなどと、いちいち親に知らせているだけさ」と答えた。

このため、たずねたアイヌたちは、彼の孝心に感動して、なにも言えなかったという。

私はこのことを、去年、雨竜から増毛《マシケ》の信沙《ヌフシャ》というところへ越える際、トミハセを案内につれて行ったとき、他のアイヌから聞いたのだが、まだ、そのときは半信半疑であった。

ところが、今年の五月、私が石狩へ行ったとき、トミハセはチタラヤ（美しい模様を織り出した花むしろ。神酒を飲むときに用いる）一枚を持参して、去年、いろいろと手当をもらった礼を述べるのであった。そこで私も彼の誠実さに感心して、今回の調査にも案内に立ってくれるように頼んで引き受けてもらった。そして「みやげには酒を一升あげたいが、その酒は、ここで渡そうか、それとも大樽に入れて山に持参し、向こうに着いてから渡すのがよいか」とたずねた。

するとトミハセは「それでしたら、山へ行ってからもらいたい」と答えるので、そのわけを問うたところ「山でもらえば、すぐに親の墓へ持って行けるから」といった。

私が「それより、少しでも早く受け取って飲んだほうがよいだろうに」とからかったところ、彼は黙って、返事もせずに立ち去ったのであった。

さて、私たちが山を越えて徳富に着いたので、約束どおり一升の酒を与えたところ、トミハセは、ただちにこれを父母の墓前に持参して供え、自分でも飲みなどして、まことにうれしそうに拝んでから持ち帰った。

そして、隣家のイレンカシ老人と叔父のイコレフなどを招いてこの酒を振舞い、これは私からもらったものであることを、すこぶるていねいに説明しては勧めていた。

のちに私が再び、どうして山で酒をもらいたいと思ったのかとたずねたときも、トミハセは、同じように「墓に供えたいと思ったので、山でくださるようお願いしたのだ」と答えたのであった。

8 呪《まじな》い師クウシユイ

日本海岸苫前《トママイ》領のフウレベツという所は、苫前から八里（約三十二キロ）あまり北にあって、もともと漁場ではないが、通行人の宿泊のための番屋が建てられ、夏から秋にかけては番人が置かれていた。そして通行人のなくなる季節には番人は引き揚げて、その跡に番屋の守りと公用のご文書の中継役として、アイヌを一人置いてある。

　そのアイヌの名はクウシユイといって六十二歳、妻はクンネケシといって五十三歳になるというが、いまだに一人の子供もなく、ただ夫婦二人だけで、番屋の傍の小さな流れに春はチライ（イトウ）、夏はマス、アメマス、ウグイ、雑魚の類が溯ってくるのを獲り、また、エンゴサク、クロユリ、ウバユリなどの草の根、エゾニュウ、アマニュウなどの草の茎、フキやワラビなどを乾してたくわえ、辛うじて世を過ごしていた。

　このクウシユイは、どのような術によるものだろうか、本州や松前方面から来る船の時間を問えば、その時期を神のごとく正確に答え、また、今は河岸に停泊している、あるいは海上を航行中であるなどと、掌を指すように教えるのであった。また、病人を占わせると、その生死のほどはいうまでもなく、いつごろにはよくなるだろう、いつになると悪くなるだろうなどと言うことが、少しもはずれることがない。

　公用のご文書を持って苫前、天塩《テシオ》などに行く際、海岸沿いには崩れた崖があって風波の荒いときは通行困難な所が数カ所あり、回り道をして上道を行かねばならない。それについても、今日は上道を行くがよい、または下道がよいなどと言うのが少しもはずれることがなかった。

　この人が夜道を行くときは、その前に一つの燐火が燃えて行手を照らすというなど、まことに不思議なことが多かった。

　このような術をアイヌたちが昔から伝えてきたものでシノチと呼び、楽しみのようにしてきたものだという。あまりに珍しいことなので、つぎに、それについて書き加えておこう。

思うに、蝦夷地でシノチというのは、このような術のことだけではなく、歌ったり踊ったりすることをもシノチと呼ぶそうである。つまりシノチとは楽しみごとのことであろう。アイヌたちが集まって酒などを飲んだとき、一つシノチをしてくれなどと言うことがある。したがってこの術は、昔は酒などを飲んだときのお互いの楽しみに使ったものと思われる。山靼人《さんたん》（シベリア東部から樺太方面に住むツングース系民族の総称）は好んでこの術を行なうという。

私が弘化三年（一八四六）丙午《ひのえうま》にカラフトに行った折、松前藩士の山本周右衛門という人の家来の重吉という者が、七月七日のころ行方不明となり、皆で探したがその居所がわからなかった。そこへ同月十三、四日ごろ、山靼人が白主《シラヌシ》の地に来たので、これに重吉のことを占わせた。

その山靼人は、十四日夜、月の昇りきったころ、白主の酋長オケラという者の家で、火を消し、門口を閉じて暗くし、窓だけを開けて、しばらくの間うつむいていた。すると、家は、響きを立てて揺れ、今にも崩れそうなありさまで、窓から外をのぞくと空は闇夜のように暗くなり、なにものか知れぬ怪しい物が出たり入ったりするさまが見えて、身の毛もよだつおそろしさであった。しばらくして山靼人が頭を上げ、火を燃しつけると、家の振動は止み、今まで暗かった戸外も、なにごともなかったようにもとの月夜となった。

そして山靼人は「その重吉という人は、ここから二里（八キロ）ほど北方の小高い場所で首をくって死んでいるが、どれほど探しても死体を見つけることはむずかしいでしょう。しかし月日がたって後に出ることがありましょう」と告げた。

それから、アイヌ、番人、藩士などが五日間ほど山野、海岸などを探し回ったが、ついに見つけることはできなかったが、その冬、少し雪が降り出してから、山へ薪をとりに入ったアイヌたちによって、その死体がようやく発見されたという。私は去年カラフトへ行ったとき、その重吉のことを尋ねたところ、右のようなことだったので、あの山靼人が言ったことが少しもはずれていなかったことを知り、その術に感嘆したのであった。

また、この者はいまはどうなっているかわからぬが、オホーツク海岸の紋別《モンベツ》に、さまざまな術に長じたアイヌがいた。

この者が宗谷へ出稼ぎに来ると、和人たちはいろいろと不思議な術を使わせては、酒などを与えていた。彼も酒が飲みたさに、役所や交易所などに行っては、いろいろな当て物をしたり、術を使って見せたりしていた。あるときは、この者を網袋に入れ、口をくくり、灯りを消しておいたところ、まもなく、そのくくったままの袋から脱け出して、傍に立っていた。この網袋の芸は人々からすこぶる喜ばれ、有名となったものである。ところが、あるとき役所において、松前藩の人々が彼を網袋に入れてくくり、そのくくり目に伊勢大神宮のお札を結びつけておいたところ、いつものように家鳴りすることもなく、しばらくして網の中から「助けてくれ」と悲しげに呼ぶのであった。灯りをつけてみると、袋から出ることもできず、ただ溜息をつくばかりであったという。

そこでお札をはずし、袋の口をほどいて出してやったが、彼はこれに懲りたのか紋別に逃げ帰り、それ以来、二度と宗谷には来なかった。

これも、さして昔のことではなく、私がカラフトへ行ったころのことである。私が宗谷の支配人に、山靼人が術に長じていることを話したところ、この地にもこういう者がいると話してくれたのである。これから考えると、蝦夷地には、かつてはなんらかの術が伝わっていたものと思われる。

9　豪傑カニクシアイノ

カラフト島（サカレン島）というのは、北緯四六度付近から五四度一七分あたりにまで及ぶ大きな島全体の名称であり、アイヌたちはこれをカラフトと呼んでいる。

このカラフトとは唐人《からひと》の意味であることはわが国の民衆が、外国を指して唐と呼び、その上、近ごろでは、アメリカ、ロシア、イギリスの人々までもひっくるめて唐人と言っていることからもわかるであろう。

このフトとは人である。ロシア人はよく赤い衣服を着ているので赤人と呼ばれるが、奥羽、松前、箱館あたりの人々はこれをアカフトと呼んでいるのは耳馴れたことである。

カラフトの語源については、いろいろとこじつけて、人々を驚かせるような説もあるが、私はつぎのように考えている。

最初は、見慣れぬ人々がかの地に渡ってきて、大陸産の品物を持ちこみ、カワウソ、狐、黄テンの毛皮などと交易していたのを、アイヌたちは、あの島にはこのような品物を作る人が住んでいるものと推測して、カラヒトシマと呼ぶようになったのであろう。ところが、この呼び方は不適当だというので、文化半ばのころ以後はあの島は必ず北蝦夷地と呼び、カラフトとは呼ばぬようにとのお触れが出たため、現在では北蝦夷地と呼ぶようになった。

しかし、それはわが国の支配下にあるアイヌたちが住んでいる土地だけのことである。西海岸のホロコタン以北は、スメレンクルという韃靼《だったん》系の民族の住む土地であるから、いかにお触れが出ようとも、北蝦夷地などと呼ぶわけがない。また東海岸も、トッソからフヌッス付近までの住民は、北蝦夷地という地名を知ってこう呼んでいるが、それより奥はタライカ族の国と考え、北蝦夷地と改称されたことなど少しも知らない。

もしまた、これを知ったとしても、そのように呼んだならば、交易所から漁場に集められて酷使されることを恐れ、そのようには呼ぶまいと思われる。心ある者として、まことに嘆かわしいことではないか。

とりわけ、敷香《シッカ》という土地の付近にはオロッコといって、他と大いに異なった風俗の種族が住み、それからさらに奥にはルモウ、ニクフンなどの種族がいて、いずれも韃靼系の風俗をしている。

このようにいろいろな種族が住んでいる地域の中で、フヌフから二十里（八十キロ）あまり離れたコタンケシという部落に、カニクシアイノという者がいた。

その風俗は、シリマオカに住むタライカ人であったが、身長は六尺（百八十センチ）以上もある、

77　豪傑カニクシアイノ

太ってたくましい男で、年齢はざっと三十二、三歳、豪力無双であるという。

ふつうならば三、四人で漕ぐ小舟を、たった一人で一挺の車櫂をもって漕ぐとのことである。また、山で狩りをすることを好み、山に出かけたときは獲物があるまでは、凍った雪の中を十日も二十日も、どこまでも駆けめぐり、山中に寝て、少しもへこたれないという。

ウトイキという妻と、エラツタツケという妾を持ち、その間に八人の子供があり、また一人の老母がいるが、これら計十一人の家族を一人で養っている。その働きは十数人分のものであるという。

したがって、この付近に住むタライカ、オロッコ、ニクフン、ルモウ等の五種族の人々も、すべてカニクシアイノに服従しているのであった。

彼が腕を撫でさすって言うには「わしがここにいるかぎり、ロシア人がどれほどやってこようとも恐れるものではない。もしも彼らが悪事を働いたならば、ただちにオロッコ、タライカ、ニクフン、ルモウ、スメレンクル、そしてトッソ以北の種族たちをも引きつれて、これを防いでみせる」と。

そして「丑年（嘉永六年、一八五三）にクシュンコタンにロシア人どもが来たとき、あの土地のアイヌたちが、皆、ロシア人にたぶらかされて、土運びや家財の水揚げなどに使われたそうだが、それこそ、この島におわします神のご恥辱じゃ」とののしり、クシュンコタンの酋長や、ナヨロのシトクランケなどはどういうつもりであろうと、あざけり笑い、また怒りなどして語っていた

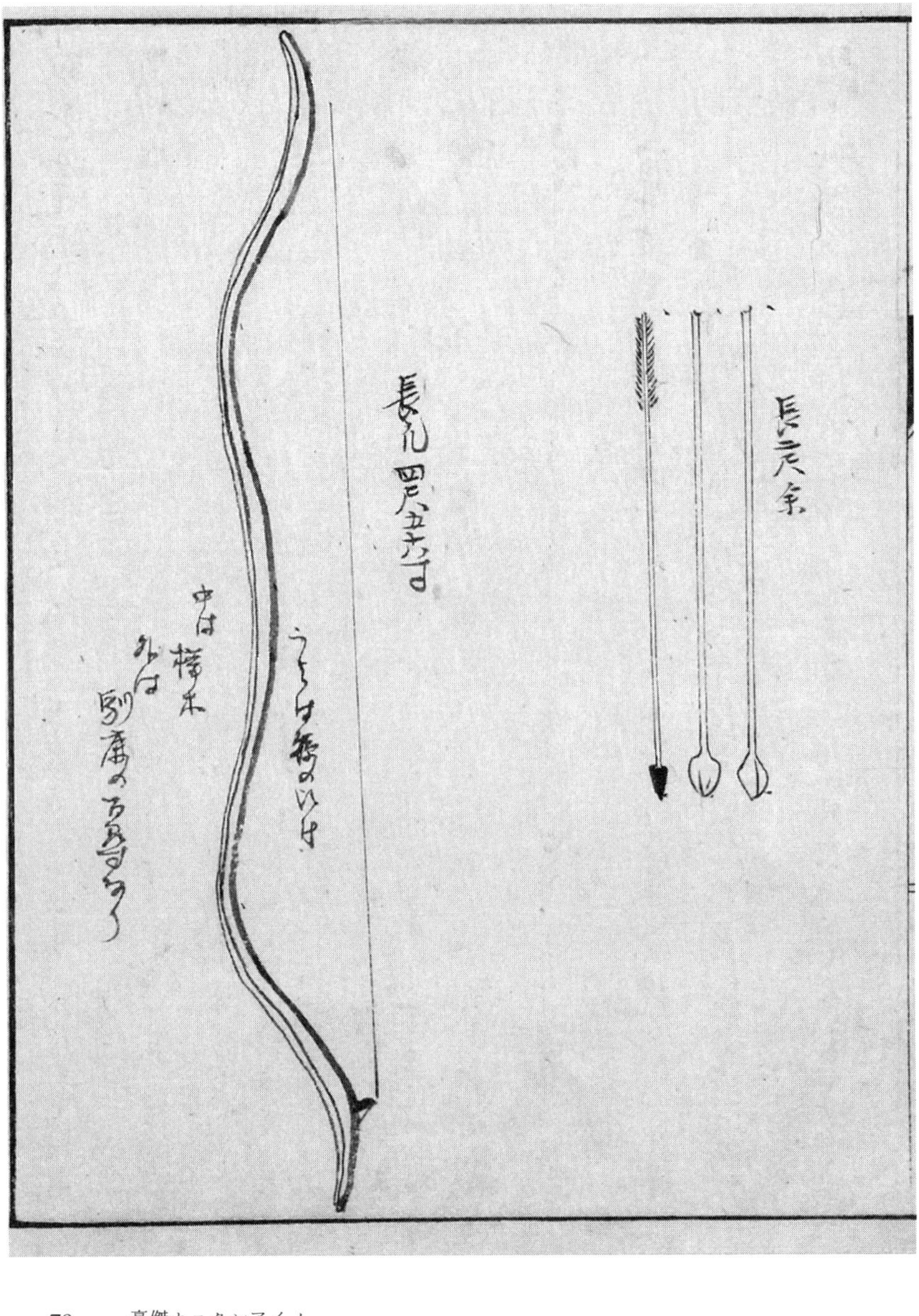

79　豪傑カニクシアイノ

ことであった。

彼が薪を伐り出させ、水を汲ませなどするのを見ていたところ、レブンオロッコという者たち三、四人もが泊り込みできており、すべて彼らにやらせていた。その傍には大きな家を建てかけていたが、これもオロッコやルモウの者たちに材木を伐り出させて建てたものだという。

彼は私の手をとって、その新築の家のまだ屋根のできていない所へつれていき「江戸の国のご客人、また来年来てくだされば、新しく美しい家にお寝かせ申そう」と、すこぶるていねいにもてなしてくれた。そこで私もその気持がうれしく、天保銭、手拭、針などをそろえて与えたところ、彼は自分で作ったという弓一挺とワシを射るという矢二筋、熊を射るという矢一筋を私に贈り、そのあたりの風土、ルモウ、ニクフン、スメレンクルなどの人口、地理や、クシュンコタンへは一度行ったことがあるが、そこの交易所の番人のやり方が悪いためにタライカ人たちは従っていないなどのことを、詳しく語ってくれた。

私は、このような者をこそ味方につけなければならぬと考えて、来春のシレトコ探検の案内をしてもらう約束などをして出発したが、すこぶる名残り惜しげに見送りに立ち、私たちの持っている荷物をニイツイまで運ばせようと、レブンオロッコ人を二人、供としてつけてくれた。

まことに、この者たちの態度は、わが皇国のご威光が輝くばかりで、いまだ衰えてはおらぬ証拠ではないかと思われ、これだけは奥地探検中の大きな喜びであったと記しておくものである。

10　貞節な女ウエテマツ

石狩川筋の徳富《トック》というところに住んでいるセッカウシは、上樺戸《カバタ》の酋長を勤める二十九歳の男である。その妻ウエテマツは当年二十二歳、すこぶる美貌の上に、機織り、ししゅうの業にすぐれ、しかも非常に勇気があって、去年の春も凍った雪の上で雌雄の大ヒグマが、まだ小さな子熊に乳を呑ませているのを追い払って、子熊を持ち帰ったこともある。

また今年も、一頭の子熊を捕えたといって家の傍に飼っていた。

ところが、ある番人が彼女を見染めて横恋慕し、夫のセッカウシを漁場に行かせてはその留守に、たびたびその寝室に行っては言い寄ったが、彼女は少しも承知しなかった。そこで、もし、おれの言うことを聞かなければ、ひどい目に合わせてやると、漁場に連れ出しては、いろいろと辛い目に合わせたが、それでも少しも屈しなかった。その後、またもや彼女の寝室に忍びこんだところ、ウエテマツは彼の陰嚢を絞めて抵抗したという。

その番人の名は忘れたが、この辰年（安政三年、一八五六）には陰嚢が痛んで、仕事に出られなくなったという。

おかげで今年は夫婦仲むつまじく暮らし、一人の男子を生んだとのことである。

その番人は、さまざまな衣類を持ってきてこれをやろうと言ったり、また、言うことをきかなければ責め殺すなどと、きわめて不法なことを言ったというが、ウエテマツは、衣食はこれで充分、なんの不足もない、また、たとえ殺されようとも命など少しも惜しくはないと答えて、少しもなびかなかったという。たとえようもなく尊いことではないか。

このセツカウシは去年も石狩川支流の尾白利加《オシラリカ》川から日本海岸増毛の信砂《ヌプシャ》川に越えるときにつれていき、また今年もたびたびつれ歩いたので、彼から詳しく聞いておいたことを記しておくものである。

11 酋長ムニトク

日本海岸の寿都《スッツ》というところの副酋長ムネトク（通称ムニトク）は今年四十七歳、妻はウエントソといって四十四歳となり、間に二人の娘がいて、一家むつまじく暮らしていた。ところが、今年の春だったか天然痘が流行して、妻はこれにかかって死に、姉娘もまた死んでしまった。その上、以前には寿都にはアイヌが十九戸、六十人が住んでいたが、このうち四十一人が天然痘で死んで、今はやっと四軒だけが残っていたのである。そこへまたムニトクの家に病気が出たので、他の者は山中にのがれ、また島牧《シマコマキ》のほうにはこの病気はないからと、そちらへ去っていった。しかしムニトク一人は、これもまた天命であろうと踏みとどまって交易所に勤め続けていたという。

ところが、近年、箱館奉行の村垣淡路守範正殿が箱館で年を越されたとき、この天然痘にかか

83　酋長ムニトク

ったアイヌが助かることなく死んでいくことをお知りになり、深くこれを心配しておられたということである。

ムニトク酋長も、このようにアイヌがつぎつぎと死んでいくこと、この病気にはアイヌは抵抗力がないことを、交易所勤務の長谷川、岡田氏など心ある役人にたびたび嘆願していたという。

この酋長の一心を天地の神々も哀れみたもうたのであろうか、奉行殿も、この病気にかかったアイヌは助からぬことを、ますます憂慮されて、はるか大江戸から多くの医師を呼び寄せ、また近年、西洋から伝わった種痘の法を実施なされたのである。

これこそまことに、ムニトクのまごころが奉行殿のご仁心に通じたものであろうか、私など世間から蝦夷きちがいとまで呼ばれている者にとっては、この度の蝦夷地幕府直轄の中でも、このご施策ほどの功績はあるまいと思うのである。

こうして、僅か一年とたたぬうちに、この島の隅々に至るまで、この病気の害を除くことができたのは、どれほど喜ばしいことであろうか。また、この病気のために、アイヌたちが、今日も、今日もと死んでいき、部落の人々はみな山にのがれ、あるいは他の村へと去っていった中に、ムニトク一人が踏みとどまって、嘆願を重ねていたことは、まことに勇者の振舞いであったといえよう。

また、その後のことであるという。

太平洋岸虻田《アブタ》漁場と、日本海岸の歌棄《ウタスツ》漁場との間で境界争いが起こったとき、双方の役人同士の協議に先立って、まず双方のアイヌと番人たちとで一応の結論を出しておくようにと調べ役から連絡があった。

そこで、四月末のことであろうか、太平洋岸の礼文華《レブンギ》の小使役カムイコンヤと、歌棄の酋長イトテン、そして双方の番人がつき添って話し合ったが、その際、この川筋は寿都の漁区内に流れこんでいるため、寿都からはこのムニトクが立ち会った。

このとき、歌棄の支配人が出てきて、イトテンに「この黒松内の川の半分を歌棄側のものとするように、そうすれば上りの通行人に対してはこちらで番人を置いて通行料をとるのに都合がよく、また、黒松内川においてかなりの漁もできるだろう」とくれぐれも言いつけた。

イトテンは、このことを支配人に言われたが、どうも不安なので、まずムニトクのもとに酒一樽を持っていき「このたび、私は支配人にこのように頼まれたが、もしも、この争いに負けるようなことがあれば、支配人に対してどうにも申し訳が立たない。そこで、おまえとわしとは従兄同士、代々の親類なのだから、そのよしみであの黒松内川を半分、当方に渡すようにしてもらいたい」と頼んだ。

するとムニトクは大いに怒って「これはとんでもないことを言うものだ。おまえとわしとは従兄同士はわかりきったことだが、だからといって味方をしろの、支配人から黒松内川を半分こちらに取れといわれたから、そうせねばならぬなどという話を、わしは聞くわけにはいかぬ。支配人がそのようなことを言ってきたとき、どうして断わらなかったのか。そもそもこの漁場はわれらアイヌのものであって、請負の支配人などは、今日はいても明日はいなくなるかもしれぬ者ではないか。境界のことなどをあれこれ言われる筋合はない。そういう非道なことを支配人が勧めたからといって、それに従い、言いたてて、礼文華のカムイコンヤに言い負かされでもすれば、日本海岸のアイヌはものを知らぬと、日本海岸全体の恥にもなることだ。わしは、おまえがいくら味方をしてくれと頼んだところで道にはずれたことを言うわけにはいかぬ」と答えたという。

また、今年夏のことだったというが、妻のウエントソが亡くなったため、トトヤレという女性を、支配人が勧めて後妻に持たせた。

ところがこの女は、南部生まれの寅という番人と密通しており、今はその番人はいないが、他の和人と姦通する癖があって、どうしようもなかった。

あるとき、この女は、寿都をのがれて他の漁場へ行けば、まさか七貫《ななつら》（売春婦）に売られることもあるまいと出奔したところ、途中で捕まり、送り返されてきた。

するとムニトクは妻の首を押さえ小刀《マキリ》で鼻柱を削いだということである。その傷はやがて治りはしたが、跡が梅毒で鼻が欠けたような姿となってしまった。

ムニトクに、そのようにした訳をたずねると、「こうしておけば、だれも手をつけるものはあるまい。他の場所を傷つけても、治ればまた人が手をつけるからな」と言ったということである。すこぶるおもしろい工夫といえよう。

12　貧女チュヒリカ

このチュヒリカという貧しい女は、今年、三十六歳になるとかで、当地のサカイというアイヌの妹である。サカイは妻のセタトレンとともに、子供のときから交易所につれていかれ、故郷に帰ってくることができぬため、チュヒリカ一人が孝行を少しも怠ることなく二人の親を、養い続けてきた。

人が夫を持つように勧めても、両親のいるうちは、もし両親の気に入らぬ男と結婚すればなによりの不孝であり、また一旦結婚したならば、いかに両親の気に入らなくとも別れる訳にはいかぬからと、全く承知しなかった。

その後、両親が亡くなってからは、天塩《テシオ》川筋の士別《シベツ》のウッという、海岸から百里（四百キロ）あまり隔たったところに、ただ一人、家を建てて住んでいた。

その近くに、当年七十二歳になるエヘトレンという老婆がいた。この老婆には今年四十いくつになるトシュイシュフという息子がいるのだが、交易所につれていかれ、天塩川の渡し守をやらされて少しも故郷に帰されず使われている。

このためエヘトレン婆はどうすることもできず、腰が二重に曲がった姿で毎日山に入り、草の根を掘り、茎を折ってはそれを食べて生き延びていた。家も今では腐ってしまったので、あたりから笹などを折ってきては破れた屋根にさし、それでなんとか雨雪を防いでようよう生き延びていた。そして、今年は息子は漁場から戻ってくるだろうか、春にでもなれば便りがあるだろうかと、ただただ息子が交易所に捕え留められていることを朝な夕な怒り、川に身を投げるのはたやすいことだが、なんとかして息子に一目でも会い、支配人や番人たちに恨みを言ってやりたいと、そればかりを、うつつにもうわごとにも言い続けているのであった。

チュヒリカは、この老婆をことのほか憐れんで、わが家につれてきて、一さじの食物もかわるがわる食べて養っていた。

そして、息子のトシュイシュフに代わって老婆に「親を大切に思うのは、だれしも同じことです。海岸につれていかれているトシュイシュフも、親ごさんのことですから、毎日孝行を尽くして面倒をみたいと思ってはいても、支配人や通訳たちに妨げられて帰ってこられないのに違いありません。私が亡くなった両親の世話をしたいのも、トシュイシュフがあなたの世話をしたいのも、その気持に変わりはありません。だから私が息子さんに代わって孝行をさせてもらいます」と、まごころこめて世話をしていたということである。

また、ウツよりやや上流にユツコヒウカという所があり、ここにアチウテレといって当年四十四歳になる者がおり、妻はハルヒリカといい四十歳であった。

このアチウテレは、五、六年前から足をわずらって腐りただれ、今は腰の周りにまで膿が垂れて、働くことはおろか、わが家の薪取りや水汲みさえ人手を借りねばできぬさまとなっていた。

ところが妻のハルヒリカは交易所につれ去られて、漁業が忙しいとの理由で帰されず、その上、番人たちから無理に犯された上、彼らに不法にも妾として囲われて、もはや四カ年も山に戻っていないということである。

チュヒリカはこのアチウテレのことも深く憐れんで、海岸につれ去られた妻の気持を察し、彼を家に引きとって、川のもの、山のものを毎日取ってきては煮焼きして、老婆と病人に与え、今も養っているということである。

私はそれを聞いて、ぜひ会いたいものだと岸に船をつけてたずねたが、その家の軒に近づくとアチウテレの体の臭気がひどく、とうてい立ちどまっていられぬほどであった。

その日はエヘトレン婆は山へ草を取りに行っているというので、チュヒリカとアチウテレの二人しかいなかったが、帰りがけにまた寄ってみると、老婆も家にいたのであった。

この老婆は人別帳には七十二歳と記されていたが、私の見るところでは、もはや八十歳になろうかと思われた。

さて、チュヒリカは、心は勇ましく、男まさりの腕の持ち主なのであろう。今年も熊を一頭取り、その子熊二頭も捕えたと、家の傍に飼ってあった。まことに珍しいことではある。

13　夫妻の強勇、妻ケウトランケ・夫シリカンケ

この夫婦は、もともと太平洋岸は厚岸《アッケシ》地方のホンコエというアイヌ部落の出身である。そこから根室《ネモロ》の風蓮湖畔のアッウシベツに出るまでの山道十七里（約六十八キロ）あまりの間に、ノコベリベツという川がある。そこは道筋のほぼ中央にあたり、また、その川筋では、マス、サケ、アメマス、ウグイ、イトウ、そのほか雑魚などが多くとれるため、以前からアイヌが十数戸ほど住んでいた。

役所ではここに一棟の通行屋という建物を設けて、鍋釜、寝具などを備え、往来の役人などの宿舎としていた。

ところが、この厚岸漁場は、寛政・文化（一七八九～一八一七）のころまでは、人口が増え続けて、ますます栄え、文政五年（一八二二）壬午《みずのえうま》の年、幕府から松前藩にお引渡しとなった当時も人家百六十四軒、人口八百四人もあったという。その後、悪徳商人たちの手に落ちてからは、アイヌたちが昼夜の差別もなく酷使された。その証拠には、去る辰年（安政三年、一八五六）に聞いたところでは、人家はようやく四十八軒、人口は二百六人残っているだけとなり、ノコベリベツは今は一軒残らず死に絶えて無人の地となったという。

そこで、ノコベリベツの通行屋の番をさせるために、ホンコエ出身の男アイヌのシリカンケと、その妻ケウトランケ、息子の六助、次男のモッコメの四人を移住させ、番をさせておいたのであ

る。

シリカンケは、そこに七、八年も住みつくうちに往来の人に慣れ親しみ、日本語もすっかり上達して片仮名ぐらいは書けるようになっていた。

そこへこのたび、幕府のご意向で、皇国の民の髪形にするようにとのお触れがあり、とりわけ、当地駐在の喜多野某（省吾）氏は、このご趣旨のほどをねんごろに諭されたため、シリカンケはそれに感銘、まっ先に鬚を剃り落とし、髪を結び、衿を右合わせとした。

さらに、どれほどこのご処置をありがたく思ったのであろうか、名前も八太郎と改めたのであった。

このアイヌは、もともと豪胆な者で、このようなヒグマ、オオカミの巣窟ともいえる山中に住みつき、また妻のケウトランケも、以前、夫が用事で根室や厚岸まで行った留守には、まだ乳離れもせぬ次男とただ二人でここに住んでいるなど、その勇気はだれもが知るところであった。

さる辰年（安政三年）九月三日のこと、飼犬四頭をつれて、近くの山に入り、薪を伐っていたところ、どこからか一頭のオオカミが現われて、その犬にとびかかろうとした。すると、犬どもはオオカミをとりかこみ、四方から身がまえして吠えたてる。オオカミもこれにはよほど困ったとみえて、あやしげな声で二声、三声、山も崩れるほど叫ぶと、たちまち、そのつれと思われるオオカミが四頭ほど駆け出てきて、犬一頭に一頭ずつ、大きな口を開いてとびかかった。四頭の犬に五頭のオオカミでは、なんともたまったものではない。そして残る一頭は、このアイヌに向かってきたのを、持っていた鉞《まさかり》を振り上げて、脳天を一打ちしたところ、なんの苦もなく倒れ死んでしまった。

すると他の四頭のオオカミは、跡をも見ずに山の方へと逃げていった。犬たちはオオカミに少し噛まれて、かなり弱っていたのでゆっくりといたわり、打ち殺したオオカミを背に負って帰ってきたという。このオオカミはそのまま役所に差し出したということである。

ところがまた、その妻のケウトランケという者は、この巳年（安政四年）三月はじめ、漁業のために厚岸に来ていた際、つぎのようなことがあった。

交易所から少し南にあたるハラサンという岬から二丁（約二百メートル）ほど沖に、一頭の鹿が泳いできたのを見つけたケウトランケは、ただちに着物を脱ぎ捨てて水中にとび入り、この鹿に泳ぎついて、首を捕えて水中に押しこんだ。

だが鹿もなかなか元気があって、簡単には殺せそうにないので、これにまたがり、自分が着ていた襦袢（モウルというワンピース状の下着）を脱いで鹿の首にかぶせ、腰の小刀を抜いて脇腹を刺し、また水中に押し沈めたので、ようやく鹿は死んだという。

そこで、自分で岸へ引いてこようとしたところへ交易所の人々が、なにごとかと舟を出して見にいった。すると以上のようなことだったので、大いに喜び、すぐ舟に引き揚げて一緒に帰ったということである。これらは勤番の役人たちも、みな見ていたことであると吉岡某氏が話されたとおりを記しておくものである。

また八太郎のことについては、私も去る辰年（安政三年）に、付近の事情を聞きたいと考え、ノコベリベツに呼び出して聞いたものである。さらに詳しいことを聞き取って、また記録しておきたいものである。

14　正義の人ヤエケシユク

石狩川上流の辺別川《べべツ》という支流は、忠別川《チクベツ》、美瑛川《ビビベツ》などという大きな川と並んでいる。

そのほとりの出身のヤエケシユクというアイヌは、今は五十二歳になるという。

その妻のシユツチロシは四十七、八歳で夫婦仲よく暮らし、二人の間にはイルカシという十一歳の女の子と、オカケマという十歳の子がおり、さらにその妹たちが二人できた。その下の子供たちが、まだ二、三歳のころ、妻のシユツチロシは漁場で禿頭のためにカボチャと呼ばれている番人にむりに犯されてしまった。彼女は非常に怒ったのだが、相手が番人のことゆえどうすることもできず、泣く泣く、その言うことを聞いていたが、悲嘆のあまり山中に入って矢毒にするトリカブト（毒草）の根を掘り、これを食べて自殺、操を立てたという。

すると夫のヤエケシユクは、子供たちをつれて山へ帰り、今も生きていれば八十三歳になるはずの母親、五十三歳となる姉のトアハヌ、四十八歳になる妹のムイトルマツ、四十三歳の弟シリ

95　正義の人ヤエケシユク

マシナイ、その妹で三十歳になるトキサシマツ、この一族十人で辺別の地を立ち去り、ビビ（美瑛か?）、忠別などという山を越えて、太平洋岸の十勝川筋の佐幌《サオロ》（現・新得）に移って、今も住みついているという。

ところが、それから五、六年もたってから、蝦夷地が幕府直轄となると聞いた役人たちは、そのままにしておくわけにはいかぬと気づき、通訳の増五郎という者が、忠別付近のアイヌ十人ほどをつれて佐幌に行き、ヤエケシユクに漁場に戻るよう命じた。

だがヤエケシユクは少しも聞き入れず、例のカボチャなる番人のしわざを詳しく申したて、ののしって、一向に帰ろうとする様子もないので、空しく引き返したという。

その後も、いろいろな宝物などを持っていき、なだめすかしてつれ帰ろうとしたが、彼はその宝物をつき返して「命は宝には替えられぬ。たった今でも石狩のやり方が改まったならば、すぐにも帰るぞ」と、使いにきたアイヌを笑い、ののしって追い返したという。

この夫婦の正義感の強いことは、まことに筆にも言葉にも尽くせるものではない。

15　孝子エタキウエン

日本海岸の苫前《トママイ》漁場で小使役をしているエタキウエンは今年五十歳、弟の四十二歳になるアチヤエタクとの二人兄弟である。自分はサケフレカルという四十四歳の妻を持ち、弟にはエホロという二十九歳の妻をめあわせている。

今年すでに八十三歳になる父のサケコシユンと、七十四歳の母セイロヌヌシを兄弟で大切にし、兄が山や海へ行くときは弟を父母のもとにおいて世話をさせ、二人ともに外に出るときには妻たちを付添わせて、すこぶる丁重に孝行を尽くしていた。

また、交易所からの指示などについては、少しの落ち度もなくよく勤め、蝦夷地が幕府直轄となって田畑を開墾するようにとのお触れが出ると、漁業のかたわらそれにも励んで何畝《せ》（一畝は約百平方メートル）かの畑を作りはじめた。

もともと酒が大の好物であったが、それも飲むのをやめ、たまたま人から一杯の酒をもらったときは、まず父母にそれを見せて、これはこれこれのわけでもらったのだなどと説明してから飲むのだそうである。

一昨年冬のことだという。雪が激しく降り積もり、海は暗く荒れて、一匹の魚もとれず、川はすべて氷が張りつめて、釣糸を垂れることも、銛《もり》で突くこともできぬありさまのとき、父親が生魚を欲しがった。

エタキウエンはこれを聞くなり、すぐ銛を持ち、風雪を冒して古丹別《コタンベツ》の川まで出かけたが、川面は一面に厚氷にとざされて、とうてい銛を差し入れるところもない。

川番のセフヌンケという者がこれを見て「どうして、こんな氷が厚く張りつめているところへ銛を持ってやってきたのか」と笑った。エタキウエンも、なるほど、この氷ではとても魚はとれまい、そのうえこのごろは、サケは溯り終えたし、イトウやウグイもいないころだったとふと思い出し、仕方なく帰ろうと半里（約二キロ）ほども引き返した。

すると雪を含んだ北風はますます激しくなり、北の海からまっしぐらに巻きあがり、押し寄せてくる大波は、大地を砕くほどの勢いで岸に打ち上げてくる。その崖の下を通れば今にもその怒濤に引きずりこまれるばかりである。そこに打ち寄せられた木が重なっている所にいくらかの水溜りがあり、その中になにかはねているものがある。

そこへ走り寄ってみると、一尺（約三十センチ）ほどのヒラメが二匹、大波に打ち上げられているのであった。

それを拾って帰ろうとすると、風はますます激しくなり、その崖岸はついに崩れ落ちた。もう少し遅かったならば命を失うところであったと、これは彼自身語っていたことである。

そのほかにもさまざまな話があり、その孝行ぶりは誰言うとなく知れわたって、昨年は箱館奉行所調査役の向山源太夫殿の巡察の際にも、木綿、酒、たばこなどをこの者に賜わったという。また、今年も、箱館奉行、堀織部正利熙殿も、エタキウエン兄弟と父母たちを呼び出されて、その孝心をお賞めになり、玄米一俵、酒、たばこなどを孝行のためにと賜わったのである。

彼らの孝心の珍しさ、尊さは、まことに言うべき言葉もない。彼らのことを思えば、あの二十四孝の一人、王祥が厚い氷の上で鯉を得て継母に食べさせたという物語も、まんざら中国人ので

99　孝子エタキウエン

まかせではないと、よくよく思い当たったのであった。

16　剛勇の兄弟、ヤエタルコロとトセツコラン

石狩川筋の夕張《ユウバリ》というところは、海岸から四十里（約百六十キロ）ほど内陸に入ったところで、そこに沙流《サル》、勇払《ユウフツ》、新冠《ニイカツプ》と境をなす巨大な山岳があり、そこから流れ落ちる川なので夕張川というのである。

その川筋には、上夕張、下夕張の二つのアイヌ部落《コタン》があり、文化（一八〇四〜一七）以前には上夕張に三百七十六人、下夕張には四百九十二人が住んでいたというが、次第に人口が減少し、今は上夕張に二十三人、下夕張には四十九人と、およそ十分の一となってしまった。その十分の一となった人々も、皆、海岸へつれ去られて山にはおらず、まるで無人の境となっている。

ところが、この地の生まれのトセツコランという二十九歳の男と、フッシヤンという同い年の妻、トセツコランの弟で二十六歳になるヤエタルコロ、その妹で二十一歳のシユツカウクの四人が山に暮らしていた。

この兄弟はすこぶる剛勇で、身長はおよそ六尺（約百八十センチ）、常に弓矢を背に夕張岳から十勝の山までを駆け歩き、どんな年でもヒグマの五、六頭を獲らぬことはなく、鹿は日ごろの

食料、衣料とするのであるから、もちろん大量に仕とめていた。

あるとき、この兄弟は山に入って終日、狩りをしていたが、一頭の獲物もなく夕方となってしまったので、どうしたことだろうと帰ろうとしたところ、突然、大きなヒグマが一頭、とび出してきた。

兄のトセツコランが矢をつがえると、その熊は大きな口を開いてトセツコランに襲いかかり、両手でトセツコランを押さえつけ、腰骨に噛みついた。そこへヤエタルコロが山から降りてきて、その熊に一筋の矢を射込み、すぐ山刀《タシロ》で切りかかる。熊は兄のトセツコランを捨ててヤエタルコロに襲いかかり、しばらくは組み打ちとなった。ヤエタルコロはかなわず下敷きとなったが、山刀で熊の陰嚢から腹まで刺し通した。するとつれていた猟犬たちが五頭ほどで熊の足に噛みついたので、熊もたまらず横に倒れる。ヤエタルコロは、ただちに上に乗ってとどめを刺した。

そして、すぐ川に下りて、着物を水に浸し、その水を兄の口にしぼりこんで息を吹き返させた。それからゆっくりと熊の皮を剝ぎ、これを背負った上に兄を乗せて家に戻り、さまざまに治療して命をとりとめることができたのであった。

しかし、その傷は治りにくく、今では腰骨が突き出して腰をかがめることも、足を伸ばすこともできないという。顔は引き裂かれて目はとび出し、両手で食事をするのがやっとのありさまとなってしまった。

この兄弟とは私も深くつきあったので、これらのことをよく聞くことができたのだが、聞くだけでも身の毛のよだつほど危いことではある。

17　いざりのウエンボ

宗谷《ソウヤ》の交易所にウエンボといって年齢三十七、八歳、足腰が立たず、用便のときはいざって用を足すという男がいた。

この者は、もともと大工だが、片手間に彫物を彫ることが好きで、人からそれを頼まれると、その値段は酒できめ、金銭は少しも欲しがらない。もし金銭を与えて細工を頼むと、すぐさまそれを酒に代え、それを飲んでからでなければ仕事にかからない。毎日、酔っていないことはなかった。

暖かいときに着物を着ているのを見たことはなく、生涯、酒さえ飲めれば幸せと、この世を悟りすまして暮らしていた。

この者はいざりでありながら、家の棟に登り降りするのに梯子を伝うさまは少しも不自由がなく、また家の棟にあがって柾板で屋根を葺くさまは、ふつうの人と少しも変わらず、屋根の上での仕事ぶりは、まことに人の目を驚かせるみごとなものである。

また、広野に放してある馬をアイヌたちが捕えようとしても、馬が逃げ走って捕えられぬとき、ウエンボが出ていって、草の陰から回り込んで馬に近づき、轡《くつわ》を嚙ませると、馬を取り逃がすことが少しもない。そのため、この漁場では、馬を捕えそこねたときは、きまってこの者が出ていくというが、まことにおかしな話ではないか。

18　縊死したエカシヘシ

石狩川下流のトクヒラという所は、石狩交易所から少し上流にあたる。ここに、日ごろ交易所に雇われて漁業にすこぶるたくみなエカシヘシという者がいた。その妻のイヘシランも、気だてがごくすなおで、よく漁業にも精を出していたが、それに惹かれたのであろうか、番人が横恋慕して、不義の恋を言いかけた。

だがイヘシランは聞き入れなかったので、夫のエカシヘシを遠方の漁場に行かせ、その留守にむりやり従わせた。それがきっかけとなって、番人は五、六度ほどもイヘシランのところに通ってたため、漁場でも噂となり、イヘシランはだれと密通したかなどと言いたてられるようになってしまった。

たまたま、彼女はエカシヘシの子を宿していたのだが、番人は、それはおまえの子だと言われれば恥をかくと考え、堕胎させようとしてイボタとトウガラシを煎じて飲ませた。

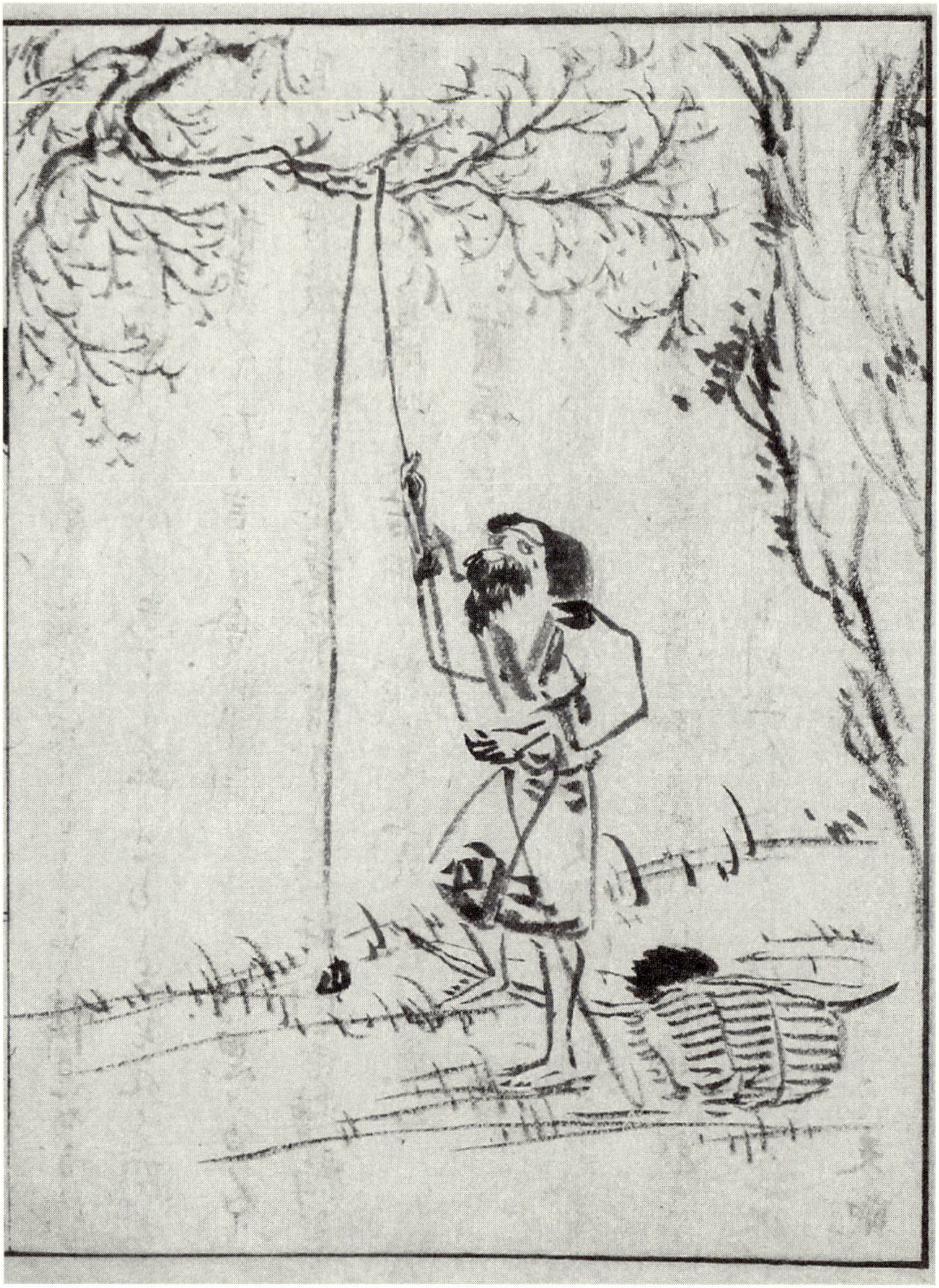

このためイヘシランは病気にかかって死んでしまったという。

そこへ夫のエカシヘシが戻ってきて、その次第を聞き、今はこのような所で生き延びても、なんの甲斐があろうかと死を覚悟したありさまであった。そこで親戚の人々は、手近に刃物などあっては、まちがいが起こるのではないかと、わずかな刃物までも取り上げておいたのである。だがエカシヘシは、ある夜、そっと雇小屋を逃げ出して、トウフツという所まで上り、その川べりの大木に縄を掛けて、けなげにも縊死したという。あわれなことであった。

こうしたことばかりを記録するのはおおげさと言われるかもしれぬ。だが、読者の中には蝦夷人などは鳥獣と同じように思っている人もあろうかと思うので、彼らといえども、意気地があり、あの悪徳商人どものような卑しい連中と比べれば、どれほどましかわからぬことを記しておくものである。

19　酋長トンクル

どの漁場においても役付きとなったアイヌというものは、和人の支配人、通辞、番人などと心やすくなり、支配人や通辞たちも、自分の権威不足でアイヌたちを服従させるのがむずかしいときは、酋長《おとな》、小使などという役付きアイヌをだまして抱えこみ、ものごとを進めるのが習慣のようになっている。また、支配人が役付きアイヌを手なずけるにつれて、その役付きアイヌは、自分の利益のためにアイヌたちを苦しめるようなことばかりを、支配人から言いつけられてはするものである。

しかし、この太平洋岸山越内漁場の長万部《オシャマンベ》の酋長トンクルは少しもそのような心がなく、自分こそアイヌたちのために陰になり日向となって尽くさぬ限り、自分の責任を果たすことはできないと、アイヌ同士のことを交易所などにもらすことなく、また和人とアイヌとの間でもめごとが起きたときには、必ずアイヌの立場に立って、これに味方した。

およそ、この蝦夷地においては、番人などがアイヌの妻を強奪したり、また年ごろになった娘があれば妾としたりして、適齢の青年が独身でいても、よくよくのことがなければ結婚させないのが土地のならわしのようになっている。

酋長トンクルはこのことを深く憂慮し、支配人の長七という者に対して、つぎのようにきびしく説いた。

「もともと、この山越内の漁場は、文化年間には五百余人が住み、戸数も百十余軒もあったものが、今はわずかに戸数八十軒、人口三百七、八十人となっております。これはすべて、娘たちが和人に強奪され、妊娠すれば堕胎させられるなどの悪習がさかんに行なわれ、万事、和人の勝手気ままにされてきたためにほかなりませぬ。アイヌの娘はアイヌの妻となるのが世の道ではありませぬか」と。

この長七という者は、各地支配人中でも、根室の善吉、宗谷の八右衛門、小樽の久五郎、余市の長七などと並んで知られたしたたか者であったが、このトンクルの道理に従って、漁場内の番人等に対し、アイヌの妻を強奪したり、娘を犯すことのないよう固く申し渡したということである。

それによって、この漁場は、そのころは大いに疲弊から免れたという。この美挙は、まずトンクルの志から生まれたものであり、まことに賢くも、また尊いこと言葉に尽くせぬものがある。

私が、この漁場のアイヌたちに尋ね、またトンクルにも聞いたところでは、今は和人による不祥事はこの漁場にはなくなった、ただ国縫《クンヌイ》という所で渡し守、シイカサの娘のハルマッという者が、南部の者となじみ、子供が一人できており、彼女にはわれわれもたびたび説得したが聞き入れない、これだけであって、ほかには決してないとのことであった。

その志は、義とも勇とも、また豪といってもよいであろう。

20　義民レイシヤク

オホーツク海岸、紋別《モンベツ》領の常呂《トコロ》漁場で土産取《みやげとり》という役を勤めるレイシヤクは今年五十七歳、妻はモナシリといい、その間にエセンクレという娘が一人ある。

レイシャクは勇気あり、義を重んじて豪気、常に貧者、病人などを憐れむので、オホーツク海岸でその人徳を知らぬものはない。

いまは妾も二人持ち、その間にできたサチウレキ、その妹のケロ、またもう一人の妾にはエチヤリカヌケという子ができ、そのほか男子一人、女子一人があって、妻と妾とで計七人の子を生み、一同むつまじく暮らしていて、近隣の困っている人々を救った例は数えきれぬほどである。

あるとき、鐺沸《トウフツ》（現在の常呂町栄浜）のオホンタカという土産取が、紋別の番屋で働いていたとき、たまたま紋別生まれの娘と親しくなり、その家に遊びに行っているところを、支配人の清兵衛という者に見つけられた。清兵衛はひどく怒って「オホンタカは鐺沸の者で女房もあるのに、ここに来てまた娘と通じた。この娘はわしが長いこと親しくしていた女だぞ」と叱りつけた。オホンタカは、悪いことをいたしましたと深く詫びて帰ったのであった。

すると、五、六日ほどたって、清兵衛は一通の封書をしたため、オホンタカに「急ぎの用事があるので、これを持って宗谷へ行くように」と命じた。

オホンタカは、なにも気づかず、その手紙を持って宗谷に行き、通辞の又五郎という者に渡したところ、又五郎はこれを開いて見るやいなや大いに怒って、オホンタカを縄できびしく縛りあげ、梁に吊り上げて、当時はまだ松前家の勤番がいたので、その足軽の某と二人で、腰骨の砕けるほど打ち叩いた。頭からは血が流れ出て、台所の庭も赤く染まったという。

折よくレイシャクは、そのとき宗谷におり、そのことを聞くやいなや、宗谷の酋長センケという者とともに交易所に駆けつけ、その顚末を聞くと、又五郎は「この者は紋別において支配人清兵衛の妻と密通した上、さまざまな悪事を働いたというので、このように縛ってあるのだ」と答えた。

レイシャクは「なるほど。しかしアイヌ同士の密通といっても、その女が他のアイヌの妻であったなら重い罪でありましょうが、相当の年になりながら勝手に夫を持たずにいる娘と通じたからといって、なんの罪になりましょうか」と少しも恐れず申し述べた。そして「また、紋別から手紙でなんと言ってこようとも、まず当所の酋長、また紋別の役付きアイヌに話をされた上で処罰されるべきでありましょう」などと、さまざま道理を尽くして説得した。

このため又五郎も言い込められて返事に困ったので、傍から宗谷の酋長センケが「ともかくも、この者の縄を解いてやった上で詫びを申しましょう」と縄を解かせた。

だがオホンタカは、もう息も絶えんばかりになっていたので、水を与えるなどして介抱し、さらに、なぜこのようなことをしたのかと又五郎を責めた。

そのためであろうか、和人たちが多勢でかかってきてレイシャクを捕えようとしたので、やむをえずセンケに頼んで詫びを述べたところ、又五郎は、それならば償いの品を出すようにと言ったので、レイシャクは、代々家に伝わる黄金作りの短刀一振りを出して、ようようオホンタカの罪を詫びて常呂へ帰ったという。

ところが、そのオホンタカは、それから利尻島にやられ、またその妻も呼び出されて利尻でと

火の用心

111　義民レイシヤク

もに使役されていた。こうして去年の秋まで四年の間、島にいたために紋別の家は朽ちて潰れ果ててしまった。

このたび、蝦夷地が幕府ご直轄となるにあたり、久しく故郷に帰れずにいた者は、ひとまず帰らせるようにとのありがたいご沙汰があり、オホンタカもそれによって帰されてくる途中、私も数日間、同道した。その際、私と同行した太田某氏はそれらのことを聞き調べ、また私も直接に聞きただしたのであるが、まことに又五郎、清兵衛のこのしわざは、憎さも憎し、恐ろしさも恐ろしと思い、記しておくものである。

このレイシャクは、去る辰年（安政三年）に、私たちが巡察した際、紋別まで行ったところ、そこに居合わせたので呼び寄せ、常呂の上流のことなどをたずねてみたが、巨大なヒグマと組み合ったことは何度もあるが、いつも仕止め損ねたことはないとのことであった。

その付近から釧路《クスリ》、十勝《トカチ》あたりの山々、石狩川上流に至るまで、毎春、一度ずつは猟に行くとのことで、それらの水脈、山脈のことなどを、すこぶるていねいに私に教えてくれたのであった。

その際も、右の話についてたずねたが、オホンタカの言うことと少しも変わらず、償いとして取り上げられた黄金作りの短刀は、今は古着を納めた蔵に吊されているが、なんとかして自分が生きている間に取り戻し、子孫に伝えなければ、先祖に対して申し訳ないと語っていた。

さて、その際に紋別駐在の同心、細野某氏がレイシャクについて「自分もこの間、あの者に一杯くわされた」と話してくれた。そのわけはこうである。

常呂において、先日、レイシャクのいないときに、アイヌに勧めて二人ほど風俗を和風に改めさせたところ、彼が帰ってきて「どうして自分にことわりなくこのようなことをしたのか。ここを受け持つ役付きアイヌをさしおいて、髭を剃らせ、髪を結わせるなど、もってのほかである」と怒るので、やむをえず詫びたところ、「それならば、まず一旦、髪をほどくように、そうすれば、その後、私の一言で当地のアイヌは、すべて髪を結わせ、髭を剃らせましょう」と言う。そこで細野氏もその言葉に従って、レイシャクの前に二人を呼び出し、髪をほどき、襟を左前に戻させたところ、「追ってこちらからご連絡しましょう」と言って両人をつれ帰り、細野氏が三日ほど逗留して返事を待っていたが、なんの音沙汰もなく、やむなくそのまま帰ったとのことであった。

そのほかにも、アツシ（オヒョウタモの皮の繊維で織った織目の粗い布地の着物）の値段のことで番人をやりこめたなど、なんともおかしな話がいろいろとある。

レイシャクのような者こそ、真の英傑というべきであろう。

21　孝子サメモン

太平洋岸の有珠《ウス》という所は、箱館から五十里（約二百キロ）余で、さして遠くない土地である。この漁場内のコッチという地に、今年七十いくつになるシリウトクという老人がいる。目は見えず、耳は遠くなり、腰も立たない。生まれつき酒好きで子供が二人おり妻はもう死んでいる。いま家にいるサメモンという息子は今年三十歳あまりになるが、近年まで独身で暮らしていたので、周囲から嫁をとりもとうとしたところ「自分はどんな者でもよいが、父親はどうお思いになるかわからぬから」とこれをことわっていた。

サメモンは幼少のころから酒とたばこは好物だったというが、この二つは断って、少しも飲まなかった。役所でたばこを与えられると、まず持ち帰って父親に飲ませ、酒をもらったときも、たとえ茶椀一杯でも、まず親に持ち帰って、これはこういう訳でもらったのだと説明して、最初に飲ませているという。

父親が次第に老いこんできたので、家に若い弟しかいないのは不都合であろうと、役所が世話をしてシュハッタという娘を妻に持たせた。サメモンは、彼女を妻とすると、繰り返し繰り返し「孝行というのは、もう代りのないものだ。親が亡くなってしまえば、どれほど大切にしようと思っても、どうすることもできない。だから、わしの妻となったからには、ただ、この親を大切にしてくれることだけを頼む」と言った。

もともとアイヌたちは、その性質が純朴で太古の民のような心の持ち主なのだから、この願いをこばむはずがない。シュハッタは夫のサメモンの意に従って、朝夕、なにくれとなく老人のために心を配り、起き臥しの面倒、両便の世話をし、一さじの食物も年寄りの口にあうようにと心がけて、むつまじく暮らしていた。やがて二人の間には二人の子供が生まれ、家は栄えて、ますます孝行を尽くしているのは、まことにめでたい次第である。

ところで、この一家の日常のことを詳しく聞くと、隣り近所で酒盛りなどあるときは、夫が老父を背負い、妻は後から誤って落ちぬよう腰の周りをささえなどしてつれていき、集まった人々と同じように楽しませて慰めるという。また役所でオムシャという謁見の行事があるときは、これにも必ず父を背負ってつれていき、酒宴の席では夫婦が左右についてこれを助けるなど、まことに筆にも言葉にも尽くせぬほどの孝行ぶりである。

たまたま私は、今年の八月二十三日、長流別《オサルベツ》から帰る途中、ホンウスのアイヌ、ハシテヤキの家に立寄り休息して、残った米で粥を煮、近所のアイヌたちに振舞おうとしたところ、七十余歳の盲人を、三十六、七歳のアイヌが背負い、その後から女アイヌが老人の腰をかかえて入ってきた。そして席につくと、夫婦は老人の左右にいて、煙管をとってたばこをつぎ、また粥が熱いとか、冷めていると聞かすなど、まことにていねいに世話を焼いているので、ふしぎに思ってその名をたずねたところ、サメモンであると教えられた。

それから役所に戻って支配人に聞いてみると、アイヌたちが言うことと少しも変わらないので、たばこ二包を出して、与えてくれるよう頼み、右のような彼らの善行を記しておくものである。

ところが、支配人というものは、アイヌのこととなると善いことも悪く言い、なんの差別も知らぬ鳥獣のように無知なものだと言うものだが、この有珠の支配人に限っては、少しもそのようなところがなく、サメモンの善行について詳しく語ってくれた。

これもまた、このような孝子が現われる一因でもあろうか。

有珠と並ぶ漁場としては、北には虻田《アブタ》、南には室蘭《モロラン》があるが、いずれもアイヌの気質が悪く、太平洋岸、日本海岸を含めてアイヌの気質の悪いところといえば、第一に室蘭、第二に長万部《オシヤマンベ》、第三に虻田と言われている。その間に挟まれながら、この有珠のアイヌたちは、その気質がすこぶる穏和であった。これは支配人の人格に感化された面もあろうかと思われる。

サメモンの孝心は、天地の神も知りたもうところとなったか、箱館奉行の堀織部正殿が同地を通行された折にも、この者を呼び出されて、たくさんの酒、たばこ、木綿等を賜わったのは、まことにありがたくも、忝《かたじけ》ないことであった。

117　孝子サメモン

22　豪傑ノテカリマ

北蝦夷（カラフト）東海岸のシララオロという地は、クシュンコタンから八十里（約三百二十キロ）あまり奥にあたり、十数戸の人家で一村落となっている。

その村にノテカリマという者がいて、私が弘化三年丙午《ひのえうま》（一八四六）に同地を訪ねたときは、すでに七十五、六歳であった。髭は赤く髪は白く、眼は輝き、顔だちは威風堂々としていて、しかも荒々しくはなく、凛々とした風采はあたりを払うばかりであった。

この者がひとたび命ずれば、南海岸のシレトコから奥、北はオロッコからタライカに至るまで従わぬ者とてなく、千余人のアイヌたちが、その一言によって支配される。

このため、クシュンコタンの通辞や支配人たちも、この老人を自由にはできない。アイヌを一人も交易所に行かせずにいてもこれにそむく者はなく、また支配人もその理由を問いただすこともなかったという。

そのためであろうか。西海岸方面で番人、支配人などにひどい目に合わされたアイヌたちで、この者をたよって逃げてくるものが数多くいた。追いかけてきた番人たちも、ノテカリマが彼らを世話し、かくまっていると聞くと一言もなく、空しく帰るのであった。支配人たちも、そうなることを心配して、アイヌたちをそれほど酷く扱うこともなかったという。

ところが、今度また北蝦夷に渡ってみると、あの老人は七、八年前に亡くなったという。

するとこの東海岸においては、足腰の立つかぎり、アイヌたちはすべてクシュンコタンに集められて酷使されるようになり、いくらか美しい女性は、人妻、娘の差別もなく番人たちの妾とされている。

そのために三十歳、四十歳になっても独身の者が数多くいた。

アイヌに対する世話の仕方も、いろいろと以前とは変わっているようなので、アイヌに詳しく尋ねたところ、あのノテカリマが生きている間は、番人たちがアイヌを不法に虐待すれば、シラオロへ逃げていき、そうなればむりに捕えることができなかったものが、今はどこへ逃げていこうとも追いかけて、捕え帰るようになった。また、東海岸のアイヌをも、みな狩り出して使うようになった。ノテカリマ存命中とは、アイヌたちへの扱いがどれほど変わったかわからぬほどであるということであった。

まことにノテカリマ一人の義勇によって、東海岸に住む一千人だけでなく、東西両海岸合わせて二千余人のアイヌたちが、どれほど恩恵を受けていたことであろうか。

それればかりではない。奥地のオロッコ族、タライカ族の者たちも、毎年のようにノテカリマのもとに立ち寄り、交易所に運ぶ荷物を調べてもらった上、シラオロから水先案内人を一人ずつ借り受けていた。

また、ノテカリマの家に働いていたクロスケという者がいたが、村内には適当な配偶者がなかったため、タライカに命じて一人の娘を招き寄せ、クロスケとめあわせたという。その者は今も村内に住んでいる。

これらを詳しく聞かせてくれたのは、ノテカリマの孫にあたるウイキシユで、彼は私が昨年の夏、オロッコ、タライカまでつれていったのである。このとき、行先、行先でそのやり方を見ていると、さすがノテカリマの孫だけあって、ひとしお威厳があり、すこぶる重宝をしたことであった。

23　猟師ブヤツトキ

石狩川上流のオチンカバという土地は、あの神居古潭《カムイコタン》からも二日かかるほどの奥で、船での道のりはおよそ十七、八里（約六十八〜七十二キロ）ほどのところである。

ここに住むアイヌのブヤツトキは今年五十二歳、妻のイチヤエウエンは五十九歳となり、間にイトリカウクという息子が一人、これにイシヤエマという嫁をめとり、四人でアシメノコという盲目の母を養っている。

ブヤツトキは、なにしろ猟が大好きで、いつも山中を駆けめぐり、交易所の仕事の合間には、もっぱら熊を追って天塩川を越え、鹿を追っては十勝、夕張の山中にまで行って、凍った雪の上を渡り歩くのが、あたかも隣近所を行くかのようである。

朝、家を出れば、その夜は十勝領の佐幌《サホロ》で夜を明かし、つぎの夕方には釧路《クスリ》、常呂《トコロ》まで越えるのも、なんとも思わず、獲物の足跡さえ見つければ、一度もこれを取り逃がしたことはなかった。

あるとき忠別《チクベツ》岳で、一頭の雌熊が、子熊をいつくしみ、じゃれて遊んでいるのを見つけ、ただちにひゅうとばかり矢を射かけた。

矢はあやまたず母熊にあたり、毒が回ったのか、もだえ苦しんで、そこを駆け回っているので、続いて二の矢をつがえ、射ようとしたそのとき、また一頭の雄熊が山から現われて、ブヤットキ目がけてとびかかってきた。

そこでまた、これに向けて射かけたが、その矢は雄熊の背を少しかすっただけで、ほかへそれてしまったという。

すると、雄熊は、ブヤットキがまだ弓弦を放さずにいたその左手にガップリと噛みついて放さない。そこで、噛みつかれたまま、右手で山刀を引ん抜き、自分の左手を切り落とすと、返す刀で熊の頭を左側から刺し通した。そこへ、つれていた猟犬三頭が、後からとびかかったので、その勢いに恐れた雄熊は、ブヤットキの左の手をくわえたまま立ち去った。

そのたたかいの間に、母熊は毒が回って、三町（約三百メートル）ほども離れた凍った雪の上に倒れて死んだ。

ブヤットキは、それからゆっくりと雌熊のところへ行き、皮を剝ぎ、肉をつれていた犬たちに食わせて、皮をかついで帰ったということである。

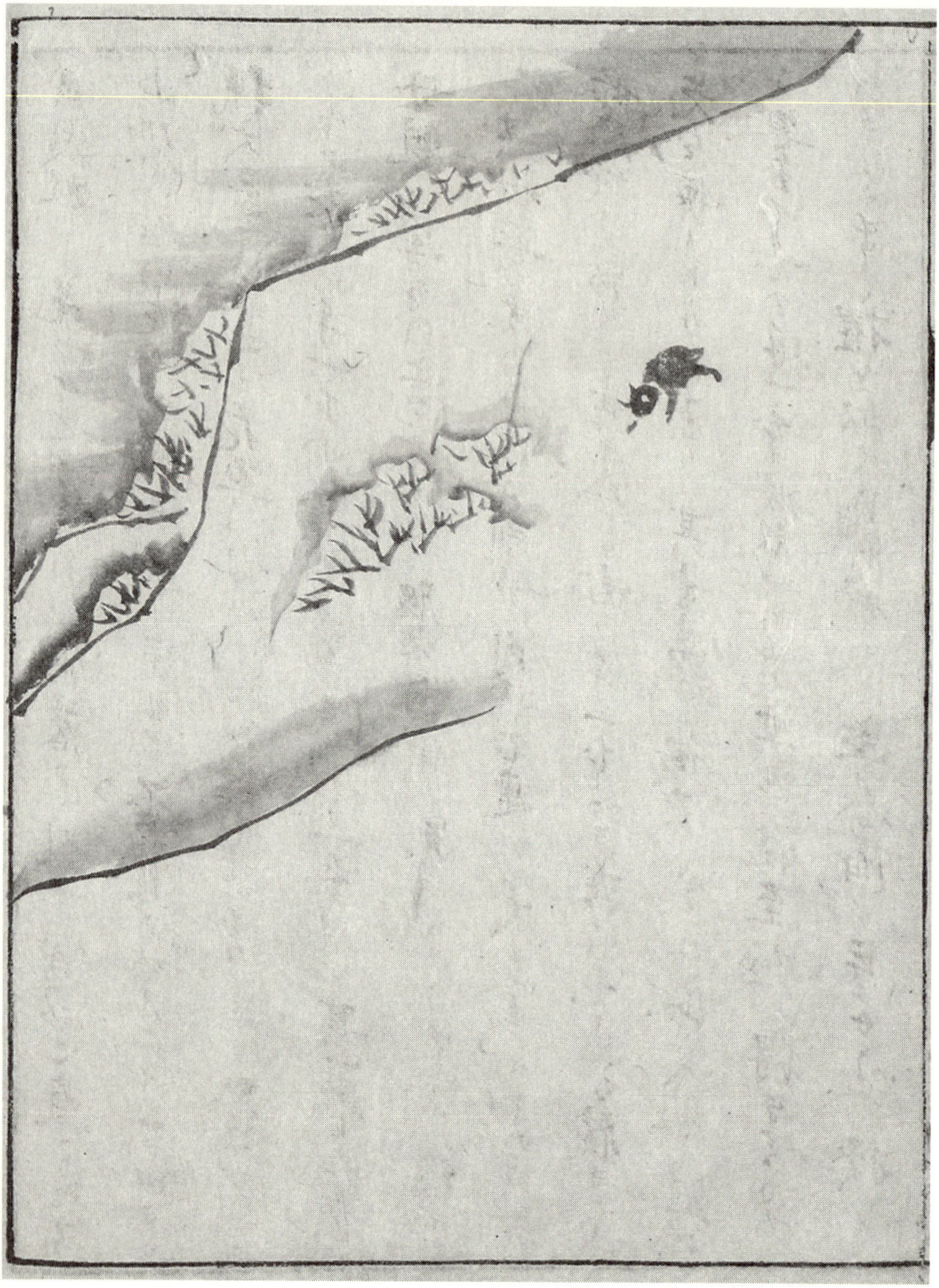

123　猟師ブヤツトキ

今もブヤツトキは右の手一本しかなく、左の腕から先はない。ところが、それにも懲りずに、また山に入っては、弓弦を膝にかけて右手一本で矢を放つのだが、そのわざは極意に達したものだという。

また、櫂を操って舟を漕ぐときも、片手で漕ぐその力は、ふつうの人と少しも変わらない。あまりにふしぎなので、試しに弓を引かせてみたが、その弓勢は、五体満足なアイヌと少しも変わらなかった。

私は、彼を石狩川流域のサンケソマナイという所までつれていったことがあるが、その途中、鹿や熊などを見つけるやいなや、第一番にこれを追いかけていく勢いたるや、この不具の身でよくもと感心し、ふしぎにもまた愛すべきものと思ったことであった。

その帰り道に、彼の家に立ち寄って一泊したが、今年もまた一頭仕とめたと三歳ほどの熊の皮を見せてくれた。そのほか鹿は数十頭も獲ったとのことで、その家には母親と、そのほかレイメノコといういざりの女、子供たちが養われていたが、皆、鹿の皮を着せられていた。

ふつうならば、一カ所でも負傷した者は、二度とそのような危い目に合うまいと、これを避けるものだが、このブヤツトキは、こうして左の手を一本噛みとられながらも、ふだんの用事をたし、さらにその勇気は昔と少しも変わらないのだから、まことに珍しいことといわねばならない。

24　貧しいエカシテカニ

エカシテカニという今年六十八歳になるアイヌは、日本海岸の天塩川流域のニウフという、海岸から六十里（約二百四十キロ）あまり溯ったところに住んでいた。ここは漁業には不便な所なので、そこから一日行程ほど下流のオクルマナイという所に丸木小屋を建て、そこに出稼ぎをしていた。

その妻はテケモンケといって、ほぼ五十歳ほどと思われ、二人の間に十人の子供がいる。長男がシレフニといって約三十歳、二番目は女でクヨンテ（二十二、三歳）、三番目も女でシホレ（十七、八歳）、四番目は男でトワンヌ（十三、四歳）、五番目から十番目までもみな男子で、イカシホレ（十一、二歳）、ホンヌツ（九歳ほど）、カニヒ（七、八歳）、アホヨレ（五、六歳）、シヘサン（三、四歳）、チェベカリ（二歳ほど）である。

このエカシテカニは、山での猟を好み、四年ほど前までは、朝夕、弓矢を携えてここかしこの山を駆け回り、もっぱら熊や鹿を獲っては、これほど多くの子供たちをらくらくと育ててきたのであった。

ところが四年ほど前から目を患って、両眼が少しも見えなくなり、毎日、炉のそばに座っているだけでなにひとつできぬという、すこぶる気の毒なありさまとなってしまった。

総領の息子は、漁も狩りも、このあたりではだれもが知っている名人だったが、これも五、六年前から交易所につれていかれて、漁業や昆布とりに使われ、一度も山には帰されぬという。つぎのクヨンテは、アッシ織りや縫物など、すこぶるじょうずな者だったというが、彼女は支配人の命令でオニサツのクーアツというアイヌと結婚させられて、夫婦ともに交易所につれていかれ、これも五、六年ほど山へ帰ったことがない。三番目のシホレは、同じ漁場のアエトモというアイヌの息子ウエリカと結婚させられ、これも海岸で使われて山には少しも帰ることができない。

四番目のトワンヌだけは、やっと親のそばにいることができたが、五番目のイカシホレは、まだ十二歳ほどだというのに、もう海岸につれていかれ、焼尻島《ヤンケシリ》の番屋で一年の給金が八合升で八杯（約十一・五リットル）入りの米をやっと三俵与えられるだけで使われているという。

そこでエカシテカニの家では、四番目のトワンヌだけは、いくらか漁の仕事や薪とりができるが、六番目の男の子はやっと手桶で水を汲めるほど、七番目、八番目はなんの役にもたたず、九、十番目はまだ母の懐にすがって左右から乳房を争っているだけのことである。

ところが、妻のテケモンケは、この窮状にも少しもへこたれず、毎朝、起きると自分で炉に火をたきつけ、トワンヌを薪とりに行かせると、自分は二人の幼児を前後に背負い抱いて、銛を携えて川に行き、その日の食料を獲ってくる。昼になると、こんどは山に入って、草の根や茎をとってくる。

こうして一家を養っていたのだが、このテケモンケも、どうした前世の因縁であろうか、この春、山に入ったとき、木の切り株で左の目を突いて大怪我をしてしまった。このためいまだに目玉がとび出し、血膿が出てとまらないという。

だが、私が彼らの家に一泊した折、彼女の挙動を見ていると、その傷にも少しもめげず、どんな男にも負けずに薪をとり、水を汲み、漁をしていた。

かの鎌倉権五郎景政という豪傑は、片目を射られながら、その矢も抜かぬまま敵を追いつめ、射殺したというのを、ただ昔の物語であろうといいかげんに聞き流していたが、彼女の振舞いを見ていると、あれも猿蟹合戦や桃太郎のお伽噺とは違った実話であったのかと思いあたったものである。

さて、今年の五月、彼らの家をたずねて一夜の宿を乞うたところ、その難儀の次第をいろいろと語り、子供たちも少し大きくなって薪とり、水汲みの役にたつようになったかと思うと交易所につれていかれるので、どうすることもできぬと、その悲しみを嘆くのであった。あまりの哀れさに、携えてきた米で粥などを煮て一同にも与えて夜もすがら語り合い、また帰途にもこの家に立ち寄って昼食などして休んだのである。

彼らは、私たちに、その苦労を詳しく話してくれたが「こうして、今は難儀をしているが、この子供たちは行末の宝であります。それを思えば、なんの心配もありませぬ」と言うのであった。また私が「そなたたちは、今は苦労をしているが大勢の子供たちがいて結構だ。私は今年で四十歳になるが、いまだに妻も子供もないのだよ」と言うと、彼らは大変驚いて「それこそ心細いことでしょう」と言う。

少したって「旦那《ニシパ》はお住まいはどちらでしょうか」と尋ねるので、「江戸といって松前からは三十日もかけねば行けぬ所だ」と答えると、エカシテカニは非常に驚いて「ああ、それは残念なことじゃ。旦那は、このあたりにいる和人《シャモ》たちとは違ってよいお方なのだから、もし、二日か三日で行けるところの方であれば、十人の子供のうちの一人をさしあげることもできように、あまりに遠い所ゆえ、それもできぬことじゃ」と、私が妻子を持たぬことを心から嘆いてくれたのであった。

その一言は、私の鉄石のように固い心をも錐でつらぬくほどに感動させられたので、長々とした話だが、こうして記しておくのである。

25　クワンレキの困窮

日本海岸の久遠《クトウ》という漁場は、熊石村のすぐ隣りの地で、明和・天明（一七六四〜八八）ぐらいのころまでは、人口が八十七、八人、人家が十三軒ほどもあり、熊石との境のホンムイから、太田との境までの間に、貝取澗《カイトリマ》、砂貝取澗《スナカイトリマ》、薄別《ウスベツ》など、あちこちに部落をなして、かなりの村となっていた。

ところが、この日本海方面は、以前の幕府ご直轄の際にも、直接のご支配下にあったのはほんのわずかの間だったため、その前後には多くの悪徳商人が入りこんだ。こうして次第に人口も減って、文政四年（一八二一）の松前藩へのお引渡し当時には、人口二十五人、戸数はたったの五軒となっていた。当時はまだ、貝取澗、ソエトマリ、そして交易所の三ヵ所に分かれて、人々が住んでいたのである。

その後に請負人となった石橋屋松兵衛という男は、その強欲非道のために、松前の城下でも、だれ一人、商売の取引きもせず、人々からうしろ指をさされて、松前に住むこともできぬほどであった。そのため、この久遠に引越してきて、自分から支配人となったのである。

その強欲非道ぶりは、日本海岸はもとより、太平洋岸に至るまで、だれ一人知らぬ者はない。アイヌたちを犬馬のように酷使して、十七、八から五十歳ほどの者には、一年の給料として、たった八合盤（八合升）で八升ずつ入れた米俵（約十一・五リットル）を四、五俵与えるだけでこき使った。一日の食料としては、わずか一合八勺（三百二十四ミリリットル）ほどの椀に玄米一杯を与え、しかも交易所に残飯でもあれば、それをうすめて粥にし、一日に三杯ずつ与えていた。このため幼児や老人たちはなんの食べるものもなく、古着一枚、手に入れることもできない。

たまたま、漁業などでよそから出稼ぎにきた者が、あまりの窮状を見兼ねて、古着の一枚も与えるのを着て、ようよう過ごすというありさまであった。

このため、ここで使われるアイヌたちで、五十いくつまで生き長らえる者はおらず、三十から四十歳前後で、みな病気にかかって死んでしまう。子供たちも七、八歳になるまでに、すべて飢えと寒さのために死に絶えるため、人口はますます減るばかりであった。
十七、八年前のこと、これを怒ったアイヌたちが、江差の役所に訴え出たのだが、松前藩領のことだというので取りあげられず、なんの対策も講じられぬままに捨て置かれた。
このためアイヌたちも、どうすることもできずにいたが、そのうちに松兵衛は死んで、養子の瀬左衛門という者の代となった。

ところが、この者の非道ぶりは松兵衛よりもさらに甚しく、昼夜の差別もなく、ますます虐待、酷使するのであった。

それが、一昨年、蝦夷地が幕府ご直轄となるというので、アイヌたちは大いに喜び、以前のように漁場が公儀《おかみ》のご直営になるならばわれわれも生活していけるだろうと期待していた。やがて、箱館から駐在の役人が来るというので、天にものぼる心地で喜んでいた。

だが、去る辰年（安政三年、一八五六）、その役人が久遠に着任したので、いろいろと困窮ぶりを訴えたにもかかわらず、彼は、瀬左衛門の言いぶんだけを正しいとして耳を傾けず、なんの対策も講ずることなく、放任していたのであった。

このため部落のアイヌたちは大いに落胆して「今度こそはと期待していたのに、このようなことでは、もはや生きている甲斐もない」と決心し「こうなったからには、罪をきせられて殺されても満足じゃ。もしも、隊長さま（箱館奉行支配調査役、向山源太夫）がご巡察になると聞いたなら、そのときこそ、直訴しようではないか」と申し合わせていた。

その四月十三日、向山隊長殿が、同地受取りのために到着されると、かねて覚悟していたものであろう、その夕暮、酋長《おとな》のクワンレキ、小使のスエタケ、脇小使のイラヘンをはじめとして、七歳の娘、三歳の孫子まで合わせて十三人、そのとき生存している限りの者たちが、手をつないで座敷の軒先に行き、みな涙を流して、なにごとかを訴えようとした。

このとき、佐助という交易所の下男が入浴中に、風呂場の窓からこれを見つけて、日本語で大声で叱りつけたが、彼らは少しも動かず「このまま、ここにおれば、わたしらは皆、飢えと寒さで死んでしまいます。親や子供たちの苦しみを見殺しにするぐらいなら、こうして訴え出た罪で首をはねられようともかまいませぬ。殿さまのお座敷に訴え出るからには、どうして命を惜しみましょうか」と、佐助を血眼でにらみつけた。

佐助もその声に、これはなにか訳があろうと、急いで風呂を出ようとしたところへ、用人の栗山某氏、部下の太田氏らが走り出て、直訴の訳を問いただした。

クワンレキは少しも屈せず、「ここへ願い出たからには、お聞きとりくださるまでは十日でも二十日でも、この軒先を離れませぬ」と頭を下げ「もし、それがけしからぬとあれば、わたくしの首をおはねくだされ。この十二人の者は、わたくしがお願いに出るというのでついてきただけで、罪はわたくし一人のものでございます」と、死を覚悟した様子で、現在のアイヌに対する扱いを詳しく申し述べ、昔はこのくらいの人口があったものが、このような次第で、今は五十歳以上で生き残るアイヌは一人もおらぬことなどを訴えた。

このため役人たちも、やむなく隊長殿にその訳をご報告したところ、大変哀れにお思いになり「それならば、わしが箱館に戻ってから、なんとかしてやろう。もしも、今後とも不都合なことがあれば、駐在の小沢に詳しく申し出よ。それ以外の者は取り上げなくとも、この小沢は、よく聞いてくれるはずだ」と手拭、針などを与えられ「箱館に戻ったならば必ずなんとかしてやろう」と言われたので、一同も納得して引きさがった。ところが、向山隊長殿がこの途中で亡くなられたことは、彼らにとってなんとも言いようのない不運であった。

この件についていては、私は先に択捉《エトロフ》に渡っていたので、直接、見たわけではないが、太田氏や隊長殿の話を、そのまま記しておく。

アイヌたちは、その後も小沢氏のもとに、いろいろと訴え出て、隊長殿が箱館に戻られるのを、いまかいまかと待っていたところへ、亡くなられたと聞いたので、「もはや、この世に生き延びる甲斐もありませぬ。なんの因果で請負人のためにこうしてこき使われるのかと思えば残念至極、このようなことでは、蝦夷地で人口が増えることは、よもやありますまい」と笑ったということである。この酋長は、まことにものの道理をよく心得た者であった。

また、そのころのことだったという。日本海側に駐在する役人が、赴任の途中、このクワンレキの家に泊まったとき「汚ない家だな」と言った。クワンレキはこれに答えて「そのとおり、私どもの家は汚のうございます。旦那《ニシパ》はどちらへ行かれるかは存じませんが、どこまでおいでになろうとも、アイヌはこうしたものであります。そのアイヌを治められる役でありながら、アイヌとはどういうものかをご存じないとは、不心得なお話じゃ」と笑ったという。

もし、その役人が心ある人であるならば、その一言は針のように心を刺したにちがいない。

26　石狩の下男たち

二人とも名前は聞いておいたのだが、いま、その記録が見当たらないので書かずにおくが、石狩でのことである。

三月、雪が凍りついた季節に、漁場、漁場を中継して送るご用状を、石狩から勇払《ユウフツ》領千歳《チトセ》の交易所へ届けさせようと、二人のアイヌに持たせて出した。

雪が凍った季節には、二日がかりで山中を越えるということであるのに、このアイヌたちは、二日目の夕方、一頭の子熊を抱いて石狩の交易所に戻ってきて「今朝、山でこれを捕えてきました」と言う。

円吉という支配人が驚いて「おまえたちはばかに早かったが、ご用状は千歳までお届けしたのか」と尋ねると、こんどはアイヌたちがびっくりして「そのご用状は山に置いてきました」と、子熊を交易所の台所に置き、すぐまた山へ引っ返そうとした。

それを引きとめて訳を聞くと、「非常に大きな熊が、この子熊をつれて遊んでいたので、状箱をその場に捨て置き、親熊を追い払って子熊を捕ってきました。状箱は山にありますので、これから行って取ってまいります」と答えたという。

支配人はますます驚いて、あの広い山中に置いてきた状箱を、一人や二人で探し出せるものではないと、多くの人夫を出して、三日がかりで見つけ出し、やっとのことで千歳まで送ったとのことである。

これは私が実見したことではないが、詳しく聞いたとおりを記した。その意図は人物の紹介ということではなく、アイヌの心情と行動ぶりを知っていただこうとするものである。まことに、その愚直、純朴さは愛すべきものではないか。

27　酋長エコマ

日本海岸の美国《ビクニ》という漁場は、箱館から六十里（二百四十キロ）以上も離れ、現在、松前商人の岩田某が請け負っている。

ここは年間一千両の漁獲があるほどの豊漁の地で、文化六年（一八〇九）の調べでは七十六人が住んでいたというが、その後の文政四年（一八二一）に幕府から松前藩にお引渡しになったときには、すでに五十四人にも減っていたという。この人数は確かな文書にも記されているところである。

この漁場では大いに利益が得られるので、松前、江差などから和人の漁民が次第に多く出稼ぎに入るようになった。

このため地元のアイヌに対しては、少しも保護することもなく、なにぶん豊漁の土地なので昼夜の差別もなく酷使、虐待していた。

妊娠した女性は、その苦しみに堪えかねて堕胎し、それがもとで病気となり、寝込んでしまうと、一さじの薬、一杯の食物も与えず放っておくので、そのまま死んでしまう。

また、夫婦の者も、夜は真夜中まで、朝は午前四時ごろには早や起こされて、漁業や雑役にこき使われるため、夫婦の交わりの暇もなく、とうてい妊娠することもできない。

病気にかかれば、だれ一人看病もしてやれぬため、必ず死んでしまうようになった。

こうして、月ごと、年ごとに人口は減り、昨、安政三年（一八五六）のころは、ついに十六人になってしまったという。

うち十三人は男で、女はたった三人しかいない。その三人のうち、一人は六歳、一人は六十七歳の腰が二重に曲がった老婆で、とても妊娠できるとは思えない。あとの一人は酋長エコマの妻のチョクンナであるが、これも四十歳になるので、もはや妊娠はできまい。

このため、十三人の男子の中には、十八歳以上、四十歳までの者が九人いるが、いずれも独身で暮らしていた。

酋長エコマはこのことを深く心配し、何度となく支配人に適齢の女子をつれてきてほしいと願い出たが、そうした世話はまるでしてもらえなかった。

そこでエコマは、自分が蓄えてきた太刀、行器《シントコ》（ほかい。食物を入れる器）、耳だらい（把手のついた洗面器）など、たくさんの宝物を持ち、隣接する積丹《シャコタン》の酋長が昔からの縁続きなのでこれをたずね、一人の少女を買い取ってきて、自分の部落の小使役と結婚させた。

その小使役も酋長の親切に感謝して夫婦むつまじく暮らし、一年も過ぎぬうちに妊娠して、もはや十カ月にもなった。このため、毎日の作業が辛くなってきたので家に置いておいたところ、支配人たちがこれを聞きつけ、むりに引き出して、ニシンの漁期に、ニシンを舟から陸に担ぎ上げる沖揚げという仕事をさせた。彼女はその重労働に堪えかねて、三日目には流産してしまい、それから病気で寝込んで、十日もたたぬうちに亡くなってしまった。

酋長エコマらはこれを非常に怒って「もはや、この漁場のことをいくら心配してもむだなことだ。こうして十何人の仲間が独身で暮らしているというのに、わし一人が妻を持って暮らすのも気がすすまぬ。この美国の漁場も、あと十数年で、わしらの子孫は絶えてしまうだろう」と、この世のありさまを嘆いているということである。

その後、安政三年五月、向山源太夫隊長殿がこの付近に行かれたとき、エコマはこの地の戸籍を、一枚の紙に和文でつぎのように記してもらい、これを隊長殿が美国の交易所から古平《フルヒラ》へと出発される際に、ご案内と称してつき従い、ひそかにこれをお渡ししたという。

美国場所総酋長《オトナ》

〆

同並酋長

〆

〆

〆

エコマ　五十一歳
妻　チョクナン　三十九歳
伜　マサリキン　二十五歳
次男　コマ　当歳
アエヘカ　二十五歳
小使　チヘエ　三十九歳
母　ケロチ　六十九歳
チヘエヤ　三十八歳
トウシュマ六十九歳
伜　テンネクロ四十六歳
孫　エマ　十一歳
娘　ウリウフツ　六歳
タエキ　十八歳

〆
オナコチ　四十九歳
倅　ホンタヌキ　十八歳
ケヤエカ　四十歳
〆

これに添えられた文章には、「たった十三人しかいなくなったアイヌたちが妻を持つことができないのに、自分一人が妻を持っているのも心苦しいので、積丹から一人つれてきて妻にもたせたのも、やはり亡くなってしまった。それというのも、昼夜を問わず酷使されたためである。このままでは、当地の蝦夷の種族が死に絶えるのも遠いことではあるまい」といった趣旨を、すこぶる奇妙な文体で記し「旦那《ニシパ》さま（向山殿のこと）は、私どもも神様同様に拝んでいる方でありますので、なにとぞお救いくださ い」と書いてあった。

このあたりのアイヌは、多くの和人と一緒に住んでいるため、言葉もよく通じるので、道すがら、隊長殿にこまごまとお願いしているさまは、まことに哀れであった。

エコマが、自分だけが妻を持っているのは気が進まぬと考えたのは義であり、子孫が尽きて先祖の祭りができなくなるのを憂いたのは孝である。宝物を使って積丹から女の子を買い取り、部落の者に与えたのは仁であり、和人に頼んで嘆願書を書いてもらったのは智である。

そして、その文書を向山殿に奉ったのは勇であって、彼の功績は、書き尽くすこともできぬほど大きなものがある。

28 盲人ニトシロウク

盲人のニトシロウクは当年七十二歳。日本海岸苫前《トママイ》交易所の地元の者だが、目が見えなくなり、今はほとんど病気で寝込んでいる。

子供は四人いて、今はそれぞれ外へ出、家には総領息子のエカシリコロ（三十二歳）に同じ漁場のリモム（三十三歳）をめとり、二人の間にヘツラフ（十六歳）ともう一人の子供ができて、仲むつまじく暮らしている。

ニトシロウクは、彼らに世話されながら、つぎのように言い聞かせていた。

「わしは、昔、この地が幕府《おかみ》のご直轄となっていたころのことを、まことに詳しくおぼえているので申し聞かせよう。江戸からお出でになった殿という方々は、毎日毎日、天を照らす太陽と同じく尊い神様のお指図によって来られたのであるから、われわれアイヌのためにならぬことは決してなさらない。したがって、その殿たちのお言いつけには少しも逆らうことなく従って、正しく守るならば、ゆくゆくは自分たちのためにもなるのだと教えられた。

そこへ、畑を開墾して作物を作るようにとのお触れがあったので、自分たちで畑を作り、種を

頂戴して播こうと考え、次男のアエラフトエという者の家に行って、おまえはここの主人というわけでもないから、いくらか暇があるだろうとすすめ、何畝《せ》かの畑（一畝は約百平方メートル）を開墾させたのだ」と。

その後、アイヌたちの髪型を日本風にせよとのお触れがあり、あちこちでこれに反対する者が出たが、このニトシロウクは、次男のアエラフトエと、孫のヘツラフとを呼んで、髭と月代《さかやき》を剃り落とし、他のアイヌたちが何を言おうとも、少しも恥ずかしいことはないと教え、次男を万吉、孫のヘツラフは平助と名を改めさせ、幕府の仰せには決してそむくのではないぞと、いたって懇ろに言い聞かせたということである。

私は、このことを聞いていたので、今年の六月末、天塩《テシオ》からの帰途にこの地に立ち寄って、駐在の役人、石井某氏をたずねて、この人と一緒にアイヌたちが耕した畑を見て回り、それからニトシロウクの家に行った。

しばらく語り合おうと床に腰かけ、なにか昔のことなど知っていたら聞かせてほしいと、木綿や針などを与え、以前の幕府ご直轄時代の話などを始めた。

するとニトシロウクは非常に喜んで、「旦那は今度、天塩の川上においでになったそうですが、それだけでありましょうか。石狩辺はどうでございましたか」とたずねた。

そこで私はつぎのように話した。「石狩にも行ったことはある。その石狩川支流の雨竜《ウリユウ》という川は、パンケシュポロという所まではようよう溯ったが、それより奥は、両岸が峨々とそびえ立って、翼でもないことには越えられず、また川を渡ろうにも、数尋《すうひろ》（一尋は五尺、つまり約一・五メートル）もの深い青い淵なので、魚か竜にでもならねば渡れたものではない。このため、やむなくそれより奥は見残して下ってきたのは、まことに残念なことであった。これより奥のことについては、いま石狩川筋にいるリマチウレというアイヌが知っているが確かではない。また石狩川筋の上川から、雪の凍りついた季節に山を越えて雨竜に来た者がいるというが、これも詳しくはわからない。

昔、あそこにカニクシランケという者がいて日本海岸の羽幌《ハボロ》に下って住んでおり、私も十三年ほど前に会ったのだが、そのときは彼の大力の話ばかりを聞いて、地理風土についてはは少しも聞かずに帰ってきたのは、すこぶる残念なことだった」と。

そして「そのカニクシランケの話では、昔、間宮殿（林蔵）という方は、その上流まで入られたということだが、それはどこから入られたのか、また、どこの者がご案内したのだろうか」と尋ねた。

するとニトシロウクはこう答えた。

「それは、まだわしが髭も生えぬころのことですが、この苫前から五人のアイヌをつれて羽幌川を二日ほど溯り、パンケルペシペという小さな沢にとりつき、それから大きな笹原続きのところを一日踏み分けて、雨竜の側に落ちる源流に出て、その川伝いに半日ほど下るとシュマンペツという所に出ました。そこにカニクシランケが住まっていたので、その家に逗留し、五日ほどかけて一艘の小さな丸木舟を作り、そのカニクシランケの案内で二日ほどかけて、パンケシュポロにつきました。そこは両岸が峨々とそびえて、その間に滝がかかっているため、そこまでで引き返しました。それから、また別の機会にはシュマンペツから三日ほど溯ってパンケシュポロまで行き、その先は舟が通れないので、皆で残雪の上を、天塩川筋の名寄《ナイフト》の上流、ウリウルペシペナイまで下り、そこから剣淵《ケネプテ》川というのを溯って、また山を越えて雨竜川筋に戻って、最初の羽幌まで出たのであります」と。

ニトシロウクは、その二十日余りのことについて、どこに泊ったときは何を食べた、どこでは何を食べたなどと詳しく聞かせてくれたことは、大変にありがたかった。

そして、昔の幕府ご直轄の時代には、こうであった、ああであったと、通行する人々までもアイヌをいたわって、土産などを与えたということを話してくれたことは、まことにうれしかった。

さて、この老人の話で、大いに役に立ったのは、かつての雨竜上流探検の件であり、また山に登るときは必ずモッタ（小釘）を携えよということであった。

雨竜の水源のことについては、いま、このニトシロウクに会うことがなければ、どうして詳しく知り得たであろうか。

また、モッタを携えずにいたのでは、岩石に突き当たって舟が砕かれたときなど、どうすることができようか。

この老人に会って以後、私は山に入るときには必ず鉞とモッタとを持っていくことにしている。

こうしたことからも、このニトシロウクはこのたびの幕府ご直轄の行政にとって、大いに功績ある者ということができよう。

29　シキシマ、正義の訴え

日本海岸の相沼内村という所には、昔はかなり多くのアイヌが住んでいたが、近年になって和人が移住してくるにつれ、人口が次第に減り、今ではたった二人となっている。

その一人、シキシマという者が、箱館奉行所の向山隊長殿が島牧《シマコマキ》に来られたとき、玄関前に来て、隊長殿の家来某に、つぎのように訴えて立ち去った。

「このたび、アイヌたちを和人となされるとのことを伺いました。それはまことに結構なことではありますが、交易所の運上屋という者たちは、そうなることを非常に嫌って心配し、アイヌたちに対して〝そのようなお触れがあっても決して和人となってはならぬ。また、そう言われたことを駐在の役人に洩らしてはならぬ。もし洩らしたならば、きびしく罰するぞ〟と言い聞かせております。

このために、和人となれとのお触れをこばむ者もありましょうが、じっくりとお話しくださるならば、皆、喜ぶことでございましょう。私は相沼内村の者でありますので、どこの運上屋の世話にもならぬゆえ、このことをお国のために秘かに訴えたのであります」と。

まことに感心なことなので記しておくものである。

30　酋長シトクルランケ

カラフトの酋長シトクルランケは、樺太西海岸ナヨロに代々住んで、この島の酋長五人衆の一人である。その父はヤエンクルアイノといい、曾祖父が清国《しん》の楊忠貞という人であることは有名で、今も先祖から伝わる文書四通を持ち、その包み紙には最上徳内、和田兵太夫お二人の添え書がついている。

こうして彼の権威は非常なものがあり、西海岸のアイヌでその命令に従わぬものはだれ一人なかったのであるが、近年になって和人の血を受けたアイヌが増えてくるにつれて、その威光もいささか薄れてきた。

とりわけ、現在、総小使を勤めるニシレルスという者は、ある有力者の落とし子であるカリハという娘をめとって以来、あたりに勢威を振い、アイヌにふさわしからぬさまざまな悪事をも働き、それによってますます富み栄えている。

こうしてニシレルスに恨みを抱くものは多かったのだが、だれ一人としてその不法をおさえられずにいた。

そこでシトクルランケは、なんとかして一度は勲功をあげて、かつての権威をとり戻したいと考えていた。

たまたま、去る安政元年（一八五四）秋の八月下旬のこと、二人のロシア人が奥地のスメレンクルを出発して、ウショロ、ライチシカをも越え、クシュンナイを過ぎてナヨロにさしかかった。

シトクルランケはこの二人を捕えて「なんのためにここを通るのか」と問いただした。

ロシア人が「白主《シラヌシ》へ行くのだ」とアイヌ語で答えるとシトクルランケは大いに怒って「どこへ行くにせよ、わしの前を断わりもなく通るとはふとどきである。白主へ行きたいというなら、まずそのことをエンルモコマフまで問い合わせよう。そしてよろしいとあれば通すが、さもなければ通すわけにはいかぬ」と言ってロシア人をそこに留めた。

そして、息子のカンジヤウマシテに従者一人をつけ、そのことをエンルモコマフまで聞きに行かせた。だがエンルモコマフでは、そういうことは白主でなければ判断できぬと、いっさい相手にしないので、カンジヤウマシテはやむなくエンルモコマフを去って白主まで、その取り扱いをたずねに出向いたのであった。

すでに秋も深まって往来も手間どるのでロシア人たちは待ちくたびれ、ぜひ行かせてくれと要求したが、シトクルランケは聞き入れない。

そこでロシア人たちはやむなくある計略を立てて「われわれは、ここであまりに手間をとり、季節も過ぎてしまったので、今年はひとまず帰ることとしたい」といとま乞いし、シトクルランケに別れを告げて出発した。

　そしてクシュンナイまで戻ると、そこから山を越えて東海岸のマーヌイという所に出、そこからシララオロ、オタサン、ナイフツ、ロレイなどを過ぎ、トンナイチヤの手前のオチヨホカの川を溯って十一里（四十四キロ）の山越えをして、クシュンコタンの手前のホロアントアリという地について、先着のロシア人の砦に行ったという。

　ところがシトクルランケは、のちになってこのことを聞き、ロシア人二人のやり方は甚だけしからぬと考え、ここを立ち去るときは国へ帰ると言いながら、偽って他の道を通り、クシュンコタンへ行くとはなんともふとどきであると、ただちに太刀をおっ取り、二人の従者をつれてクシュンコタンまで追ってきた。

　そしてロシア人の砦に乗り込み、大声で談判したため、数十人のロシアの役人たちもこれにはもてあまして、山海の珍味、西洋諸国のさまざまな美酒でもてなし、その罪を詫びたのであった。

　ところが、その珍味美酒のもてなしを妬んだアイヌたちが、運上屋にこのことを告げたため、番人たちはシトクルランケが帰ってくるのを、いまや遅しと待ちかまえていた。そして帰ってくるやいなや、十三人の番人どもが縄できびしく縛りあげて打ちたたいた。

　息も絶えるほどの苦しさにシトクルランケが泣き叫ぶ声を聞きつけたロシア人二人が運上屋にやってきて「どうしてこのようなことをするのか。いかにアイヌといえ、どんな悪いことがあっ

151　酋長シトクルランケ

たからといってひどすぎる。これも天地の民ではないか」と番人に説教して縄をほどいてやった。番人たちはこれに一言の返答もできず、一人の番人などは縄を捨ててその場を逃げ去ったという。

番人たちはこれを逆恨みして、シトクルランケはロシア人に味方して内通しているなどと、自分たちの悪事は隠して、松前藩の役人にも訴えて無実の罪を着せたという。

去る辰年（安政三年、一八五六）、私はこの件についてさまざまに苦心して調べあげたので、なんとかしてシトクルランケに会い、さらに事情を聞きたいとナヨロへ行った。彼はその時の傷がいまだにときどき痛んで難儀をし、このところ、またそれが起きて病床についているという。

そこで病床を見舞って、しばらく語り合い、十数年も前に一夜の宿を借りた礼をのべた。

そして、このような始末ではあるが、あなたの無実はいつか天地の神々もご覧になって、幕府《おかみ》のお疑いは晴れるに相違ないと励まして別れてきたのであった。

まことに、このような者こそ、わが皇国のご威光を異国人に対してまで振い示したというべきであろうに。ああ。

近世蝦夷人物誌　弐編

序

蝦夷が次第に朝廷の御徳に浴するまでには長い歴史があった。彼らは古代から、従うかと思えば背き、あるときは官軍に抵抗し、あるときはお上の統治を妨げてきた。

それが今日では、和人も蝦夷も一つに融け合って、鶏や犬の鳴きかわす村々が四方に広がっている。思うに今こそが、蝦夷地開発の第一歩であろう。

幕府におかれては、広く人材を募り、多くの人々の意見を求めて、草刈り、木こりから農業、漁業、さらにさまざまな技能の持ち主に至るまで、役立つ者はすべて記録して、これを活用しようとしておられる。駅を設け、伝送の制度を整えたことによって、ご政策の周知徹底もすこぶる速やかとなったのである。

松浦氏が最初に蝦夷地に入った当時、この地はまだ松前藩の私領で、他国の者が国境を越えて入国するのを厳禁していた。そこで氏は、服装を変え、名を改め、ありとあらゆる苦難をなめて、幾度となく生命の危険に遭いながら、ますます発憤し、三回にわたってかの地に渡り、繰り返し各地を探検して回ったのである。

このため、地位ある人々が蝦夷地について論ずるときには、どうしても氏の業績に頼らねばならぬ状態である。

現在、松浦氏は幕府によって見出され、再びかの地に出発することとなった。人々は氏について「蝦夷地を繁栄させ、その病弊を改めるための適切な政策を持っているに違いない」と期待している。天地を驚かすような功業をたてるのは、まさにこのときであろう。ところが氏は、名誉や利益を求める気持は一向に持っていない。ただ一人、飄然としてアイヌのもとを尋ね、そこに寝泊りする様子は以前と少しも変わらず、人々はその真意をはかりかねている。

この松浦氏は、アイヌのすぐれた行動を耳にするやいなや、道の険難をも顧みず、ただちにその人を尋ねあてて詳しく話を聞き、これを記録してきた。それが長い間に書物とするほどになったのが、この『蝦夷人物誌』である。

氏は、先日これを持参して、私に序文を乞われた。そこで同書を読み了えた私は、こう感嘆したのである。

——松浦氏の松浦氏たる真価は、まさにこの書物によって明らかである——と。

アイヌの人々は、いまだに幼児のような段階にある。彼らに対して道義を教え導くことをせず、ただ利益だけで釣ろうとするならば、その心性は損われて、マムシや或《ヨク》（想像上の悪虫。水中にひそみ人を殺すという）のような害を及ぼすことにもなりかねない。

金銭、穀物、布などをむやみに与えて彼らを喜ばすことには、このような危険がある。

そのような考えの人が多い中にあって、ひとり松浦氏だけは、アイヌたちのすぐれた言行を集め、それによって彼らを教育しようとしている。それは、あの出世亡者の連中とはまったく異なる、氷と炭のように正反対の道である。

現在、アイヌの人々は、樹皮や毛皮を身につけ、草の根をゆでて食い、茨《いばら》の戸口を立てた犬小屋のような住まいに、夫婦兄弟が雑居して暮らしている。にもかかわらず、彼らが孝行、貞節、信義、節操の美徳にすぐれているのはなぜであろう。

いわゆる「木訥《ぼくとつ》は仁に庶《ちか》し」（論語）ということか、あるいはまた、生まれつきの美しい性質のために物欲に動かされぬからであろうか。

いま、和人は彼らの風俗を変え、その衣食を改善し、藪を掘り起こして良田に、草むらを切り拓いて市街にしようとしている。それは彼らにとって、確かに恩恵には違いない。

しかし（物質面の恩恵だけを与えて）、道義を教え導くことをしないならば、彼らの持って生まれた美しい心性は失われ、利益を追い求める欲望だけが日ましにさかんとなるであろう。かくして蝦夷地には、孝行な息子も従順な孫も、すっかりいなくなってしまうことを、私は恐れるものである。

「牛山《ぎゅうざん》に茂っていた木[*1]は斧で伐られ、牛馬の放牧で荒らされて、心ならずも禿山となってしまった」という古いたとえもあることだ。

この書物を読む者は、市中に住みながらも、山林田園にあるかのような清らかな心となり、利益を追い求める気持は静まり、人間本来の正義感が自然と湧き出てくるに違いない。

松浦氏の期待するところは、まさにそこにあるのだ、そこにあるのだ。（原文漢文）

安政戊午《つちのえうま》（五年、一八五八）晩秋

玉匣外史[*2]撰

＊1――「牛山の木……」『孟子』告子篇にあるたとえ。牛山（山東省臨淄《りんし》県）は、今は見るかげもない禿山だから、人は、昔からそうだったかと思うが、かつては青々と木が茂っていた。だが、ひっきりなしの伐採や放牧でこのようになった。人間にももともと美しい本性があるが（性善説）、これを絶えず損ねつづければ、まったく失われてしまうという教訓。

＊2――玉匣外史　不明。

凡例

この編は去る丁巳《ひのとみ》(安政四年、一八五七)正月元旦に献上した初編に書き洩らしたことを記したもので、その体裁は前編と同様である。年代については、前編同様、戊午《つちのえうま》(安政五年、一八五八)の人別帳と照合して記した。巻末に出てくる酋長トンクルについては、すでに前編にも記してあるが、いままた、本編中に記さねばならぬことがあるので、ふたたび記載するものである。

安政五年戊午(一八五八)十二月三十日

江戸牛込杉並の仮住居にて

五十瀬　松浦竹四郎　源弘誌す《みなもとのひろししるす》

1　百歳翁イタキシリ

太平洋岸有珠《ウス》漁場の原名はウショロであったのを、いつのまにか縮めてウスと言うようになった。ウショロとは、オッショロ、すなわち懐の意味であって、湾（内浦湾、噴火湾）が円い入江となっていることから名づけられた。その形も、昔とは変わっているというが、大きな船を入れるのに好都合なところである。

その湾の西寄り、対岸に茅部、砂原、駒ヶ岳を望むあたりに、硫黄を噴く火山がある。

その山の頂上が噴火のため丸くなっているので、現在は臼ヶ岳と呼ばれている。

その臼の因縁で信州善光寺の阿弥陀如来像の写しを安置して、坊主どもがいろいろとでたらめを説いては、愚かな人々を迷わせている。

その頂上の噴火口は、常に黒煙を吐いて満天を暗くし、その響きは百千の雷が一時にとどろくようで、その恐ろしさは言いつくすこともできない。

ごく古いことは詳しくはわからぬが、この山は、天明年間*（一七八一〜八八）に一度爆発して、あたりの住民の大半は水火のために溺死または焼死し、有珠、虻田《アブタ》の二カ所は人家が一軒も残らなかったという。

その後、三十余年をへて文政壬午《みずのえうま》（五年、一八二二）の年にも一度爆発して、またまた両所の住民が多数、変死したということである。そのときまでは、虻田には多くのアイヌがいたのだが、それ以来、フレナイに移住したのだという。

その後、さらに三十五年をへた去る嘉永癸丑《みずのとうし》（六年、一八五三）の年の正月、またもや爆発して、人家をつぶし、山は崩れて、あたりの地形はすっかり変わってしまったのである。

さて、この山の麓、ホンウスエという村に住むイタキシリというアイヌは、今年百歳となって、娘のアフテキ（五十一歳）にアンネン（五十八歳）を婿養子にとって、それに養われ、孫も、アキレクシユ（十九歳）、シイマ（十六歳）、カンニコロ（十四歳）、トホシミ（十一歳）、熊吉（九歳）、カチヤリ（女子、六歳）、そして母の懐を離れぬ幼児一人といて、一家十人で暮らしている。

この老人は、毎朝起きると、四方を拝んでなにやらぶつぶつと唱え、お祈りをしているので、近所の人々がそれをふしぎがり「じいさまは、その年になって、なにを毎朝のように祈っておられるのか」と尋ねた。

老人が答えて言うには「わしが毎朝、神様を拝んでいるのは、ほかのことでもない。ただ、この山が爆発しないようにとお祈りしているのじゃ」と。これを聞いたアイヌたちが大笑いすると、老人はさらに言ったという。「いやいや、そうでない。わしはこの山の爆発を三度にわたって見てきたが、近年の爆発はそれほどのこともなかった。ところが、その前のときには、有珠、虻田両地のアイヌたちが大勢死んで、そのいたましさは目もあてられなかった。親の手を曳き、子供を背負って逃げようとする者の上に、大きな焼け石が落ちてきて、大人はこれに当たって死んだのに子供は死なず、二日も三日も泣き叫んでいたものじゃ。また、山が崩れて地の底から水が噴き出し、これに溺れて死んだものもあった。そこでわしは、長生きをして、ただただこの山の爆発のことばかりを心配しているのじゃ。わしはそれまでに二度も爆発に会っているゆえに毎朝、神様に、爆発のありませぬようにとお願いし、もしまた爆発があるならお知らせくださるようにとお祈りしている。

そのせいであろう。近年の爆発の折には、七日ほど前から、いろいろとふしぎな神様を夢に見、また山のほうに神様のお姿が現われたりしたものじゃが、わしはアイヌの悲しさ、それが爆発の前兆とは気づかず、もう九十五にもなって寿命が尽きようとするため、このようなふしぎな夢をみるのじゃろうとばかり思うていた。そこで、子供や孫たちに遺言をし、チマイフツの姪のところへいとま乞いのつもりで遊びに行き、逗留していたが、そこは山から三里半（十四キロ）から四里ほども離れておったので、あの爆発騒ぎにも会わずにすんだのは、なんともありがたいことじゃった」

その話を聞いたので、私はこの老人の家に行き、天明、文政の二度の爆発のことなどを聞いて記録したが、その容貌はいかにも非凡で、まことにめでたい長寿の人であった。

箱館奉行の村垣殿（淡路守範正）はかねてから老人の養護を心がけておられたが、イタキシリが

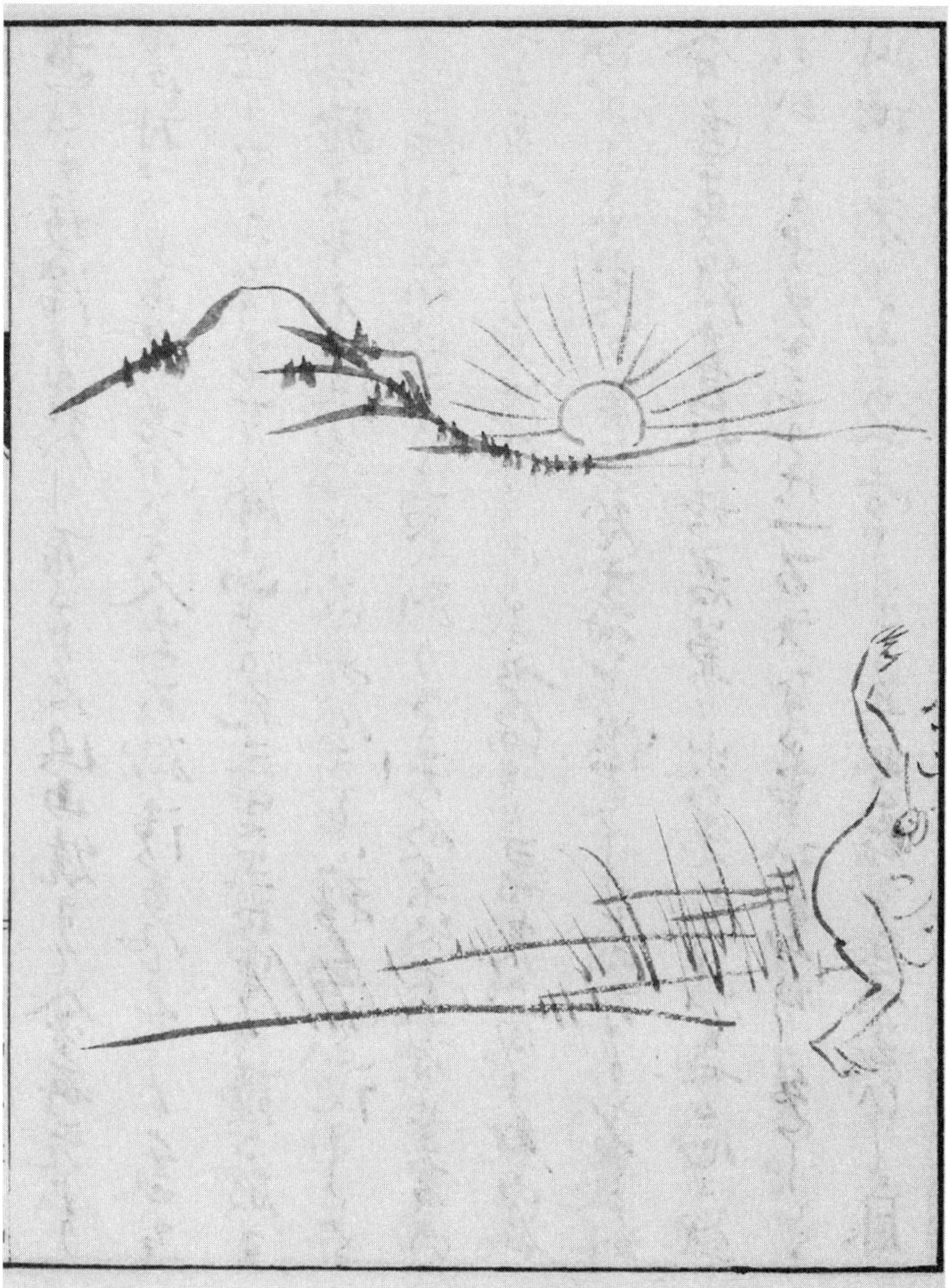

百歳になっていることを聞かれ、今春、この地に来られた際、その長寿を祝福されて、このたび箱館で鋳造された箱館通宝という新銭を、手ずからたくさんに下賜されたという。

ところが、その次第を、現地を支配している下役人どもは一向に知らなかったというのだから、なんとも滑稽というほかはない。

およそ上つ方というものは、なかなか下々のことはおわかりにならぬのがふつうだが、このように離れた草深い土地の隅々にまで目を配っておられることに感銘のあまり、この編の冒頭に記したのである。

ああ、たとえ一百歳の齢を保つとも、このような慈愛の人がおられなければ、だれがその長寿を祝福してくれたであろうか。

＊——天明年間　江戸時代の記録に残る有珠山の爆発は、寛永三年（一六二六）、同一五年（一六三八）、寛文三年（一六六三）、明和五年（一七六八）、文政五年（一八二二、死傷百余人など被害甚大）、嘉永六年（一八五三、大有珠岳できる）の六回で天明年間の記録は見当らない（村山磐『日本の火山』昭53、大明堂）。

2　孝子クメロク

山越内《ヤマコシナイ》場所内のフコンベという所は、山越内の交易所から三里（十二キロ）ほど北にあたり、昔は十数軒の人家があったが、今はわずか数戸が残るだけである。

ここに住むアイヌのクメロク（四十二歳）は、弟のトクマツ（四十一歳）とともに非常な孝行者である。彼らの父はイヘナリ、母はホクチフといい、万事につけてすこぶる気むずかしく、少しでも自分たちに気に入らぬことがあると厳しく叱りつけるので、その家に嫁に来ようとする者はだれ一人いなかった。

しかし兄弟はそれを少しも苦にせず、両親にすこぶる優しく仕え、他人が独身に同情して妻を持つことをすすめても、なかなか承知しなかったということである。

ところが、この午年（安政五年、一八五八）から十年ほど前のこと、母のホクチフが病気にかかって死んだので、クメロクは、自分が留守のとき老父の世話をする者がいないのを心配、やむなく人にすすめられてホクエという妻をめとった。

そのときクメロクは妻に「わが家に来るからには、私の気持に従うことは少しも考えないでいいから、昼夜を問わず父の気持に逆らうことのないように、ともかく年寄りの喜ぶよう喜ぶようにつとめてくれ」と繰り返し頼んだ。そして夫婦と弟の三人が父親をいとも大切に養ったのである。

そのことが、いつかご領主の耳に入り、米、酒、たばこなどを賜わったという。

ところが、このフコンベは次第に人家が減って、ついに二、三軒となり、父親がそのことをあまりに淋しがるため、クメロク兄弟はにわかに家を遊楽部《ユウラップ》（八雲町）に移して父の心を慰めていたが、去る寅年（安政元年、一八五四）、父も病死したという。

彼らは父の病中は少しもその傍を離れずに看病し、野辺の送りをすませてのちも、生きていたときのように三度の食事を墓前に手向け、今日はどこへ行きました、明日はどちらへ働きに行きますなどと、心をこめてお参りして帰るのであった。また、雨風の烈しいときはその墓のあたりへ行って、傍を去らないという。まことにその純情なことは、和人の及ぶところではないと深く感じ入ったので、こうして書きつけておくものである。

3 怪童イキツカ

石狩川上流の忠別《チクベツ》（旭川付近）は、石狩の交易所から八日ほど川を溯り、神居古潭《カムイコタン》という大滝のある所から、さらに二日ほど溯った地である。

ここに住むアイヌのイカンフリ（四十八歳）は、妻のカシマン（四十四歳という）、七十五歳となる老母、そして夫婦の間に長男イキツカ（二十二歳）、長女アリコサン（二十一歳）、次男シノアンクル（十二歳）、そして末の妹と四人の子があって、一家七人で暮らしていた。

イカンフリ一家は、もともとこの山中の育ちで、山岳を渡り歩いて猟をいとなみ、付近はもとより、南は十勝、日高の沙流《サル》、胆振《イブリ》の勇払《ユウフツ》、東は北見の湧別《ユウベツ》、常呂《トコロ》、天塩《テシオ》方面にまで狩り歩いていたのであった。

ところが、同地の人口が次第に減少するに伴って、イカンフリ家も海岸に出て漁場に雇われ、今では忠別の家も朽ち果ててしまったという。

ところが、このイキツカという息子は、七、八歳のころから山岳を駆けめぐり、石狩岳、忠別岳などをわが家とし、いかにどう猛なヒグマでも、見つけ次第、逃がすことはなかった。また、大熊を手なずけて、山野を歩き回るときは召しつれるなどしていた。

海岸に出て人なみの仕事をすることはまるで嫌い、十五、六歳のとき、漁場につれていったところ、ただちに山刀《タシロ》一挺と火打ち道具だけを持って山に入ってしまい、三年ほどの間、どこへ行ったのかわからなくなった。

人々が、もはやとっくに死んでしまったものと思うころになって姿を現わしたが、山刀は薄く磨り減り、鹿皮と木の皮をつづり合わせたものを身につけていた。

同郷の人たちが、なぜこれまで帰ってこなかったのかと尋ねると、イキツカは答えた。「おれは、両親や兄弟、伯父、叔父たちが、番人や支配人たちに虐待されているのを見ているのが辛さに逃げ出したのだ。山にさえいれば、番人や支配人の不法を見ることもなく、熊や鹿を友達にして暮らしていられる。それに山刀一挺さえあれば、これで弓を作って猟ができ、獣は食い余すほど、毛皮は着余すほど手に入るし、秋になれば、サケやマスが川をいくらものぼってくるから、それを木の根、岩穴にかこっておけば、雪が降ってからの暮らしもなんの苦労もない」と。

169　怪童イキツカ

人々は、このぶんでは、また山へ逃げこむかも知れぬと思い、番人、支配人たちもイキッカの言動にいささか恐れをなして、なだめすかしていたが、数日たつと、またもや「あの番人や支配人のやっていることは、一日も見ておられぬ」と、山刀一挺を持って山へ入ってしまった。

それが癸丑《みずのとうし》の年（嘉永六年、一八五三）のことで、もはや六年間も戻っていない。親兄弟たちが、今ごろはどこの山で暮らしているだろうかと語るのを聞いた私は、その肉親を思う心にうたれて落涙し、また番人、支配人らの暴虐に怒り、そしてまた、イキッカのようにみごとな気骨ある人物が出るのも、わが皇国のお国柄のためでもあろうかと喜んだものである。イキッカの話を聞けば、あの絵本に出てくる足柄山の金太郎の物語も、まんざらでたらめではないと思い、こうして記録するものである。

4　孝子サンソウ

太平洋岸の根室《ネモロ》領という所は、南は厚岸《アツケシ》、北は斜里《シヤリ》の知床《シレトコ》の西側と境を接し、国後島《クナシリ》への渡し場となっている。その海岸線は六十五里（二百六十キロ）に及び、海にはマス、サケ、ニシン、イワシ、その他の魚類が、なに一つ不足なく、誰知らぬ者のない蝦夷地一の大漁場である。

この地の人口は、文政五年（一八二二）に幕府から松前藩にお引渡しとなった当時は八百九十一人だったものが、今（安政五年、一八五八）ではわずか五百八十人ほどになってしまったという。

根室の交易所の北方二十里（八十キロ）ほどのところには標津《シベツ》の大番屋があり、その東北一帯に、伊茶仁《イチャン》、コイトイ、茶志骨《チャシコツ》、崎無異《サキムイ》、植別《ウエンベツ》、忠類《チウルイ》、薫別《クンネヘツ》などという七カ所の番屋があり、付近にはアイヌの家がいくらかあって、これを目梨《メナシ》の七カ村といっている。メナシとは東の端という意味である。

このあたりは非常な奥地であるため、アイヌに対する教化も行き届かず、去る寛政元年（一七八九）の国後の反乱の際にも、この地のアイヌの多くが国後島のマメキリに加担して蜂起し、あの一大事を起こしたのである。

この地の薫別村のクワエサンという娘が、同地の番人三四郎という者の妾となって生んだサンソウという三十三歳のアイヌがいる。

私はこのたび知床を巡視した際に彼を召しつれたが、船中では先頭になって櫂を操り、宿につけば炊事をし、朝は早起きしてなにかと支度をしてくれるなど、すこぶる忠実につとめ、日本語にもよく通じ、今は三蔵と名を改めて髪も日本風にしていた。

その振舞いに感心して、生い立ちを尋ねると、つぎのようなことであった。

父親の三四郎は十年ほど前に亡くなり、母親のクワエサン（当年五十歳）は、この薫別川上流の山中に住むイトテンユという独身で子供もおらぬ者の妻となり、それ以来、三蔵はいつも番屋で働くようになった。

彼は、それまでは番人の伜だったため、それなりの古着を着ていたのだが、今では、以前から蓄えてきた古着類もすべてイトテンユに贈り、自分はアッシを着るようになった。また、交易所から支給される給料もすべてこの継父のもとに送り、ときたま、たばこなどをもらえば、自分は少しものまずに、人伝てにイトテンユに送るなど、実の父親に対するように仕えていた。

これについて、三蔵を使っている酋長などに尋ねると、彼はいつも、こう言っていたという。

「あのイトテンユは、私と同じ土地の生まれでもはや六十歳にもなり、子供もいないので、たとえ自分の父親ではなくとも、いくらかずつの仕送りはしてやりたいと思っていましたが、番人の三四郎に死なれてよるべない身の上となった母と、ふしぎな縁で夫婦になりましたゆえ、まったくもって、実の父親と同じことであります。私はこの夫婦が世にある限り、少しも粗末にすることなく仕えるつもりであります」と。

まことに感心してもあまりあることではないか。

5　農夫茶右衛門

根室《ネモロ》領の茶志骨《チャシコツ》という所は、根室の交易所から十里（四十キロ）あまり西北の、もう標津《シベツ》に近いあたりで、野付崎《ノッケ》から国後島《クナシリ》を望んで風景よく、また漁業もさかんな地である。

ここに十三軒ほどの一村落があり、その小使役をつとめるサンチシオの家に、ラチヤシタエキというアイヌが寄寓していた。別に親類というわけでもなく、年齢は五十九歳になるという。

この者は、蝦夷地が幕府ご直轄となると、まだ風俗を改めよとのお触れもないうちから一番に髪形を日本風に変え、名前も自分で茶右衛門と改め、野付の番屋にいる伝造という者をたずねてこう言った。

「この蝦夷島は、また以前のように幕府ご直轄となり、聞くところによれば西地（日本海岸）のほうでは、新道を開き、新田を開墾するなどして、幕府のご方針をよくよく守っていると申しますが、当地では、まだ一向にそのようなことはできておりません。わしは、新道を開き、新田を開墾するなどの噂を聞くたびに、肩身の狭い思いをしてまいりました。そこで、まず第一番に風俗を和風に改め、追々は若い者たちにも、それを勧めようと思っております。

わしはもう年とって、働こうにも思うようになりませぬが、おまえさまは、このたびのご趣旨に従って、この番屋の地元に畑を拓き、穀物や野菜を作られたらいかがでしょう。これは、自分のためでなく、ゆくゆくは蝦夷地のためになることであり、さしあたっては幕府《おかみ》のためとなることです。こんなことを番人たちに言ったところで、とても承知はしますまい。彼らはそれどころか、ご禁制を破ってアイヌの娘たちを犯し、アイヌの妻を奪うような連中です。あんなことをしていては、自分たちのためにならぬだけでなく、幕府のおためにもよろしくありますまい。

その中にあっておまえさまだけは、そんなことはなさらず、和人は和人の女をつれてくるようにとのお触れがあれば、すぐに女房どのをつれてこられるなど、たいへんに幕府のご趣旨を守っておられます。そこで、おまえさま以外に、こうしたことを相談できる方はおりません」

茶右衛門が、このようにねんごろに説いたところ、この伝造は秋田の出身でもともと実直な男だったため、その言葉に同意し、それではさっそくとりかかろうと、ただちにさまざまな種子を取り寄せ、大麦、小麦まで試作したのであった。

そのまごころが天地の神までも動かしたのであろうか、作物はすこぶるよく実って、最初の年から多くの収穫があり、大根、うずら豆、にんじん、菜、その他いずれも充分にできたのであった。

そこで巳年（安政四年、一八五七）の秋、箱館奉行の堀織部正殿が当地を通行された折、その麦を炊いて奉ったところ、その志をおほめになって、銀貨などを賜わったのは、まことにめでたいことであった。

このたび、私が当地に来て、その畑を見たところ、茶右衛門も一心にそれを手伝って次第に面積を増やし、今年は二十九種の作物を植えつけたとのことであった。

だんだんとその由来を聞いたところ、もとは茶右衛門の努力から始まっているのに、彼の名はうずもれているのであった。私はそれを哀れと思ったので、たばこ、手拭などを与えて、その功績をほめ、縁があればまた会おうと約束して別れたのであった。

このように先を見通して功績をたてても、アイヌの悲しさに、その名前が伝わらぬことを哀れ

175　　農夫茶右衛門

と思い、ここに記録して後世に伝えるものである。

6 孝子ウナケシ

ウナケシは、オホーツク沿岸斜里《シャリ》領、網走《アバシリ》番屋のノツカという土地の者である。

この斜里領というのは、東は蝦夷地第一の港湾である根室《ネモロ》、西は紋別《モンベツ》と境を接して、海岸線は三十五里（百四十キロ）あまり、山側は釧路《クスリ》領と接する広大な地域である。

網走は、斜里の交易所から九里（三十六キロ）ほど離れたところにあって、番屋や蔵がみごとに立ち並び、人家も五十数軒ある。

文政五年の松前藩へのお引渡し当時は、戸数三百六十六軒、人口千三百二十六人もあったというが、今はわずかに百七十三軒、人口三百五十人となったという。

その理由を聞いたところ、こうであった。

同地では、アイヌが十六、七歳になると男女の差別もなく国後《クナシリ》島、利尻《リイシリ》島などに連行して働かせ、娘は番人や和人漁夫の妾とし、夫があれば夫を遠くの漁場にやって思うままにする。男のアイヌは昼となく夜となくこき使って、堪えられず病気にかかれば雇蔵《やといぐら》というところに放置して、一さじの薬、一杯の飯も与えずにおき、身寄りの者が食物を運んでやるだけである。このため、いったん病気になれば、その日から餓鬼道の責め苦を受けて、たいていは飢えのために命を落としてしまう。

死んだ者は、野山の土をわずかに掘ったところへ埋め、夜になってヒグマ、狐、狸がそれを食おうとも知らん顔をしているのが、当地の番人、支配人のやり方である。

アイヌ死亡の旨を斜里に報告するときも、何人のうち何人病死といってくるだけで、変死か、病死か、溺死か、何月何日に死んだかもはっきりしないというありさまである。

また、アイヌの娘たちが、恥ずかしいことをされるのを嫌って、いうことをきかぬときは、縄で縛って打ちたたき、また柱にくくりつけて食物も与えぬなど、絵本にみる山椒太夫の屋敷をみるような残虐を働いて従わせる。

そして梅毒に感染すれば雇蔵に入れて放置し、また妊娠すればトウガラシやイボタを煎じて飲ませ堕胎させるため、二度と子供を産めぬ体となってしまう。

このためアイヌたちは、国後、利尻へやられるのはアオタコタン（地獄）行きと同じだといっている。

病気にでもなれば、三年、五年、六年ほどで返されることもあるが、元気で働いている限りは、歳が三十になろうが四十になろうがそこで使役され、女は番人の妾とされて、一生涯、嫁にいくことも、婿をとることもできず、二度と親の顔をみることができず、親も子の顔をみることもできず、ただ、届書の病死何人のうちの一人に数えられるだけで一生を終わるのである。

このたび、蝦夷地が幕府ご直轄となってからは、国後、利尻で使役する人口を年間百人ずつと定め、病死したり、病気で返された人数ぶんだけを、毎年、斜里から補うようにしたため、このように人口が減ってしまった。こうしてアイヌたちが、国後、利尻行きをどれほど嘆こうとも、それをとりあげる者とてなかったのである。

さて、網走のノッカという所に、今年八十六歳になるクツマンと妻のマテカイ（七十五歳）という夫婦がいて、その間につぎの子供たちがいた。

長男キサロツテ（いざり、五十五歳）　妻ショルラ　子供六人
次男シイセイ　妻コウレサン　子供三人
長女テツシユラ　夫イタリマウカ　子供なし
三男ウナケシ　妻シユヤウシ　子供三人
四男サケムイカ　妻シユクタ　子供七人
次女テシケ　夫イテクシ　子供四人
三女ユテリウシ　夫カイヨク　子供なし
五男シクシルイ　妻トシセ　子供なし
六男ノホリカ　妻レイジ
七男シホリ　国後にやられ未婚
八男エントヌシ　利尻にやられ未婚

九男トラリセ　妻ウエンカリ　子供一人　夫婦とも国後へやられる
四女エシリヤ　夫イワイセ　子供四人
以上、十三人の子供に十一人の嫁、婿がおり、孫は二十八人を数え、すでに曾孫《ひこ》もいるとのことである。
三男のウナケシは二十二歳の春から国後へやられ、去る卯年（安政二年、一八五五）には四十三歳になっていたという。国後島に送られて二十一年間も親の顔を見ることもできず、帰る方法もないままに、もはや国後の土となるのかと、朝夕、斜里の方角に向かっては空ゆく雲を眺め、あの彼方こそ、わが父母のおられる所かと、ただ悲嘆に暮れるばかりであった。
ところが、辰年（安政三年、一八五六）の春、国後島に幕府役人の駐在所が置かれ、アイヌたちに対して、幕府のありがたいお考えを読み聞かせたのであった。その中に「まず親を大切にするように」とあったのを聞いたウナケシは、さっそく交易所に出向いてこう申し述べた。
「今日のお読み聞かせによれば、まずなによりも親を大切にせよとのことでありますが、わしはすでに二十一年の間、親の顔を見ておりません。これでは、このたびの仰せにそむくこととなり、まことに申訳ありませんので、一度、村に帰してくだされ」
じつに道理にかなった言葉であり、もしならぬと言えば、ただちに駐在の役人のもとに願い出ようと覚悟した様子である。同地支配人の番七という男は、西蝦夷、東蝦夷にまで悪名高い無慈悲、非道の者であったが、ウナケシの理に合った論法に負けて、やむをえず辰年の夏、二十一年ぶりの一時帰村を許したのであった。

やっとの思いで帰村したウナケシは、四十三歳ではじめて妻をめとり、父母に心から孝養を尽くしていた。

父親のクツマンは、すでに八十三、四歳にもなるので、公儀《おかみ》から養老の手当を賜わることとなった。ところが、去る巳年（安政四年、一八五七）のこと、網走番屋の番人は「このじじいは八十五歳になるが、子供や孫、曾孫たちも多勢いるのだから、なにも養老のお手当などやることはない。子供や孫どもが養えばよいのだ」と、公儀から下さった米や金を与えず、自分たちの余得にしていた。

ウナケシはこのことを聞くと、またもや交易所に出向いて「公儀から賜わった金品を私の親にお渡しくださらぬは、どういうわけでありましょうか。養う者がいるからとはいえ、親を養うのは子や孫として当然のこと、あの熊や鷲でさえ、老いた親を養います。それを、養老のお手当をくださるのは、まったく公儀のお慈悲によるもので、まことにありがたいことではございませぬか」と述べた。

これには番人たちも大いに閉口して、その仕返しに「おまえは、われわれにたびたび口答えをする。そういううるさいことを言いたてるやつは、今度は国後へ追い払うぞ」と大声で叱りつけた。

だがウナケシは、少しも動揺せず答えた。「親のことを頼んだからといって国後へやってひどい目にあわせようなどとは、おかしなことじゃ。わしは、これから国後へやられて使い殺されようとも一向にかまわぬ。孝行の道をはずれさえせねば、少しも恥ずかしいことはありませぬ。わしがいなくなっても、後のことをよく頼んでおける兄弟はたくさんおります。わしが国後へやられても、そのかわりに公儀からの賜わり物を、わしの親に渡してさえくだされば、国後はおろか、赤狄《アカフト》（カラフト、シベリアなど）に売られようともけっこうであります」と。

これには支配人もさすがにひるんで、これまでのところは国後へはやられずにいるという。

私は、この五月十一日、同地に行ったので、昔の話などを聞きたいと思って、酒徳利をさげてクツマン老人のもとをたずねて、間宮（林蔵）、近藤（重蔵）、最上（徳内）、大塚某などの話を聞いたが、その傍にこのウナケシが居合わせて、以上を残らず話したのであった。

同地駐在の宮崎氏も、国後、利尻の労役の件については、すこぶる悩んでおり、その言葉とも合致していたので、私はこの一件を詳しく話して、どうかあのクツマン老人をいたわって、ウナケシの孝行をまっとうさせてほしいと頼んできたのであった。

7　いざりのオシルシ

東蝦夷地、釧路《クスリ》の交易所に働くイタカクシ（五十五歳）、ヤエランケマツ夫婦の一人息子のオシルシは、今年、二十五歳ほどと思われるが、幼いときからのいざりで、一歩も歩くことができない。ところが彼は、ひとなみのことができないのを悔しがって、銛《もり》の使い方、弓矢の扱いなどをさまざまに工夫して熟練し、さらに、どのような術を使うものか、すこぶる巧みに海や河を泳ぎ回り、水底に潜ることができるのである。釧路川の渡し舟が洪水のために出せないときは、向う岸まで泳ぎ渡って用を足し、大地を覆すほどの強風に怒濤が逆巻くときも、沖に停泊している船まで泳いで使いに行く。また、鉄の錨が海底の岩石に引っかかってはずれなくなると、千尋の底まで潜ってこれをはずしてくるなど、その功績はきわめて大きいものがある。

また銛や弓矢を使っても、十発十中というまことに非凡の者であるので、ここに記しおくものである。彼は、自分が不具であることから発憤して、かえってこのように熟達したものだというが、世界の無用者とされる不具者がこのように役だっていることも、また自然の不思議として記録すべきことであろう。

また、同じ釧路のカモリチシユ（四十二歳）、イキシキシ夫婦の弟のイイツカは、今年三十五、六歳と思われるが、これは幼いときからの盲目である。

ところが、なぜか舟に乗って魚を釣るのが得意で、その日の天候を予測すれば、百度に一度もはずれたことがない。

毎日、小舟に棹さして釣りに出るが、その獲物は他の者の倍はある。交易所で鮮魚が必要な折に、数人のアイヌをかなりな大きさの舟に乗せて釣りにやったことがあるが、その獲物は、盲のイイツカ一人が釣ってくるのに及ばなかった。

この港に入ってくる船は、出帆のときは必ずイイツカに海上のことを尋ねてから出ていくが、どの緯度経度のあたりに行くと、どのくらいの風になるとか、どこを過ぎると雨になるなどと、掌を指すかのように予報するのである。もし、この者の言葉に逆らって出帆したものは、必ず海上で暴風雨などの危険に遭うという。

去る辰年（安政三年、一八五六）七月二十五日、東蝦夷地に地震があった際も、イイツカは三、四日前から釣りにも出ずに家にいて、なにか天変地異が起こると言っていたが、果たして大地震が起こり、津波のために多くの舟が失われ、海岸の漁民の家も大半は流されてしまったのであった。まだそのほかにも、彼についてふしぎなことをいろいろと聞いたが、ここには、その一例だけを記しておく。

この話は、かつて天明年間の京都の大地震*の際、ある盲人が事前にそれを察して市外に避難したというのにそっくりであるが、いずれも、自分の不具を残念がって努力し、なんらかの特技に熟達することがある例であろう。


*――天明京都地震　天明年間に京都大地震の記録は見当らない。二年（一七八二）旧七月に武蔵、相模、伊豆に大地震があり、小田原城の石垣が崩れたが、関西にはほとんど被害はなかった。しかし八年（一七八八）旧一月には京都で大火があり、御所、二条城も焼失するなど多大の被害があったのであるいはこのときの話かもしれない（『大日本地震資料』ほか）。

185　いざりのオシルシ

8　豪勇シンリキ

太平洋岸十勝の漁場（現・広尾港付近）は箱館から百八十里（七百二十キロ）東にあたり、南は海に面し、東は釧路《クスリ》、西は幌泉《ホロイズミ》と境を接して約三十里（百二十キロ）にわたっている。漁場名の十勝は川の名で、もともとの地名はビロウといっていたのだが、（尾籠に通じて）好ましくないと、今では交易所の所在地も十勝というようになったのである。

この十勝川は、蝦夷地第二の大河で、日本海側の石狩川が雄川、十勝川が雌川と呼ばれている。その河口は、大津《オホツナイ》、十勝の二つの流れに分かれて、いずれも川幅が百間（約百八十メートル）あまりもある。

そこから一里半（約六キロ）ほど溯ったヘッチャロという所で合流し、それから上流には、利別《トシベツ》、札内《サツナイ》、音更《オトフケ》、然別《シカリベツ》、芽室《メモロ》、ビバイロ、佐幌《サオロ》などのいずれもかなり大きな支流がある。これらの水源は、釧路、常呂《トコロ》、石狩、沙流《サル》、新冠《ニイカツプ》、浦河《ウラカワ》、静内《シツナイ》、様似《シヤマニ》、幌泉等々の山々に連なり、その流域の広大なことは筆にも尽くせぬほどである。

この十勝流域のアイヌたちは、特に石狩川上流の上川地方の忠別、美瑛《ビエ》、辺別《ベベツ》あたりのアイヌたちとは、互いに山中で出会っては猟をし、交流をしてきたということである。

さて、もと上川の忠別の酋長をつとめていたシンリキというアイヌは、この三年前に亡くなって、今は妻のイクルウェと子供たちが残っているだけだが、生まれつき豪気の人で山中の猟を好み、曲ったことは決してせず、配下のアイヌたちのためには命も惜しまず尽くしてきたという。

ところが、石狩の漁場では、石狩川の神居古潭《カムイコタン》より下流十三カ所でアイヌを使役していたが、日夜酷使をつづけて、なんの保護も加えなかったため、人口は月日を追って減少していった。寛政（一七八九〜一八〇一）以前には十三カ所で三千二百人あまりもいたものが、文政（一八一八〜三〇）なかばごろには千二百〜三百人ほどになってしまった。

このため石狩漁場の支配人たちは、それまで上流地方のアイヌたちは人別帳にも入れられず、漁場で使役されることもなかったのを、下流の十三カ所の人別に書き加えてしまった。

シンリキはこのことを大いに怒って、そのころ上川のチクベツフトの番屋にいた利右衛門という番人に対し「この上川地方のアイヌはこれまで交易所の人別帳には入っていなかったのを、いま、書き加えられては、この先、どのようなことが起こるかわからぬ。どうか取り消してほしい」と談判した。

利右衛門は、その道理に負けて一言も言い返せなかったが、それを恨みに思って、旭川《アサカワ》、比布《ヒビ》などの酋長を呼び集め、「シンリキはけしからぬ奴だ」などとさんざん悪口した。

シンリキはこれを伝え聞き、ただちにまた番屋に出向いて、その不当を責めて談判したが、利右衛門はよそから多くのアイヌを呼び集めて「この男はきちがいだ、縄で縛りあげろ」などと命じ、いろりの火箸を執ってシンリキを叩いて追い返した。

その夜、家に戻ったシンリキは、忠別、美瑛、辺別などのアイヌたちを集めてこう告げた。

「こんど石狩の交易所では、十三ヵ所のアイヌたちの人数がだんだん減ったことに困って、これまで人別帳に入っていなかった上流地方のアイヌたちを、すべて人別帳に書き加えた。そこでわしは番屋に出向き、なぜ、われわれに一言の相談もなく人別帳に書き加えたのか、さっそく抜いてもらいたいと、利右衛門に談判《チャランケ》したところ、彼はわしのことを火箸で叩いたのじゃ。

それはよいとしても、もう一度、利右衛門に会って、上川のアイヌたちの名を、十三ヵ所の人別帳から削るよう頼んでみるが、もしそれでも承知せぬときは、わしらはこれから十勝へ行って生涯を送ろうと思うがどうか」

この言葉に、だれ一人、一言半句として異議を唱える者がなかったので、再び番屋へ出向いてこのことを申し入れた。

だが、この利右衛門という男は、のちに石狩で非常な悪事を働いて長万部《オシャマンベ》領の黒松内越に移ったほどの悪党であるから、シンリキの要求にまともに答えようとせず、またもや不当な返事をして帰したという。

シンリキは家に戻ると、ただちに祖先から伝わった宝物だけを背負い、五人の子供たちと、甥のシリコツネ、トアハヌ、イトルマツ、トキサンマツ、イルカシ、オカラマ、サクサン、カンヘアニ、ウエルリンエ、アルカルモン、ハテカニ、モンヌカル、サケリル、シクンネ、トキマツ、ユンワシノ、イソテク、ハラユチス、モントカル、カレキ、サイトク、ニッコサンそのほか男女三十人あまりを引きつれて、この石狩を引き払い、十勝へと向かう。すると老人、子供たちもその跡を慕って加わり、五十数人が十勝へ移ったという。

以後は、佐幌、ビバウシ、タツタランなどに住みつき、若者には山仕事や川漁などをさせ、老人子供を安楽に養うなどして、太平洋岸一円にその名声をとどろかせたのであった。

十勝の交易所では、シンリキのことを聞いてその豪気に感心し、太刀、陣羽織を与え、またしばしば酒、米、たばこ等を贈って、佐幌、ビバウシの大酋長に登用した。シンリキもその厚意に感謝し、つれてきたアイヌたちを十勝の人別帳に加えて漁の手伝いをさせるなどし、生涯を思うままに過ごしたという。

まことに、その権威、人徳は感心するほかはない。とうてい真似できぬことではあるが人の上に立つ者としては、このようにありたいものと考えたことであった。

私は、このシンリキとは一面識もなかったのだが、彼が十勝に引きつれてきたシリコツネ、イソテク、女子のムイカリマツ、トキサンマツなどから聞きとったとおりに記しておくものである。

9　シテバ・オホン兄弟の孝心

日本海岸の瀬棚《セタナイ》という地は、西は太櫓《フトロ》、東は須築《シツキ》と境を接して、その中を利別《トシベツ》川という一筋の川が流れ、海岸線は約五里（二十キロ）あまりある。この川筋は、かつては太櫓、山越内、瀬棚三地域の境をなしていたのである。

　この瀬棚で小使役を勤めるシテバは今年三十一歳、弟のオホンは三十歳になる。彼らは猟のさかんな利別生まれだけあって、山での猟にすぐれ、毎年のように二頭、三頭の大ヒグマを仕とめていた。

　また、海上での猟もたくみで、とりわけ銛《もり》を操っては達人である。いつも海岸に出てはアザラシ、トドなどを獲ってなりわいとし、私が先年、カラフトへ行った折にも舟で送ってきて、シライトの手前で一丈（三メートル）あまりの大トドを獲った。

　こうした関係で、今回も彼らを利別へつれていったのである。

　彼らの父親は早く亡くなって、今は母親一人が残っている。シテバはハンケラという妻を持ち、オホンはサンノという妻を迎えて二軒の家に別れて、いずれも豊かに暮らしているが、母親をすこぶる大切にして、こちらの家、あちらの家と互いに迎えては孝養を尽くしている。

　この母親は、このたび蝦夷地が幕府ご直轄となったことを大変喜んで、兄弟につぎのようにさとした。

「きっとこれからは、わしらにも畑を作るようにとのお達しがあるに相違ない。そのときは、この利別は地味がよいので、昔、山仕事に来た和人たちが開墾して畑としたが、松前藩のご禁制でそのままになったところがあちこちにある。そのことをお上に申しあげるがよい。その場所はどこどこじゃ」と。

また「和人どもは、この土地ではたばこを作ることができぬと言いふらしておったが、あれは全くのうそじゃ。アイヌというものはたばこをたいそう好むが、アイヌたちが自分でたばこを作るようになっては、困らせることができなくなるので、あのように言ったのじゃぞ。彼らは本州では一把三十二文ほどしかせぬたばこを、この交易所では、わしらの一カ月ぶんの給金で一把半ほどしか渡さず、わしらを使ってきたのじゃ。

五十年ほど以前には、利別ではわしらも、出稼ぎの和人たちも、みなたばこを作っていたのを、請負商人から禁じられたということを、なんとかして皆に知らせたいものじゃ。

また、この土地では麻を作ることがご禁制となっておるが、ここをお通りになるお役人方にお願いして、作ることをお許し願うがよい。そうなれば、ここに出稼ぎにくる和人たちも、わしらアイヌも、どれほど助かるかしれぬ。麻を作ってならぬというのは、なにも蝦夷地全域のことではあるまい。東蝦夷方面ではアイヌが自由に作っているそうじゃ。ぜひお許しいただくよう、秘かにお願いせよ。

また、今からこの春のうちは、各漁場へ行かれるお役人衆が、おおぜい当地をお通りになるそうじゃが、その間は、おまえら二人はどうか酒をやめてもらいたい。

酒をのめば、とかくしくじりをするものじゃ。そうすれば、アイヌとはこうもだらしのないものかとお役人衆にさげすまれ、これまで支配人や番人どもが〝アイヌとは酒さえ見ればなんの分別もなくなる、畜生同然のやつらであります〟と言いたてていたのも、なるほどそのとおりと思

われるじゃろう。そうなれば、当地だけの恥ではない。東西の蝦夷地すべてのアイヌの恥となって、アイヌの権威はますます失われ、ご先祖に対して非常な不孝となるのじゃぞ」と。

老母はこのようにさとして、兄弟に好きな酒をぜひやめるようにと頼み、自分もその間は好きなたばこをやめようと、たばこ入れと煙管を、家の前のヌサシャン（木幣《イナウ》を飾った祭壇）にくくりつけて、堅くたばこを断ったのであった。

そこでこの兄弟も、公儀の役人の通行する間は酒を慎しみ、私たちが贈った酒も自分たちでは飲まず、ほかの者に与えていた。

そして、私に向かって、利別川流域には荒地となった畑があること、この土地はたばこの耕作に適していること、当地で麻の栽培を禁じているのは、出稼ぎの和人の漁夫やアイヌたちが漁の道具にぜひとも必要な麻を、交易所で高く売りつけるためであることなどを詳しく告げた。

そして「このように申しあげるのは、決してこの地の悪口を言うためではなく、母親の教えに従っただけであります。こうして旦那さまにお知らせすることで、この利別の川筋にだんだんと畑が開け、たばこや麻の耕作も自由になれば、皆、どれほど喜ぶことでございましょう。どうか、このたびの幕府ご直轄のご趣旨が充分に行き届くようお願いいたします」と、すこぶる丁寧に言ってくれたのは、まことにうれしい次第であった。

10　豪勇コタンチシ

オホーツク海岸の網走《アバシリ》場所は、前巻でも記したように斜里《シャリ》の領内で大番屋がある。山側は釧路《クスリ》領に接し、番屋の前には一筋の川が流れており、それを一里半（約六キロ）ほど溯ると周囲が十里（四十キロ）余の湖水（網走湖）がある。この奥には、網走川、美幌《ビホロ》川、女満別《メマンベツ》川など、いずれも釧路領に水源を持つ川が流れている。阿寒《アカン》岳のほうから流れ出たこれらの川は、合流して網走湖に注ぐ。

その川口を五里（約二十キロ）ほど溯った恩根内《オンネナイ》という地点を境として、それより上流に住んでいるのは、みな釧路アイヌである。

釧路の人別帳では、この釧路アイヌを釧路の網走アイヌといい、それより下流に住む者を斜里の網走アイヌといって区別している。

さて斜里方面では、アイヌに対する使役が前にも述べたとおりきびしく、国後《クナシリ》島のリイン等にも出稼ぎに行かせるため、次第に人口が減って漁場の働き手が乏しくなってきた。このため山中に住んでいたアイヌたちも、だんだんに海岸に出されて、今では山中に住むものはまるでいなくなっている。

一方、釧路アイヌたちは、自分たちの交易所のある釧路までは山道を五十里（二百キロ）も越えていかねばならず、とりわけ阿寒の山中には非常な難所があって通行は容易ではない。そこで斜里の領内に越してきて、毛皮、アッシ布などを網走に持参し、米、酒、たばこ、手拭などと交換して暮らすようになった。

こうして長いこと住み慣れるうちに、双方の境界が恩根内であったことは忘れられ、釧路アイヌたちは、恩根内より五、六里（二十〜二十四キロ）も東北方の斜里領内のニマンベツ川のほとりに、一里塚の柱が朽ちて残っていたのを、釧路・斜里の境界の標柱と思いこんで、そのあたりまで来て住みついていた。

このたび、幕府ご直轄となるにあたって各地の領境に標柱を立てることとなり、釧路領でも海岸方面には立てられたが、山間部についてはそのままになっていた。

そこで昨年の冬、宮崎某氏がこの地に来られ、領内の境界を見回り、山中のことまでも詳しく調べた際、釧路・斜里の境は？　と問われた。

すると釧路アイヌたちはニマンベツと答え、斜里の者たちは恩根内と答え、大きな相違があるので、これは箱館奉行所のご裁決を仰がねばなるまいとの話にまでなった。

そこで私は、まず山中に入って、沢々、山々のことにまで知り尽くしている者に尋ねようと、当時、山中での狩猟にすぐれている者を探し求めた。

197　豪勇コタンチシ

すると小使役のコタンチシ（四十七歳）という者がいた。妻はヤエンカレといい、二人の間にシュンケヌカシパという娘を持って、豊かに暮らしている。

彼はすこぶる豪勇で、この山中から、常に釧路、阿寒、西別《ニシベツ》岳、常呂《トコロ》方面の山々にまで猟に出て、毎年のように何頭もの大熊を獲ってくるというあっぱれな者である。

コタンチシは、樺《カバ》の木の皮を鍋の下でたくさん燃やして油煙を鍋の底につけ、これを洗い落とした水を煮つめ、鹿の毛を結えて筆を作り、樺皮に油煙の墨で、同地から常呂、足寄《アシヨロ》、釧路、西別、斜里方面までの山々川々の図を残らず書き記した。そしてこの地図を宮崎氏のもとに持参し、ここは何という所、ここがどこの境界、昔はアイヌがどれほど住んでいたか、いなかったかなど、また境界についての言い伝えなどを指さして説明した。

そこで宮崎氏も、国境や山脈の様子が理解できたので、ただちに紙を綴じさせ、筆、硯、朱などを与えて、その場でコタンチシに清書させたところ、一段と詳細に画いたのであった。そこで宮崎氏は、その一枚一枚に、番人、支配人等に命じて片仮名で記入させ、すこぶる精密な大地図とし、各領域の境界、古くからの言い伝えなどを、関係の人々に詳しく説明されたとのことである。

私もこの地図を見たが、その記憶の正確さに感心したので、コタンチシに地名の起原を尋ねたところ、これまた非常に明らかとなった。そこで、今回の網走湖の調査にも案内人としてつれて行ったところ、その舟の中で、同地のアイヌが年々減少している数などを詳細に述べて、このままでは、人口はますます減るばかりであろうと、その理由を詳しく説明し「どうか、これこれの点について改めるよう公儀《おかみ》よりきびしく命じていただき、この地のアイヌが暮らしていけるようにならぬものでしょうか」と、深く嘆いて私に訴えたのである。

その真剣さは、役人たちと比べものにならぬものがあった。

このときの地図は、午年（安政五年、一八五八）の秋、箱館奉行殿（堀織部正）がご巡察の際に奉ったが、アイヌに対する憐れみの心の深いお方だけに、コタンチシの記憶力とまごころをお賞めになって、みずから持ち帰られ、箱館奉行所に保管されたということである。

11　オテコマの困窮

石狩上川のアイヌ、オテコマは今年七十余歳となるが、幼少のときから義侠心に富み、豪勇で、山での猟にすぐれていた。夫婦の間にチキランケという娘がいて、かつては三人で暮らしていたのである。

今から指折り数えて、およそ十七、八年も前のことであろうか。妻がまだ三十歳のときである。一家で海岸の漁場に雇われて行ったところ、妻を番人に奪われた。オテコマはそのことで番人に抗議したが、この番人は自分の悪事を隠して、支配人にオテコマの悪口を告げて、ひどい目に合わせたのであった。妻はこれを怒って番人のところから逃げ出したが、また連れ戻されるなど、いろいろともめごとが続いた。

この番人は、オテコマさえ殺してしまえば妻も家に帰るのをあきらめるだろうと、いろいろ悪企みをめぐらした。妻はそれに気づいて、オテコマにいちいち知らせ「このまま、ここにいてはあなたの身が危ない。そうかといって二人でつれ立って逃げることもできますまい。私は後から追いかけていくから、まずあなたから、どこそこへ逃げてください」と秘かに約束して、オテコマを先に逃がし、後を追おうとした。

ところが、そこを番人に見つけられて、逃げ出すことができなくなったが、それでは夫に申訳ないと、何度も逃げようとしては、また捕えられた。

番人は非常に怒って、その妻を太い縄で縛りあげ、打ち叩いて、ひどく負傷させたため、その傷がもととなって病気にかかり、ついに死亡したということである。

そのとき娘のチキランケは、母の傍にいて看病していた。母親はさまざまに怨みを述べて、私が死んだら、あの番人、支配人をとり殺してやると言い残して、石狩川の露と消えたのであった。その恨みのおそろしさ、番人も支配人も、三年もたたぬうちに死んでしまったという。

ところでオテコマは、妻と娘を石狩川に残して逃げのびたが、いくら待っても妻がやってこないので、やむなく、この近くにいては、またしても危険な目に合うだろうと、岩内《イワナイ》領の山道の笹小屋から尻別《シリベツ》岳の方面に入り、太平洋岸の有珠《ウス》、虻田《アブタ》あたりの山々を住み家とした。

こうして冬から春にかけては、熊、狐、狼を捕えて食い、夏から秋は尻別川のマス、サケで命をつないでいた。

それから五年ほどたったあるとき、岩内の笹小屋まで、熊の皮を売りに出た折、忘れられぬ故郷の話のついでに、ふと「わしの生まれは石狩の上川だ」と話したのが、石狩の漁場に伝わってしまった。

石狩では、もし、このオテコマをそのままにしておくなら、あのような非道なまねをして逃亡されたことがよそに知れて具合がわるいと、支配人が出かけてきて、山中の地理に明るいアイヌにオテコマを探し出させ、つれ帰ったのであった。

そしてオテコマは、故郷の石狩川上流のウエンベツに行かせ、娘のチキランケは漁場に置き、当時、そこの支配人をしていた者の妾として、山もとには帰そうとしなかった。

オテコマは、その仕打ちを大いに怒って「自分は六十歳を過ぎて体も衰え、漁も狩りもできぬ身となってしまったのに、ただ一人の娘は漁場にやられて家には帰ることもできぬとは、なんとも恨めしいことじゃ。このような所にいては、またどのような目に合わされるかわからぬ」と、またしても故郷を立ち退いて、天塩《テシオ》川筋の名寄《ナヨロ》という所に行って小屋を作り、そこで年月を送っていた。

ところが、このたび蝦夷地が幕府ご直轄になると聞いて、オテコマはたいへん喜び、それなら昔のような政治が行なわれるであろうと、天塩川筋の名寄を出て、故郷の石狩川上流のウエンベツに戻った。

そしてシユケリという今年六十三歳になる老婆と一つ小屋に住んで、身の上をものがたり、またシイヌシという十二歳の男の子、シュッコウエンという六、七歳の女の子の二人を養育しながら、娘のチキランケはもう山へ戻されてくるだろうと待ちかねていた。

だがチキランケは帰ってこない。風の便りに聞けば、あの支配人は、チキランケが年寄りになってきたので飽きがきて、イヌリシヤム、カリン、コレイハンという三人の若い女を妾にしているという。

オテコマは、彼のますますの悪事をひどく憎んで、もはやこのようなところに生きている甲斐がないと、ウエンベツの川に身を投げようとするところを、養子の男の子が見つけて、やっとのことでひきとめ、まあまあと慰めて思いとどまらせたという。

私はこのことを、今度、山中で聞いたのでオテコマのもとを尋ねて、そのいきさつと尻別の川筋のことを聞いて一泊したのだが、この男の気性のけなげさは、まことに尋常ではないと感じたので、こうして記録しておくものである。

12 彫物師モニオマ

石狩場所内の札幌で小使役を勤めるモニオマは今年三十七歳となり、クスリモンという妻がいたのだが、これは番人に奪われて、今では七十余歳のイメクシモという老母と叔母との三人暮らしである。

彼は生まれつき彫物を好み、いつも、匙《さじ》、手拭掛け、小刀の鞘、膳、椀、菓子器、印籠《いんろう》など、さまざまの器物を彫り、また、短刀の鞘に唐草や稲妻などの模様などを彫ると常に人々を驚嘆させるのであった。また、舶来の品物を出してそれを真似させると、これまた一段の腕前で、その巧みさは筆舌の及ぶところではない。

人から彫物を注文されても、気分が乗らなければ三カ月でも五カ月でも、刀を手にしないが、気分が乗ってくると昼夜の別もなしに彫りつづける。そして自分が気に入ればこれを贈るが、気に入らぬときは頼んだ人の目の前でこれを打ち砕いてしまう。

その誇り高い気性は、昔の飛騨の匠たちの左甚五郎、運慶、湛慶などの名工もこうであったかと思わせるものがある。

私は、昨巳の年（安政四年、一八五七）に一つの彫物を依頼し、できあがったので、年月と彼の名前を墨で記して、これを彫りつけるよう頼んだところ、しばらくこれを眺めてから刀をとり彫りあげた。みれば運筆の遅速をぴたりと写し、みみずがのたくったような筆跡とは大違いである。

一文字も知らぬ無筆でありながら、これほど巧みに彫るのであるから、これに驚嘆せぬ者はない。彼は酒好きで、ときたま、自分が彫った品を持ってそっとやってきては酒をねだるが、これもまた愛すべきことであった。

13　孝女フツモン

太平洋岸の山越内領《ヤマコシナイ》の長万部《オシヤマンベ》番屋のもとに住むフツモンという女性は、今年五十一歳になる。兄弟はなく、母には早く別れて以来、エンカリベという父を養ってきたが、その父親が年とってくると、自分が山へ行って草の根を掘り、浜へ出ては海草を拾い、また畑なども作って、ほそぼそと暮らしを立てながら孝行を尽くしてきた。

父親がだんだんと老衰してからは、よそから夫を持つように勧める人も多くあったが少しも耳をかさなかった。そして、父親はこのように年とって、さぞ寒くてなるまいと思っても古着を買うこともできないのを悲しみ、父のそばに寝て自分の体で老人の体をあたため、夜は何度も起きては火をたき、食物も柔らかに煮て歯にあたらぬようにする。昼は山や畑で働いて疲れているのに、夏の夜は蚊が多いので蚊遣りをたきつづけるなど、じつに話にきく中国の二十四孝にもまさる孝養をつくして、三十いくつになるまで独身で過ごしてきた。

父親もこれを大いに哀れんで、そのように年かさになっても夫を持たずにいては、わが家の子孫が絶えてしまうぞと、つよく結婚を勧めたところ、ようやく承知してキサンという夫を持った。二人の間に子供ができると、それを背負って海山で働くなど、去る辰年（安政三年、一八五六）に老父が病死するまで、少しも心変わりすることなく、夫婦仲むつまじく孝養を尽くしたのであった。

こうしたことが、だれ言うとなく箱館方面にまで伝わったのであろうか。この春、三田某氏（葆光、箱館奉行支配調査役）が当地に出張された折、この者を呼び出して、多くの米、たばこ、緋の綿布などを与えて、その孝心をお賞めになった。これも天地の神々が感じられたためかと、ありがたく思った次第である。

14　酋長メンカクシ

太平洋岸釧路《クスリ》場所の副酋長、メンカクシの家は、蝦夷地全域に知られた名家で、その昔、源義経公もこの家に身を寄せられたという。義経の鎧通し（短刀）という物も代々伝えられ、金銀も多く貯えられ、子孫もますます栄えて、近隣一帯にその威勢を振るってきた。

その先祖をたずねれば、かつて、どこからともなく一人の男アイヌが雲に乗ってこの地に天降り、みずからオニシトムシと名乗って付近に住む娘を妻とし、ここに砦を築いて、近隣のアイヌたちを従えたという。

その夫婦の間に二人の男子ができた。兄はトミカラアイノといって釧路の交易所から八丁（約八百メートル）ほど南の春採《ハルトリ》という所に砦をかまえ、弟はトミチアイノといって釧路川を十里（約四十キロ）あまり溯ったシラリウトルに砦を築いてここに住み、そこから西別《ニシベツ》あたりまでを境に支配していた。

これを聞いた周辺の根室《ネモロ》、厚岸《アツケシ》、斜里《シャリ》、常呂《トコロ》、十勝《トカチ》などのアイヌたちは、どこからともなくやって来て酋長と称し、砦をかまえているのはけしからぬと、申し合わせて四方八方から攻め寄せてきた。

オニシトムシは、敵軍を防いで数日間、籠城していたが、まだ食糧が尽きぬうちに、雲霧を起こしてこれに乗り、遠い国から多くの食糧を運んできたという。このため籠城勢は少しもひるむ様子がなく、攻め手はもて余したのだろうか、攻撃の手を少しゆるめた。このときオニシトムシは付近の浜に出て、あたりの地勢を考え、この場所ではよろしくないと、その砦を釧路川河口から十町（約百メートル）ほど上流のチャシコツに急いで移し、川を掘り通して、その前の湿地を堀として、どのような大軍が攻め寄せようとも、どれほどのことがあろうかと、そこに籠ったのであった。

敵軍はまたまた四方から、この砦に攻め寄せて、数ヵ月に及ぶ対陣となったが、こんどは以前よりも一段と防備堅固なために、ますますひるむことなく、攻め手もついにあきらめて、皆、オニシトムシのもとに従うようになった。

やがて、この豪将は老死し、トミカラ、トミチャの兄弟も亡くなって、トミカラの子であるタサニシ、ヘケレニシの二人がこの地を治めるようになり、少しの戦乱もなく、アイヌたちは皆、平穏に数代を過ごしたのである。

この一族は、祖先からの血統のせいであろうか、代々、豪勇の人ばかりが現われて、さまざまの武勇伝があるが、これを述べたところで、江戸より外のことは知らぬ人々からは、読本《よみほん》に出てくる児雷也《じらいや》、夢想兵衛、朝比奈の島巡り、質屋の蔵などと同様の出まかせと思われればかにされるだけであろうからやめておこう。

このメンカクシの親はヘクワカアイノといい、これまたなかなかの豪傑で、阿寒《アカン》、釧路、西別《ニシベツ》、摩周《マシウ》などの山々を狩り歩き、生涯に仕とめた熊の数は千頭にも及んだという。

その子、メンカクシは今年はもう五十一歳となるが、鼎《かなえ》を持ちあげるほどの大力で背が高い。妻はセンコウトという。

六年ほど前のことであろうか。網走、斜里の山地から根室にかけて、人喰い熊がアイヌを五人も捕えて食ったというので、それらの土地のアイヌたちが敵討ちしようと、山々を狩りたてて次第に釧路近くにまでやってきた。

これを聞いたメンカクシは、「いかに敵討ちとはいえ、この領分でよその土地の者が猟をするのはよろしくない。どれほどの熊であろうとわしの領分に入りこんできたからには仕とめてやる」と、まだ二月、雪がなかば解けかかったころであったが、オイカマとチエカラマという二人の従者をつれ、すばやい犬十頭を従えて、阿寒から釧路、摩周、西別へと山中を巡っていった。すると恐らくは熊に喰い殺されたのであろうか、鹿の骨や熊の死体がたくさんあったので、再び摩周の方へと上っていった。

やがて、樅の木が枝をさし違えて、空が少しも見えぬ深い森にさしかかると、先頭を歩いていた犬が、トドマツの樹上を眺めて、一声、二声吠える。すぐ他の犬たちもそこへ駆け寄った。

メンカクシが不審に思ってその木のもとに近寄ると、梢から一頭の大熊がとびおりた。彼は大いに喜んで、すぐに矢をつがえて射かけたが、矢は熊の顔のあたりに当たってそれてしまい、熊はメンカクシ目がけてとびかかった。その勢いに従者のオイカマはどこかへ逃げ去り、チエカラマは仰天してひっくり返る。

そこへ十頭の猛犬たちがいっせいにとびかかったので、メンカクシも元気づき、右手には山刀を抜き持ち、左の手を熊の喉《のど》につっこみ、舌を握って、ここを先途とうんと引いたところ、舌は根こそぎ抜けて、その大熊は後にどうと倒れた。そこで左手で雪を一つかみとって口に入れて、やや気をとり戻し、チエカラマを抱き起こしたところ、やっと立ちあがって、互いに命の無事を喜び合ったのであった。

だがオイカマは、見回してもどこへ行ってしまったかわからない。そしてメンカクシの右肩の

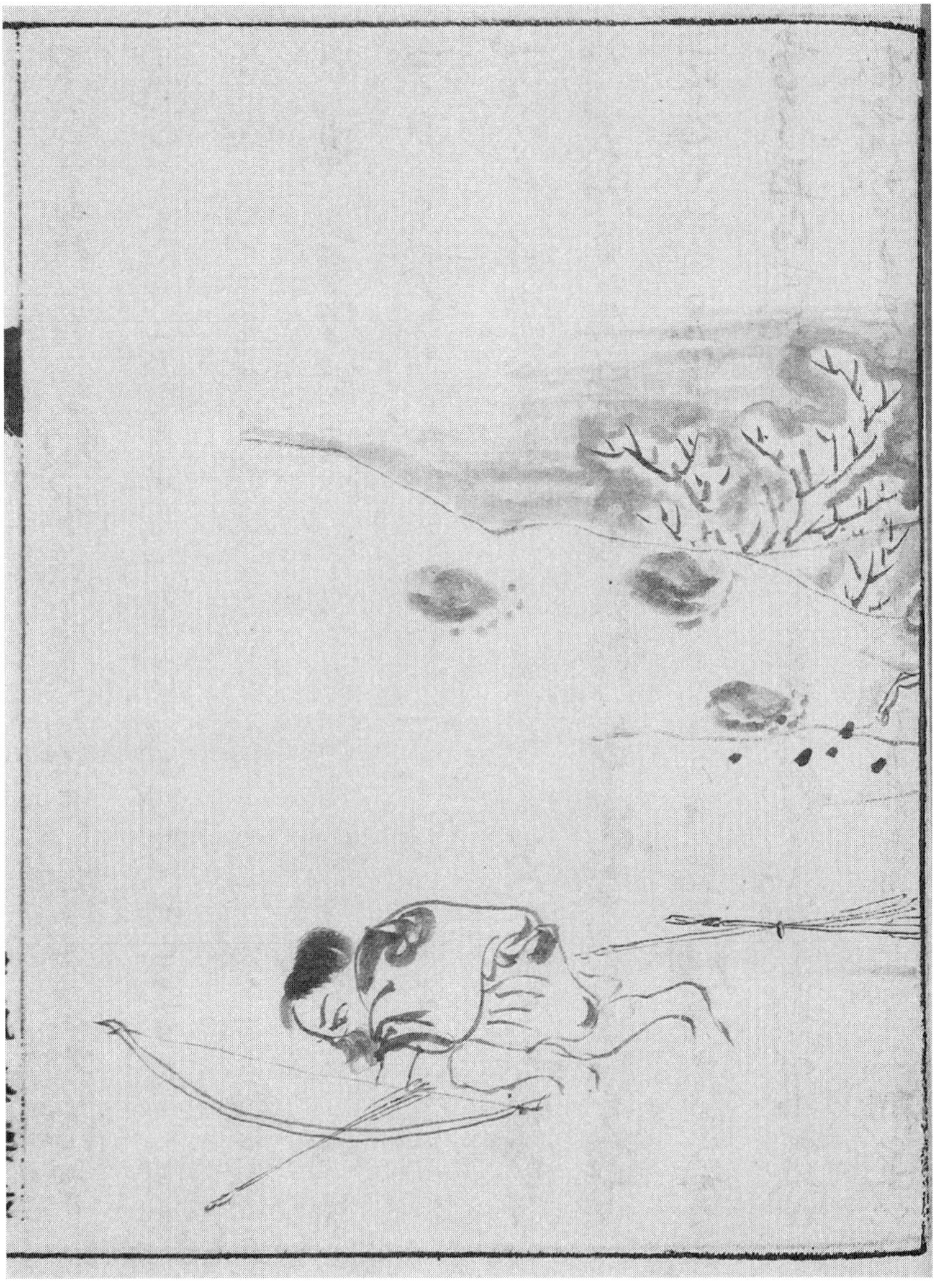

211　酋長メンカクシ

痛みはますますひどくなって苦しむので、これを見かねたチエカラマは、一台の雪そりを仕立てて主人を乗せ、摩周から西別川の川べりへと引きおろした。

そこにはアイヌたちのワシをとる小屋がたくさんあったので、アイヌたちに介抱をたのみ、数日たっていつものとおり元気回復したところでおおぜいの従者をつれ、熊を引きおろすために摩周の方へと上っていった。

見ると熊の死体の上のトド松には、数百羽のカラスが群れて、ガアガアと鳴いているが一羽として熊の体に触れるものはない。また一頭の犬も、この熊の肉は一口も食おうとしない。その様子はなんとなくいつもと違っていた。

その体長は一丈（約三メートル）あまりもあり、毛は銅か鉄の針を植えたかのようである。じつに珍しい逸物なので、その皮を剝ぎとりはしたものの、この熊はおそらくは神であろうと、皮も胆も肉も、すべて西別川の河畔に埋め、一塊の土を盛って塚とした。

今もこのあたりのアイヌたちは、そのそばを通るときは木幣《イナウ》を削って捧げ、なにごとによらず祈願すると、そのご利益はあらたかであるという。

このてんまつは、メンカクシのことばと、チエカラマの言ったのとが違っていないので、ここに記録するものである。

15　酋長ヘンクカリ

ヘンクカリは北蝦夷島（樺太）クシュンコタン交易所一帯の大酋長で、存命ならば今年で三十五、六歳となるであろう。この者の親はニシクタアイノといったが、この子が生まれてまだ乳呑子のときに亡くなったため、その母の祖父にあたるキムラヤイという老人に育てられた。このキムラヤイは、私が丙午《ひのえうま》の年（弘化三年、一八四六）、同地を訪れたときは、腰は二重に曲がってはいたが、まだしっかりとして、杖をつきながら漁場の指図などをしていた。私はときどき酒を持っていって文化丁卯《ひのとう》（四年、一八〇七）のロシア船侵入の争乱の話などを聞いたものである。この場所の開発も、すべてキムラヤイの指図によるものだったというが、この老人も十年ほど前に亡くなったということである。

ところが、嘉永癸丑《みずのとうし》（六年、一八五三）秋の八月三十日、ロシア船が交易所前に着いて上陸し、付近を測量、翌日には仮小屋を建てるための材木や大砲、銃などまでも陸揚げした。それから交易所へ来て、逃げ帰っていた番人の忠助、平助、伝吉、豊吉、源兵衛、清兵衛らを引きつれて本船へ行こうとした。

人々は、かつて文化年間のロシア船侵入の際、彼らが交易所やあたりの蔵などを焼き払い、掠奪を働き、番人を捕えてロシアにつれ去ったことを思い起こし、恐れあわてて、アイヌたちも含めて逃亡した。捕えられた番人たちは一旦は船までつれ去られたが、また帰されたけれども、これも逃げ去り、残るはアイヌたち二十人ばかりとなった。

ヘンクカリは妻のオマンリクマと、まだ七、八歳ほどの息子のユウトルマカとを呼び寄せて言った。

「このように番人もアイヌたちも逃げ去って、ここに残ったのは二十人ほどとなったが、彼らもだんだんと逃げてしまうだろう。おまえも伜をつれて逃げるがよい。わしはここに残って、たとえ交易所や蔵が焼き払われるにせよ、そのさまを見届けるだろう。もう、わしの命はないものと決まったゆえ、おまえはかえって足手まといだ」

こう言い聞かせて、家に伝わる太刀、短刀等を妻に渡して立ち去らせた。

そして副酋長のアンタイノを呼び寄せて言った。

「さて、ここも、皆このように逃げ去り、残った十七、八人もやがて逃げていくであろうが、わしが思うには、これまでべつに悪事を働かなかったロシア人たちだから、悪事をすることはよもやあるまい。彼らの国には、それぞれ法律というものがあるというから、和人の支配人や番人たちのようなことはするまいと思うので、そなたはわしと二人、ここに残って交易所のこれからを見届けようではないか」と。

さすがにアンタイノも副酋長を勤めるほどの者だけあって、同意してそこに留まって、その旨を十七人の者に言い聞かせた。

彼らも心を決め「酋長方がお残りになるのに、わしらがどうして逃げ去ることができましょうか」と、ロシア人たちがいかに掠奪を働こうとも、少しも動揺せぬさまを示した。

そしてロシア人たちも、少しも乱暴をすることもなく、平穏にしていたのであった。

このヘンクカリ一人のまごころによって、わが皇国の権威が少しも傷つけられることがなかったというので、領主松前侯よりもその功を厚く賞されて、行器《ほかい》一荷（二個）、耳盥一個、お菓子等に書付けを添えて賜わったのはまことにめでたいことであった。

だが、惜しむべきことには、ヘンクカリは私とその年の夏に別れて後、病にかかって九月のはじめごろ死去したということである。筆舌に尽くしがたいほどに残念に思うまま、ここに記録して万年の後にまで、その事跡を残すものである。

16　庄屋の酒六と、その弟三五郎

厚岸《アツケシ》場所交易所地元の大酋長サケモイは、名高い狩猟の達人で、弓術は男子の本分であると心得、交易所の仕事や漁業の合間には、さまざまな的や板を射て、弓矢の稽古を積み、山に入っては、ヒグマや大ワシを射とめ、後にはこれを仕事としていたという。

あるとき、斜里《シヤリ》方面から大ヒグマが山を越えて釧路《クスリ》、根室《ネモロ》の深山に入りこみ、だれもこれを仕とめられぬということがあった。

217　庄屋の酒六と、その弟三五郎

サケモイは、それこそよき獲物と、強い弓を作り、大きな矢ばかりを多く用意して、この渡り熊を求めて深山に入っていった。

すると、思いがけなくも身のたけ一丈（約三メートル）もあろうかと思う大熊の、毛は金の針を植えたよう、口を開けば火炎を吐くかと思うようなのが一頭、木陰にいるのを見つけた。これこそわが求める獲物と、ただちに矢をつがえてひょうと放つと、矢はあやまたず胴中に当たったが、熊はサケモイに向かってつかみかかり、しばらくの間は組打ちとなって互いに戦った。その烈しさに、つれてきた従者も近づくことができず、はるか離れた木の上から眺めているばかりで助太刀もしなかったため、ついにサケモイは三十七歳で熊のえじきとなってしまったのは、まことに嘆かわしい次第であった。

このことを、立ち帰った従者が、息子のサケロク、その弟サンケトモの二人に告げたところ、二人は数日分の食料を担ぎ、槍、弓、矢をとりそろえて、一家親戚に一生の別れを告げ、泣く泣く送ってきた妻にも心ならずも暇を言いわたし「もし、命あって父の仇を討ち、帰ってこられたなら再び夫婦となろう。さもなければこれが一生の別れだぞ」と出発したのであった。

二人はベカンベ山から分け入り、このあたりこそ父の仇の住み家と思うところを探しながら数日後には根室領西別《ニシベツ》岳へと入り、その登り口から七日ほど行ったところで、一頭の大熊に出会った。

兄弟は左右に分かれ、双方から矢を射かけると、二人の矢はあやまたず熊の胴中に刺さった。

そこでただちに弓を投げ捨て、サケロクは槍、サンケトモは山刀《タシロ》を持って向かう。熊は矢の毒がまわってきて、ますます荒れ狂うが、兄弟は鬼神のごとき勢いで左右から襲いかかった。まずサケロクの持った槍の穂は三寸（約九センチ）ほどを残して折れたが、つれてきた犬が熊の後ろに回って尻に嚙みついたため、熊はサケロクに向かってくることができない。そこへサンケトモが熊の下腹にもぐりこんで、山刀の柄まで入れとばかり、腹に突き入れた。他の二頭の犬も熊の左右の足首に嚙みついたため、熊もついに力を失い、前膝を地についた。

そこへサケロクが、折れた槍を肛門から突き入れたので、みごと仕とめることができたという。

その腹を断ち割ってみると、中にはまだ父の毛髪と思われるものがあったので、これをその場所に埋めて墓をつくり、新しい木をとってきて木幣《イナウ》を削って建て、熊の頭をその塚の前に供えて、親を失った嘆き悲しみ、その仇敵の熊を仕とめた喜びをかきくどき述べて、熊の肉をずたずたに切り裂き、天地の神々に感謝申しあげたのであった。そのまごころは必ずや神々にも通じたことであろう。

こうして二人は家に戻り、無事に暮らしていたのだが、それまでは、二人とも、けっこう人にお世辞を使っていたのが、親をなくしてからというものは、世間にこびる心もなくなり、ただ、まま正直に生きるようになった。

このため交易所の者たちは、兄弟がお世辞を使わぬのを憎んで、とかく冷遇し、大酋長であった亡父の役目をつがせず、兄のサケロクは山へ炭焼きに、弟のサンケトモは漁場にやって、平のアイヌ同然に使役していた。

そこでこの場所のアイヌたちは、二人が大酋長の息子たちでありながら、ともに平として使われていることを惜しんで、一同で交易所に願い出、どうか二人を役づきアイヌとしてほしいとしきりに懇願した。交易所も一同の願いとあって放っておけず、ようやく弟のサンケトモを小使にとりたてた。だが弟は、兄のサケロクが平のままで、自分が役につけられたことを深く恥じて、自分の代りに兄をとりたててほしいと、たびたび交易所に願い出たがとりあげられず、心ならずも五年ほどそのままに過ごしてきた。

ところが、去る辰年（安政三年、一八五六）、同地が松前藩領から幕府ご直轄となり、厚岸駐在となった喜多野某氏（省吾、箱館奉行調役）が見回りに行かれた際、番人も通訳もつけずに出ていこうとすると小使のサンケトモが案内役として出てきた。

そして、和人たちのいないところへ来ると喜多野氏に向かって日本語で、親のサケモイが熊に殺されたこと、その仇討ちに出たことから、兄のサケロクが炭焼きにやられていることまでを語り、なんとかして自分を平として、兄のサケロクを交易所に呼び出し、なんなりとも役につけて、父の家名を継がせていただきたいと、真実をこめて訴えたのであった。

喜多野氏もその真情に感じて、そのまま炭焼山のほうへ馬を回してサケロクに会われた。見ると筋骨逞しく、才能にすぐれ、とうてい凡人とは思えぬ者である。

そこで、このたびの風俗改めのご処置を言い聞かせたところ、ためらわず髪形を日本風に変え、それまではわかりにくいアイヌ語を使っていたものが、日本語でご挨拶申しあげ、着物の襟も右合わせに改めて、若いアイヌたちをくれぐれも教訓するさまは、尋常ではない。また、アイヌたちがこの者を尊敬することひととおりではないため、彼をとりたてて厚岸場所の大酋長として、一カ年に米十俵ずつを賜わることとなった。これを箱館奉行所に伺ったところ、神々もご覧になっていたのであろうか、伺いのとおりのご沙汰があったので、そのとおりに処置されたのであった。

当人もそのご厚情に感じて、ますます精を出して役目を勤めたため、彼にならって髪形を改めるものが次第に増えてきた。

そこで、その功績によって、このたびサケロクを庄屋酒六と改名させ、この午年（安政五年、一八五八）には床板張りの家を建てて、そこに移ったという。

その家の棟上げの折には、鏡餅をつき、交易所、番屋、詰所の役人や各漁場にまでもこれを配り、鎮守の神明神社には神酒を捧げ、自分と大工の棟梁とが裃《かみしも》を着て屋根の上から餅を撒いて、その場所中の子供や爺婆たちまでを喜ばせたという。

私もその家に行ってみたところ、柱には田楽法台寺の大般若経のお札を貼って、ときどきはこれに酒を供えているとのことであった。その風俗は、これこそ日本風を慕うものということができよう。

17　彫物師シタエホリ

千島の択捉島《エトロフ》は、国後島《クナシリ》に続く大きな島で、郛弗加《チユプカ》（今の千島）二十二島の二つめで、第三島のウルップ島とは、僅かに海を隔てて相接している。千島列島中最大の島で、周囲は約二百五十里（約千キロ）ある。

寛政元年（一七八九）のころまでは、この島の人々は蝦夷よりさらに奥地の風俗を残し、なかば千島アイヌであって、いつも中部千島のラショア島の人と婚姻していた。

択捉島で獲れたラッコの毛皮なども、たいていは中部千島方面に運び、日用品と交換していたのである。

寛政年間（一七八九～一八〇二）に青山（俊蔵）、最上（徳内）、近藤（重蔵）などの人々が初めてこの島に渡ってみたところ、人口は二千人あまりあり、もし漁業をさかんにすれば現在の一万倍もの漁獲があろうかと思われた。またその住民も、千島方面と交流はあるものの、日常の暮らしには不自由しているため、これを日本側に親しませれば、辺境の安全に役立つものと考えられた。

彼らはそこからさらに、ウルップ、シモシリなどの島々まで渡って、その風土を観察したところ、寒冷の地とはいいながら、緯度はまだ四十七、八度であり、さまざまな穀物や野菜を栽培できぬことはない。また山は険しいが樹木が生い茂り、必要な巨材が得られる。そこに住む鳥獣魚類などは、内地と異なったものもいるが、ほぼ似通っており、それらからみても、わが皇国の領域の中であることは明らかであった。

にもかかわらず遠く北辺の地にあるため、本土からのよき影響を受けることがなく、このように千島の属島となっているのである。

千島列島の中でも、ウルップ、シモシリなどは千島側に属していても別に問題とするには当たらないが、この択捉島は、わが根室《ネモロ》、斜里《シャリ》、国後島などと僅かに隔たるだけである。

もしも、その地の住民に、わが国の影響が及んでいなかったならば、なにかのときにはどれほど後悔しても甲斐はあるまいと、これらの人々は幕府に強く進言して、摂津国兵庫の海運業者、高田屋嘉兵衛の船を択捉島に通わせたのであった。

これによって同島の、これまで肉を食べ毛皮を着ていた住民も、はじめて木綿を着、穀類を食べ、天の美禄（酒）の味を知るようになって、まもなく、わが皇国の文明に浴するようになったのである。最上、近藤、山田（鯉兵衛）、木村（大蔵）、村上（次郎右衛門）らの人々は、世間からは名誉心でやっていることだと非難されながらも、少しもそれを気にすることなく、一時もお国のためということを忘れず、このように努力してきた。

もしも、この島にわが国の恩恵が及んでいなかったならば、本土においてどのような不利が生じたかも知れない。

また、本土においては、どのような土地にも弘法大師、伝教大師、行基菩薩の巡行の跡が残り、仏教の影響が根づよいが、この島には少しもそのようなことがなかったのは、われらにとってまことに幸せであった。そのおかげで、衣服の襟は右合わせにせよ、日本の言葉を使うようにと教えれば、疑うことなくそれに従って風俗を改め、次第にわが国の恩恵のもとに生きるようになったのである。

ところが文政五年壬午《みずのえうま》（一八二二）、同島の実権が悪徳商人どもの手に移ってからというものは、漁業がさかんになるにつれて、アイヌたちは昼夜の別なく責め使われるようになった。夫たちが山仕事や漁労に出たあとは、妻や娘たちは乱暴され、その無軌道ぶりはとうてい書き尽くせぬほどである。もし、これをいやがる者があれば、十日も十五日も一粒の米も与えずに氷雪の山に追いやって薪を取らせ、または荒れ狂う海に舟を出させて転覆沈没させる。まことに百三十六カ所あるという地獄の鬼どもの責め苦にもまさる残虐さで酷使するために、たまたま妊娠した者も流産し、病にかかった者はそのまま死ぬなど人口は減るばかりとなって、去る辰年（安政三年、一八五六）に再び幕府ご直轄となるまでの三十年足らずの間に、四百三十九人となったという。

そのように残酷な連中の集まる交易所から一日ほど南に行ったナイホというところに一人のすこぶる勇気あるアイヌ、シタエホリがいた。彼は交易所からの命令を少しも聞き入れず「わしの親までは肉を食い、毛皮を着てきたのに、わしの代になって木綿ものを着、穀類を食おうとは思わぬ。肉を食い、毛皮を着ていよう」と、一粒の米も食わなかった。そして、一挺の小刀で彫物を楽しみ、食料がなくなれば海へ漁に行って、獲物がある間はひたすら、盆、椀、さじ、ひしゃくなどを作っている。物好きな人がたのめば、筆筒、筆管、小刀の鞘なども作る。その彫物の巧みさは、まことに比類がない。なんともふしぎな名工というべきであろう。

あの悪徳商人どもがはびこって多くの民衆を殺してしまった中にあって、ただ一人、義勇の魂を貫きとおしているその姿に、これこそわが皇国の威風の現われであろうかと、嘆きの中にも、いささかたのもしく感じた次第である。

18 下男ドンドン

根室《ネモロ》領標津《シベツ》の茶志骨《チャシコツ》に住むアイヌのアフケサと妻のムリタエの間に一人の娘がいて、その婿はドンドンと呼ばれている。ちょっと見たところ、たいそう間の抜けた様子だが、支配人や番人たちから、ドンドン、ドンドンとばかにされるのを恥ずかしく思い、いつのまにか日本風の踊りを稽古し、このたびの風俗改正のお指図に際しては、さっそく富七と改名し、髪形も和風に改めた。

この者は、いくらか酒でも振舞えば、おぼえた「見さいな、見さいな、戎舞《えびすまい》*を見さいな」の踊りを踊り、オムシャ、大漁祭り等の折には、必ず番人などから羽織、袴を借り、手拭を戎かぶりにかぶるその様子、また踊り終わって、持った竿を櫂のように扱って退場していくさまなど、まことに達者なものだと聞いた。

そこで私も、酋長の陳平の家でささやかな酒宴を設けてドンドンを招き、その踊りを所望した。

すると彼は、そのへんから持ってきた空樽を叩いて「見さいな、見さいな、戎舞を見さいな」と拍子をとって囃したて、自分の袢纏《はんてん》を袴のようにつけ、酋長の羽織を着て手拭をうしろで結び、右の手にはありあわせのワシの羽を扇の代りに持ち、竿を担いで踊った。

そしてタイを釣ったところから、それを料理して食べるところ、踊り終わって竿を櫂にして帰っていく様子など、なんともふしぎなほど真に迫っていた。これをだれから習ったのかと聞くと、回船の船方たちからおぼえたのだと言っていたが、まことに滑稽なことであった。

＊――戎舞《えびすまい》　恵比須舞、夷舞とも書く。海の福神である恵比須さまが鯛を釣るさまを見せる踊りで、漁師の大漁祈願、大漁祝に各地で踊られた。「見さいな」は「ご覧なさい」の意味。

19　盲人トルホツパ

十勝《トカチ》川流域のバラトウ（今の帯広市）は海岸から十五、六里（約六十キロ）ほど上流で、昔はかなり人家もあったのだが、今は僅かに二、三軒しか残っていない。

この地の酋長トルホツパは、昨年、八十八歳で死去したが、私は辰年（安政三年、一八五六）の秋に、河口の大津《オホツナイ》で彼に会っている。白鬚が胸を覆い、老いたりとはいえ骨太で、その逞しさは筆に尽くすこともできないほどだ。その威勢は十勝川流域一円に行きわたって、だれ一人、彼の命令に背く者はいなかった。

ウロモンという妻があるほか、カンナイ、オヤモンという二人の、まだ二十歳ほどの美しい妾をどこへ行くにもつれて歩き、そのほか家には二人もの若い女を置いて仕えさせていたという。

この者に、十勝川流域の川筋、山々のことなどを問えば、少しもためらわず、どの山の後方はどこに当たり、その川の水源はどこであるなどと、即座に答えるさまは、まるで鬼神のように思われた。

そこで、今年の春、十勝川中流を旅した折は、彼の家を訪ねて一泊しようと出向いたところ、去年の冬に亡くなったとのことで、息子のウッテアイノが私の親切に感謝していた。まことに彼は珍しい豪雄の者ではあった。

20 孝女サクアン

石狩領の夕張《ユウバリ》川沿いのオヒフイというところには、当時、二軒の人家があった。

その一軒はトナシランという者の家で、トナシランは海岸の漁場にやられ、家には六十いくつになる妻のキナルウエがいるが、彼女は誤って背骨を打ったのがもとで、今は腰も立たない。またその母のマッコウは八十いくつの盲目の老婆である。このため二人ともに毎日の食物から、薪や水にいたるまで、隣家の娘、サクアンだけを頼りに暮らしている。

もう一軒は五十二歳になるオオカシュの家で、その妻は隣りのトナシランとキナルウエの間にできた四十四歳のイロウサヒである。

このオオカシュは、四年前、熊狩りに行って熊に組み敷かれ、背骨を打って腰が立たない。妻のイロウサヒは痛風のような病気でぶらぶら病のため、座って糸を紡ぐ程度はできても薪一つ取りには行けず、水一杯を汲んでくることもできない。

二人の仲には四人の子供がいる。兄はヤクシコといい、今年二十六歳になるが、十五、六歳のときから漁場にやられていたところ、何の病気にかかったのか、ついに腰が立たなくなり、さらに両手がともに不自由となったため、漁場ではなんの役にもたたないと、一貼りの薬も与えずに山に帰されて家にいる。

弟のアフンデクルは二十四歳になり、狩猟はごく巧みなのだが、兄が病気で山に帰されると、その代りに漁場にやられて、そのままいまだに帰してもらえない。

つぎにコエタンネという十六歳の娘がいるが、これは十歳ほどのとき、ひどい過ちをして以来、腰が抜けて歩くことができない。

ところが、その妹に、今年十四歳になるサクアンという娘が、これだけは達者で家にいる。彼女は、両親と兄と姉と、隣家の自分にとっては祖母にあたるキナルウエ婆と、曾祖母にあたるマ

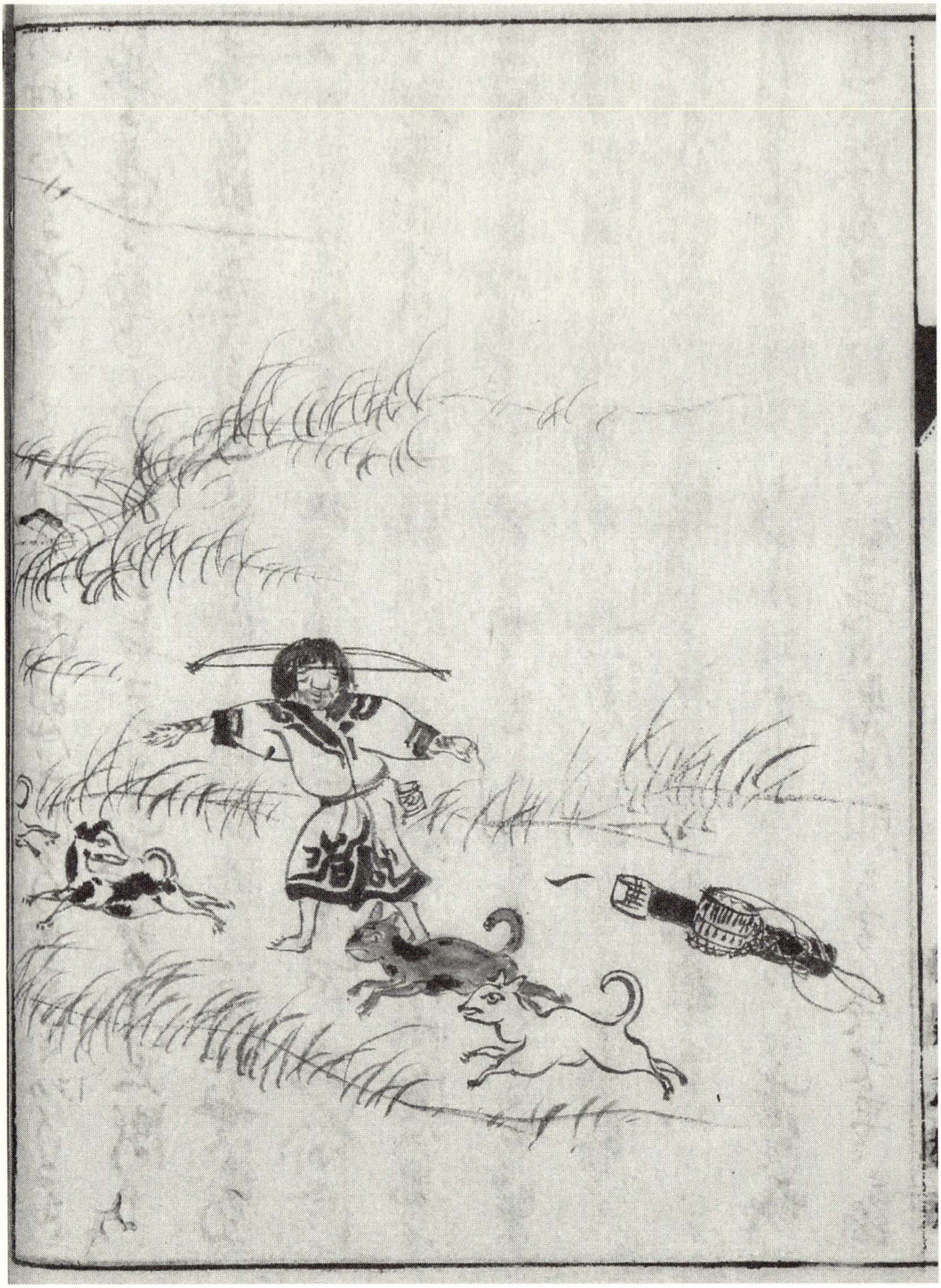

231　孝女サクアン

ツコウと、以上六人に少しも分け隔てすることなく孝行を尽くしている。

まだ幼いために、思うように漁はできないので、家の軒端に眉豆《まゆまめ》（ササゲ類?）、南瓜、粟《あわ》、稗《ひえ》などを作っている。また山中の寒さきびしい土地ゆえ、織目の粗いオヒョウの皮で作った楡皮衣《アッシ》では辛抱できまいと、飼っている犬たちをつれて山中に入り、鹿などを捕えてその皮を老人たちに着せる、朝は早くから起きて、まだ露も深い谷々山々に入って、二軒で焼くだけの薪を背負ってくるのである。

いざりの兄のヤクシコ、不具の姉のコエタンネのことまでも、少しも面倒がらずによく世話をし、また、山からどれほど遅く帰ってきたときも、家に入るとまず父母に変わりはないかとたずね、つぎに隣りの家に行って祖母、曾祖母の様子を聞き、水はありますか、薪はどうでしょうかと、親切に世話をして帰ってくる。

そして、犬たちにまで、自分のぶんの食物を一さじずつ分け与え、この犬たちがいるからこそ、鹿や熊を獲って、親たちに寒い思いをさせずにいられるのだからと、雨の降る日は決して外に寝かさず、家の中へ入れてやるのである。

その心がけは、まことにやさしく、あっぱれなものといえよう。そのほかにも彼女については、いろいろとみごとな話をきいたが、ここではあらましだけを記しておく。

まことに、このような深山に育って、だれが教えたわけでもないのに、このような孝心を持ち、その上、飼っている獣たちまでをいたわるというのは、見上げたものである。

このたびの、蝦夷地幕府ご直轄にあたって上つ方が下々の者たちのことまで手厚くお世話されるそのなさり方と比べても、ことの大小こそあれ、その心がけの尊さは、少しの変わりもないと思われるのである。

21　縊死したフッチウ

太平洋岸の虻田《アブタ》場所にシヨモキレというアイヌがおり、その妻は、名は忘れたがすこぶる美人で、さまざまな手仕事も巧みであったため、夫婦は大変睦まじく暮らしていた。

ところが場所の番人が、この妻に横恋慕して、何度となく言い寄ったが、彼女は少しも相手にしなかった。すると番人は、シヨモキレを、ニシン漁の時期に日本海岸の石狩の近くにある厚田《アッタ》の漁場へむりに行かせて、その留守にシヨモキレの家に忍びこみ、むりやり妻を犯してしまったという。

このため妻は、夫の留守中にこのように和人にはずかしめられたことを嘆いて病気になり、ついに亡くなってしまった。

彼女が生前、ひそかに親族にことのいきさつを語ってあったため、漁場の仕事を終えて帰ってきたシヨモキレは、妻の死はただごとではないと怒って、それ以来、交易所からいろいろと言い聞かせても少しも耳を貸さず、なにかを思いつめたようにして、二、三ヵ月を過ごしていたのであった。

そのうち、誰言うとなく、ショモキレの妻が死んだ一件についての話が、虻田場所はもとより、近辺の各場所にも広がって、アイヌたちの中から一揆を起こしかねない動きが出てきた。

このため例の番人や支配人たちも、これに気づいて、もし騒動でも起きれば松前藩への聞こえもよろしくないと心配、酋長のカムイサムを呼んで「おまえがうまいようにとり計らってくれ。ショモキレには後妻を持たせて機嫌をとっておくのがよかろう」と頼んだ。

そこで、だれよかれよと娘を探したが、手ごろな者が見当らないため、フッチウという、もう四十歳をこえた女性で、やや体が悪いためあまり仕事もできぬ者を、ショモキレの後妻としたのである。

ところが支配人、番人たちは、ショモキレが後妻をもらうと、今度は自分たちの悪事から周辺のアイヌたちが騒ぎを起こそうとしたことを逆恨みして、彼にさまざまのむりを言いかけて苦しめようとした。だが、ショモキレはすこぶる剛勇の一筋縄ではいかぬ男だけに、何をされようと驚かない。

そこで番人どもは、そのころ妊娠していた後妻のフッチウを、漁業にこき使い、その仕事ぶりがなまぬるいと言っては大きな枝で鞭うつなど虐待を重ねた。このため彼女は、どうにも堪えられぬほど苦しんで、有珠《ウス》という地に行く道ばたの大きな木に縄をかけ、自分の苦しみを、まだ十歳にもならぬ娘に言い聞かせてから縊死したという。その哀れさは、なんとも言うすべがない。

このためショモキレは、支配人や番人どもの重ね重ねの悪事を怒って、ついにその場所を立ち退き、今では有珠場所の友人をたよってその地に移り、その日暮らしの生活をしているというが、その哀れなことは、まことに言い尽くせぬほどである。

22　鬚《ひげ》のセームッ老人

山越内領内の長万部《オシヤマンベ》番屋の地元に、今年六十八歳になるセームッという老人が、妻のシイヒラ、息子のソツテリ、娘のウフサンと一家四人で暮らしている。

セームッは生まれつき鬚を愛していた。まだ二十歳にもならぬころ、同地の弁天様の社に、美髯《びぜん》公・関羽将軍がみごとな鬚をたくわえ、青竜刀を抱えて天を睨んでいる画がかかっているのを見て「アイヌには、皆、鬚があるが、これほどみごとなものはおらぬ。わしの鬚もこのように伸びればよい」と、朝夕、その額の前に立って眺め、のちにはそれにお神酒を捧げて、鬚が伸びるように祈ったという。

すると彼の鬚は、四十五、六歳のころには胸を覆うほどとなり、六十歳のときには地面に三寸（約九センチ）ほども曳きずったという。

以来、セームッは毎日のようにこの鬚を愛玩し、暇さえあればこれを撫で、ふだんは結んで懐に入れているが、人が頼めばこれをほどいて見せていた。

ところが、いつごろかセームッは、この鬚を振り回して踊ることをおぼえた。のちには人に望まれ、一杯機嫌で庭先で踊り、興に乗ると、見物人や子供などがその鬚をつかんで曳こうとするのを、踊りながら怒ってみせるなど、まことに喜怒哀楽のさまをよく示して、そのおもしろさは筆に書き尽くせぬほどである。

踊り終わると庭にひざまずいて「トノシネイタンギ」（殿さま、どうぞ一杯くだされ）と酒を乞う。その席にいた石橋氏はすこぶる物好きな人だけに、そのおかしさに思わず酒一升と、巾着の底を叩いて銀の小粒ひとつを与えられたのも、また愉快なことであった。

23 豪勇イホレサン

豪勇イホレサンは今年四十八歳となる。オホーツク海岸の紋別《モンベツ》場所の会所から一里（約四キロ）ほど北方の渚滑《ショコツ》という川べりの部落の酋長である。その人柄は剛毅で、人並はずれた義侠心を備え、目下のアイヌたちをいつくしんでいた。妻はシイキル、その仲に一人の子供がいる。

さて、この渚滑村には、人家二十五軒、人口百六人ほどがあるが、あちこちに散らばっており、そのうちの三軒は、他と離れて渚滑川の北側にある。

その一軒は、今年五十七歳になるオカシユマという老婆が、オツネコという娘と二人だけで住んでいたが、この娘は□□□（原文に欠落）に三年ほど前から行ったまま帰ってこない。このため老婆一人となってしまったため、もう一軒のシュカケムの家とともに、隣家のイホレサン酋長の世話になって暮らしていた。

ところが、去る巳年（安政四年、一八五七）の八月二十四日の夜、シュカケムが五、六日ほどよそへ出かけて留守の折、毎夜のように熊が彼の家に来ては、貯えてある干魚を食い荒らした。イホレサンは、これを大いに怒って、「当地二十五軒の酋長を勤めるわしの家の隣りに、たとえ留守とはいえ、やって来て荒らすとはけしからぬ」と、ある夜、二、三人のアイヌを引きつれ、槍を持ってうかがい、その熊を突いたところ、逆に熊の爪にかけられて大怪我をした。

しかし最後にはその熊を仕とめ、その処理にあたってもアイヌのしきたりを少しも乱さなかったという。

私はそのことを聞いたので、紋別勤番の細野氏（五郎衛門）に尋ねたところ、自分もその有様を見たが、全くそのとおりであると言われ、届書、お沙汰書などまでも見せてくれた。その書類によって事実を紹介する。

（以下、本件に関する公文書）

ご用状を以て申しあげます。二十四日、紋別場所内渚滑の酋長イホレサンが熊に出会い、怪我をした旨の届出がありましたので、ただちに番人頭の清兵衛を派遣、その上、協議の結果、逸見小三郎が指南役の清七を召しつれ、検分のため出向きましたところ、別紙書面のとおり負傷しておりました。

ただし当人の気力は日ごろにもましてさかんで、別段、心配な様子はございませんでした。そこで、かねて用意の傷薬を持参して与えましたところ、昔からのアイヌのしきたりで、このような際には薬を用いることはもとより、流れ出た血を拭きとることさえしないとのことでありました。

また、仕とめた熊はすこぶる大きく、大型の馬ほどもあり、年とった熊だとのことでございます。その皮を首もとまで剝ぎ、胆は木の枝にさげてございました。

この熊の扱いにつきましても、アイヌのおきてとして、もし人を食い殺した際には、肉をズタズタに切り裂いて捨てるのだそうであります。そこで、怪我人の生死がはっきりするまでは、そのままにしておくとのことでありました。

右の趣きと別紙の書面は、そのとおりでございますので、検分書を添えてご報告する次第であります。

右の怪我人に対しましては、さしあたり番屋より白米五升（約七・五キロ）を遣わしておきました。薬等については、前述のとおりアイヌのおきてもあるとのことゆえ、そのまま持ち帰りました。

なお、傷が全治するまでの間、生活に困るようなことがあれば、食料支給の件などにつき、遠慮なく申し出るようにと言い聞かせてあり、当人、親戚一同、立会った者たちも、皆、ありがたき幸せと申しておりました。

なお支給米の件につきましては、後から番人の孫三郎に持たせて遣わしました。また療養中の手当としては、一日当り米五合（約七五〇グラム）ずつを与えることとし、まず番屋より遣わしておくことを申しあげます。

以上につき、ご指示の程をお願い申しあげます。

右を申しあげるため、急ぎ村継（部落ごとの駅伝）を以てお伝えいたします。以上

紋別詰

逸見　小三郎印

細野五郎衛門印

辰（巳の誤り？）九月二十六日

梨（本）弥五郎様

（庵原）勇三郎様

ご検分書（イホレサンの負傷）

○左の耳、上から下側半分が切断。

○首筋の右後ろに径七分（二・一センチ）、深さ五分（一・五センチ）の丸い傷。

○左方の背に一寸（三センチ）ずつの傷二カ所、同じ所に縦の爪傷二寸（六センチ）。

○左の腕に縦傷三寸（九センチ）、同じところに五分（一・五センチ）ほどの爪傷三カ所あり。

○右の脛の下に縦傷三寸五分（一〇・五センチ）、同所に縦傷一寸（三センチ）、同じく七分（二・一センチ）。

宗谷《ソウヤ》付き紋別領
渚滑酋長《おとな》イホレサン
辰年四十七歳

右の者は、今朝卯の下刻（午前七時）ごろ、同地のシユカケムが二、三日前から外出してい る留守宅で、なにか大きな音がするので見に行き、家の回りは何事もないので窓からのぞいたところ、家の中に大熊がおりました。そこでイホレサンは一旦帰宅し、渚滑の土産取《みやげとり》をつとめるシユマン、平アイヌのエカシノク、ランボリらをつれ、それぞれ槍を持って出向きました。するど熊は物音を聞きつけ、窓に手をかけてとび出してきたので、イホレサンがまっ先に槍をつけ、胸もとに七寸（約二十一センチ）ほども突っこみました。そこで熊はイホレサンめがけてとびかかろうとするので、同人は槍の柄をしっかりと押さえておりましたが、熊は手をあげて槍の柄を折り、ただちにイホレサンにとびかかってまいりました。

そこで同人は退こうとしましたが、草の根に足をとられて倒れたところに乗りかかられて、食いつき、振り回されました。

そのありさまに、一旦、退いていたエカシノクらも脇から槍をつけて、熊の右の額に突っこんだため、熊はイホレサンを捨ててとびのき、そのまま倒れて死んだのであります。

右の次第にて同人は数カ所の傷を受けましたので、ご検分のために逸見小三郎殿がお出向きになり、私ども一同も立会い、傷をご検分されましたところ、右の書類のとおりでございました。よってご検分書を奉る次第でございます。　以上

安政三年辰（一八五六）九月二十四日

同所平アイヌ　エカシノク

同土産取　シユマン

紋別指南役　清七

同頭取番人　清兵衛

細野五郎衛門様

逸見小三郎様

（朱書き）巳年（安政四年、一八五七）四月五日、紋別着。巳二月　印すみの書面。

紋別領酋長イホレサンが熊をつきとめた折、数カ所の傷を負って稼業ができず困っておりますため、療養中、玄米八升入り俵を二俵与えるのがよろしいと存じますので、この段、お伺い申しあげます。

印（堀）織部正

河津三郎太郎

力石勝之助

向山栄五郎

鈴木尚太郎

右のとおり相違なかった。なお、モイカンノフというのは、イホレサン酋長の下男をしていたが、これまた、すこぶる剛勇の者であった。このたび、この酋長を渚滑川方面探検の案内として召しつれ、帰途、その家に泊った折、右の熊を仕とめた槍を私に見せてくれた。それは日本風のものではなく、昔、沿海州、満州方面から渡来したものだと話していた。その付近では、酋長や小使役のアイヌたちの家には、この種の槍を一、二本ずつ備えていた。

なるほど、その鉄の質は同じ地方産のものらしく、形も、オロッコ族、スメレンクル族（ともにカラフト、沿海州方面のツングース系民族）がいま持っているものと同様で少しも□□□はなく、鉄の質はあまりよくないようである。

かのイホレサンが半死半生の中にあって少しもアイヌのしきたりを崩さず、全身血に染みながら薬を用いることなく、とり乱さなかったさまは、あの三国志にみる関羽将軍にもおさおさ劣らぬ剛勇ぶりであると思ったことであった。

24　切腹したリキサン

箱館から十五里（約六十キロ）あまり東の茅部《カヤベ》地方の落部《オトシベ》（今は八雲町内）には、かつてはずいぶんアイヌが住んでいたそうだが、今は次第に和人が移住して内地同様となっている。それでも、まだ二十七軒の人家があり、和人とアイヌが入りまじって、畑を作り、また漁業や猟、また昆布とり、旅籠屋や小商人などをして暮らしを立てている。また蒲脚幅《がまはばき》（蒲で織った脚絆）と称する賤業婦もいる。

このうちアイヌには酋長、小使などの役についたもの、和人には頭取というのがあるが、これらは内地でいう名主、庄屋にあたる。

さて、文政十一年（一八二八）のことだったというが、当時の頭取は二十二、三歳になる八十右衛門といって夫婦で暮らしていた。

ところが、その妻が、同地のアイヌ、リキサンの従弟と親しくなって、ついには密通し、このことを村中、だれ知らぬ者はいなくなった。リキサンはこれを非常に残念に思って、二度、三度と従弟を訓戒したのだが、少しも聞き入れないので、大いに恥じていた。

たまたま、松前藩の武士が、漁場の巡察から戻る折、馬の口をとったリキサンは、その武士に向かって「お侍には切腹ということがあるそうでございますが、どのようにするのでございましょうか」と尋ねた。

その武士は「これはふしぎなことを尋ねるやつじゃ。侍の切腹というのは、まず新しい衣類を着、上に白い裃《かみしも》というものをつけて、畳を裏返したものを二枚ほど重ねた上に乗って、盆に載せた九寸五分という短刀を握ってこれを腹に突き立て、左から右へと回して真一文字に引き切り、そののち咽を刺し通すのじゃ」と教えた。

のちにリキサン変死のことが役所に届けられたとき、その藩士は手をうって「私が先ごろ山越内を通過した折、あるアイヌから侍の切腹とはどういうものかと尋ねられたことがあり、このようにするのじゃと教えてやったが、さてはその者であったか」と嘆かれたということである。

さてリキサンは、その武士から切腹の作法を聞くと、山越内の叔父のもとを訪ねて、自分の悩みをくれぐれも訴え、帰ってくると三日がかりで小刀を研ぎ、さらに剃刀砥石で上研ぎすると、朝方、まさかり、鎌などを持って山に入ったという。

その日、リキサンの従兄がニシユランという娘と一緒に山に薪をとりに入ったところ、イタドリの茂みの中で、なにやら人の叫び声がした。

のぞいてみると二間（約三・六メートル）四方ほど草を刈り払った中に、新しいキナ（蒲）の莚《むしろ》を二枚敷き、自分は新しいオヒョウの皮の着物を着て、両肌脱ぎとなり、褌までも改め、上には裂織《きれおり》という白い衣類をつけて、傍には樺の桶に水を一杯満たしたものを置き、小刀の柄を紙で巻いたのを右手に持ち左の脇の下に突き立てて右脇まで引き回し、その手でただちに咽をかき切って前に伏したのだという。

さて、ニシユランはこれを見るやいなや、ヘウタンケというときの声をあげて村にとび帰り、人々を集めてリキサンを戸板に載せ、家で養生させようと傷口を縫い合わせたのだが、どうすることもできず、その日のうちに落命したのであった。

まことに、その覚悟のほどは、並みたいていの者は及ぶところではないので、事件の大略を聞いたままに記しておくものである。

25 孤老モンクシデ

太平洋岸の室蘭は有珠《ウス》場所につづく地で、沿岸は約三里（十二キロ）ほどあり、エトモという岬がある。

その岬に抱かれた一つの入江があって、地形はすこぶるよいのだが、なぜか漁獲は至って乏しいところである。

ここの人口は約二百四十人ほどいたのだが、漁の水揚げが少ないため、請け負った内地商人も、二、三年もたつと多くの費用を使い果たし、運んできた米やたばこも乏しくなって、アイヌの世話もできなくなるのであった。

さてここに、モンクシデという七十一歳になる老人がいる。妻も子もなくただ一人、形ばかりの小屋に住んでいたが、その上、なにか病気にかかって、一年のうち半分は床につき、腰は二重に曲がって、誰の目にも哀れなさまであった。

それでも、これを世話する者もいないために、病気でないときは入江に行って帆立貝などを拾って会所に持って行き、いくらかの米とかえてもらっていた。だが病気のときは五日も七日も、一粒の米も食べることができず、それでも命が惜しくて死ぬこともできずに生き残っているのであった。

去る巳年（安政四年、一八五七）の春であったか、同地勤番の前田某氏がこのことを耳にして、これを他の部下の者たちに調べさせたところ、はじめに聞いたとおり、月のうち食事をせぬ日は十六、七日にもなり、食べることができるのは月の半分にもならぬというまことに哀れなありさまであった。

また着ているものといえば、冬というのに素肌のなかば出るような破れたアッシを身につけ、腰の周りの陰部をようやく覆っているだけである。前田氏はあまりの哀れさにこの者を呼んで、その状態を聞かれ、毎日の食料の中から一合（約百五十グラム）ずつを残して、毎月三升（約四・五キロ）ずつ与えられたということである。

これは他の人から聞いたことであるが、モンクシデの窮迫と会所の人々の無情と、そして前田某氏の慈愛の志とを記しておくものである。

26　よみがえったヨシン

石狩川上流の辺別《ベベツ》部落（現在の旭川市内）のアイヌにヨシンという者がいた。父はホヌパ、母はサラネフといい、弟のリクシタリは今年七十歳あまりでまだ生存している。このリクシタリが私につぎのように詳しく語ってくれた。

ヨシンは妻のケンルトと二人で暮らしていたが、彼は常に山中での猟を好んで、石狩岳から忠別《チクベツ》岳、ベベツ岳、ヒビ岳、十勝《トカチ》岳、夕張《ユウバリ》岳までをわが家のようにして、雪に埋もれた崖を駆けるのはヒグマよりも巧み、峰々をここかしこと回るのは鳥よりも達者であった。

非常な力自慢で、それが度を越して、ともすればアイヌたちをもかすめたり、上川方面の番人の言いつけにも従わず、われこそはこの地の総大将なりと名乗る始末。付近のアイヌたちからもてあまされていた。

これを聞いた運上屋では、それでは地元の者たちも困っているであろう、ヨシンを海岸の漁場働きに行かせようというので、番人の重兵衛（今の重兵衛の父親）を冬の十一月初旬に上川に派遣して、漁場に行くようにと命じさせた。

ところがヨシンは漁場行きを非常にいやがって、日頃持ち歩いている毒矢の毒をひそかに食べ、たちまち死んでしまったという。

そこで重兵衛もやむをえず、隣りに住む弟のリクシタリほかの者たちを集め、雪をかき分けて、アイヌのしきたりどおりに白木綿のホシと呼ぶ脚絆《きゃはん》をはかせ、死装束を着せ、キナ筵に包んで番屋の傍に間違いなく埋葬、目的を果たせぬままに漁場に戻って、その旨を報告したのであった。

ところが、その翌春三月初めのころ、重兵衛がお軽物（鷲尾、毛皮、熊胆など）検査のために、再び上川へ出向いたところ、雪の消えたあたりから、なにやらしきりに人の声がするので、これはふしぎなことと思い、召しつれたアイヌたちをやって、ヨシンの墓を掘り起こさせてみた。

するとヨシンが、生前と少しも変わらぬ顔色でキナ筵の中から立ちあがって、墓標に立てたアイヌ語でチヨマという、周囲二尺（約六十センチ）、長さ五尺（約百五十センチ）ほどのトド松の材に彫刻をした墓標を引き抜いて振りかぶり、死装束のまま番屋に駆けこんで「おれは地獄《アオタコタン》の女酋長《コタンコロマツ》から使いに来たものだぞ」と大声でわめきたてた。

重兵衛はこれに驚き胆をつぶして、しばらくは失神してしまい、そこに居合わせたアイヌたちも、クモの子を散らすように逃げ出したのである。

ころは三月初めでまだ雪が深かったが、ヨシンははだしのままで、そのチヨマを抱え、まず弟のリクシタリのもとに行き、一振りの太刀を出させてこれを身につけ、小刀に長い柄をすげて槍のようにしたものを持つと、家々を回って食物を出させ、酒のある家に行けばこれを出させて飲み、酔えばさまざまな乱暴を働いた。だが、女を犯すことだけは、みずから慎んでいた。

さて、それから三、四日もすると、ヨシンの顔色は黒くなって、まことに恐ろしげとなってきた。

このため上川一帯の人々は始末に困り、また番屋にいた番人も恐ろしくてそこには住めなくなったため、石狩に帰ってその旨を支配人に告げたのであった。

そこで、もと南部家の浪人で、当時落ちぶれて番人をしていた幸吉という柔術の心得のある男と、またこれも柔術の心得があり、しくじって番人となっていた石松という男と、重兵衛との三人で、たくさんの酒を用意して上川へと出かけた。

そして当時、上川で酋長《おとな》を勤めていたヌカノト（シリアイノの父）、旭川の副酋長《わきおとな》のタサオク（ニホウシデの父）、イワケシ（クウチンコロの父）、イアンノトイ（ベベツの総酋長カレロンの叔父）、小使サケタカアイノ（イウンチの父）そのほか、上川で名を知られた若者たち数十人を、すべて番屋の四方に隠しておいた。

そしてヨシンを番屋に招き、酒をたくさん与え、宴がもりあがるにつれてシノチというアイヌの語り物、タフカリという踊りを演じ、美しい娘を席に侍らせるなどして楽しませた。だが、ヨシンは少しも油断せぬ様子なので、やむなく、目隠しをして座頭坊主のまねをし「どこへ盃さすやら」とたわむれる和人の遊びを始めた。まず番人が座頭役となり、順番に目隠しをして、いよいよヨシンの番となって、目隠しをつけようとするとき、一瞬の合図で、前後左右からしがみついた。

そのときヨシンは大手を広げ、鬼神のように荒れ狂ったため、三人の者は何の苦もなく庭に放り出された。続いて他の者たちがとびかかるとき、彼が炉に足を踏みこんで転んだところを、陰に隠れていた二十四人の若者たちが、手に手に棒、まさかり、薪などを持って打ちのめし、やっとのことで縛りあげたという。そのとき目隠しの手拭は、顔に力を入れたため、ずたずたに裂けていたという。

それからヨシンの身柄を運上屋に移し、七、八年も牢に入れておき、飢えさせ、凍えさせせなどしたが、心身ともに頑健で少しも衰弱しなかった。しかし、突然に流行病にかかって、三、四日ほどで病死したという。

まことに珍しい剛勇の者ではあった。

この一件については、私は直接見たわけではないが、ヨシンの弟で辺別《ペベツ》にいるリクシタリから昨巳年（安政四年、一八五七）に、また今年はタサオクと当時捕り手に加わったクウチンコロから詳しく聞きとって記すものである。

27　小使エコラツセ

このたびの幕府ご直轄のご処置によって赴任された幕吏の方々はもとより、だれしも蝦夷地全域においては、これまで農業は行なわれず、今回始まったものと考えられ、多くの措置をとられ、また行き届いたおことばを賜わっている。

しかし、山越内から様似《シャマニ》までの区域においては、各村落ともに多くの畑地を持って、粟《あわ》、稗《ひえ》、たばこ、じゃがいも、白管菜、きゅうり、かぼちゃ、麻、苧《からむし》、かぶ、菜、大根、つるなしささげ、いんげん豆、しろうりなどを栽培してきた。しかし、そのことは運上屋に対しては秘密にしていたので、これまで蝦夷地には農業はないものとされてきたのである。

さらに幌泉《ホロイズミ》（襟裳岬付近）から東北方の十勝《トカチ》、釧路《クスリ》、斜里《シャリ》、網走《アバシリ》、紋別《モンベツ》、常呂《トコロ》等の地においても、かつては多くの畑があり、耕作されていたということだが、運上屋の者たちの勢力が強くなるにつれて、山中に住んでいたアイヌたちは、つぎつぎと海岸の漁場に連れて行かれ、畑は荒れはててしまったため、だれしも当地では、昔から当地には農業はなかったと思いこんでいるのも奇妙な話である。

オホーツク海沿岸の常呂川の上流には、クトイチャン（三軒）、ウエウシ（五軒）、ヌケヌシ（三軒）、ノヤサンテマナイ（三軒）、ムツカフト（四軒）の五カ所に分かれて計十八軒の人家がある。ここのアイヌたちに対し、このたび幕府《おかみ》より耕作ご奨励される旨のありがたいお沙汰を、役人から言い聞かせた。

当地の小使をつとめるエコラッセは六十一歳となるが山中の猟を好み、すこぶる強健な者で、妻はトルシヤマという。

この者だけは、役人からすすめられた麦を蒔こうともせず、内地では狸豆《やぶまめ》、アイヌではムニノカンと呼んでいるものをたくさん蒔いたところ、まもなく多くの豆が育った。

私がエコラッセの家を訪ねたところ、彼はつぎのように語った。

「麦というものは、冬の間に蒔いておいたのが、春、雪が融けてから成長し、夏になって実ると聞いております。今は五月だというのに、これから山を切り拓いて畑にし、麦を蒔いたところで、生えはするでしょうが、実るはずはありません。もし実らなければアイヌたちは、お役人の言われたのは嘘だと思って、幕府のご沙汰をもありがたく思いますまい。まして、番人や支配人たちは、アイヌが畑を作ることを非常に嫌って〝アイヌが和人のまねをすると、アイヌの神さまがお怒りになって悪い病気にかかるぞ〟などと言いふらしている際であります。そこでわしは、この一年は麦を蒔かずに、畑を休ませ、来年から蒔いてみようと考え、皆にも言い聞かせたのですが聞き入れず、お役人の仰せじゃから早く蒔かねばならぬと、季節も考えずにこのようにしているのは、なんとも困ったものでございます。そこでわしは、このムニノカンを蒔いて、たくさん収穫して皆に見せ、畑というのはよいものじゃということを教えようと思っております」と。

また、このあたりでは、昔は粟、稗をたくさん作っていたことがあり、その畑の跡はどこどこにございますなどと、私にすこぶる詳しく教えてくれたのであった。

その誠実さ、思慮深さは、まことに人々の遠く及ばぬところであった。

28　手のきかぬセシリバ

紋別番屋の地元にいるアイヌのセシリバは今年三十歳。父はニブセ（五十九歳）、母はエマトアレ（同年）という。

セシリバは生まれつきの不具で、右手はしびれて動かず、ぶらりと下がったままで、なんの感覚もない。また両足も全く立たないので、大小便に行くにも、いざって行くありさまである。

彼は幼いときから自分の不具をたいへん心配して、いろいろな仕事を身につけてきた。舟の中に座って左手で櫂をかき、ただ一人海上に出て漁をすれば、釣糸を垂れ、または銛《もり》をたくみに使って、人の二倍もの獲物をとってくる。また、いつも細工を好み、木を左手に持ち、小刀を左の膝の間にはさんでこれを削って、手拭掛け、糸巻などを作る。また足で木をおさえ、左の手で削って匙《さじ》などを作る。こうした物を番屋に持っていっては、代りの金品をもらって父母を養い、孝行を尽くしてきた。

役所ではセシリバの不具を哀れんで、毎年、古着一枚、米二俵、乾ザケ三束ずつを与えておられた。そのご恩に感謝した彼は、去年、箱館奉行、堀織部正殿が巡察された際に、糸巻十五個、匙十五本を献上したのだが、惜しいことにこれらの品物は奉行殿のところまで届かず、途中で適当に処理されてしまったとのことである。

後に、お供の者からセシリバへの礼としてたばこ一束を渡すようにと番屋へ渡されたという。

セシリバはこれを聞くと笑って「わしが献上した髭や糸巻をだれが持っていこうと、わしの志はお奉行さまに届いているのだからかまわぬ。わしがお奉行さまにさしあげた品を横取りした人こそ、さぞ気がとがめていることだろう」と、少しも気にしていなかった。

まことに感心してもあまりあることではないか。

29　孝子シロマウク

太平洋岸日高の沙流《サル》場所は砂浜がほぼ八里（約三十二キロ）ほど続き、漁獲は乏しいが、その内陸二十五、六里（約百キロ）に及んでサルフツ、厚別《アツベツ》、フクモミ、慶舞《ケリマフ》、賀張《カハリ》などという川が流れ、その流域に人家が約三百軒、人口が千三百人あまりもある。

このため、沙流場所の請負人たちは、同地方のアイヌたちを、厚岸《アツケシ》、石狩、厚田《アツタ》、小樽《オタルナイ》などに行かせ、出稼ぎに使ってきた。

その使い方はすこぶるひどいもので、そちらにやられれば一年で帰れるやら、また二年、三年と置かれるかの見込みも立たない。番人や和人の出稼人たちは、留守をしている妻たちに乱暴を働き、ついには妾にしてしまうが、そうなるとその夫たちは三年、五年と出稼ぎ場所に置いたまま故郷には帰さないのである。また、アイヌの女性が出稼ぎに行かされれば、ものの道理も知らぬ番人や出稼ぎ人たちに乱暴され、または□□□などされるため、生まれもつかぬ不具にされたり、船方や漁師に悪い病気をうつされて治療することもできず、病死するものも多い。

このため、出稼ぎに出されると聞けば、一族は皆、生涯の別れのように泣き悲しみ、行かされたものは飢えに苦しみながら、昼夜の差別もなく酷使されるのである。家に残った者は出稼ぎにやられた家族を気遣い、出稼ぎに出された者は家に残した妻子や両親の身を心配するのであるから、三歳の幼児までも、出稼ぎと聞けば恐れおののくのであった。

さて、去る亥年（嘉永四年、一八五一）のことであったという。

沙流の会所から三里（十二キロ）ほど奥の沙流太《サルフト》村（今の富川）にハソランという者がいた。妻はレアヌといい、仲に女子三人、男子二人がいる。一番目がシケシユウエ（女）、つぎがシロマウク（男）、つぎがヤエミナ（女）、つぎがホリクレ（女）、末がマウエヒル（男）という。

息子のシロマウクは、幼いときから父母や老人たちの言いつけに少しもそむかず、すこぶる心がけのよい少年であった。

ところが母のレアヌが、末子のマウエヒルを妊娠中の折、父のハソランが厚岸への出稼ぎを命じられた。レアヌは、自分は妊娠中で他の子供たちもまだ幼いというのに、夫が遠くに行かされてしまうと、嘆き悲しんだ。

シロマウクは、このときまだ十二歳だったが、家を出て会所にやってくると、親方さまにお目にかかりたいと告げた。

支配人の甚造というものが、なにを言いにきたのかと出てきて尋ねると、シロマウクは庭にひざまずき、両手を地について言った。

「このたび、私の父親は厚岸への出稼ぎに行くよう命じられましたが、今は母親は妊娠中で、とうてい出稼ぎに出られるありさまではございません。こちらにても心配、また父親も家のことが心配でございましょう。どうか私を父親の代りに厚岸にやってくださいませ」と。

支配人も最初は、きっと親に言いつけられて申し出たものと思い叱りつけたが、シロマウクは少しもひるまず、庭に座って願いつづけるので、そのまごころに感心、それならばハソランの厚岸行きをとりやめようと許したのであった。

その数日後、厚岸行きの人々が出発するとき、シロマウクはいくらかの荷物を持って会所に出頭、「ではこれから私が父親の代りに参ります」と申し出た。支配人は「親を許しておいて、年端もいかぬお前を遠くへ行かせるわけがない。お前も許してやるぞ」と笑って帰したとのことである。

その後も、さまざまな感心な行為があったので、支配人の甚造はシロマウクを大変かわいがって、なにかといたわっていた。そのことが奉行所にも知れて、去る巳年（安政四年、一八五七）には箱館奉行殿からシロマウクにお手当を賜わったが、まことにめでたいことであった。この者の孝心は、その昔、父の身代りとなって人柱に立ったという摂津国兵庫の築島の孝女＊にも劣らぬと思い、ここに記すものである。

＊――築島の孝女　平清盛が兵庫の海を埋め立てて島を築くための人柱として刑部左衛門国春を捕えた。その娘、名月女が、夫の藤兵衛家包とともに父の身代りになろうと訴え、清盛はその孝心にめでて人柱三十人全員を許した。幸若舞「築島」などで名高い伝説。

30　渡し守市松

太平洋岸の白糠《シラヌカ》は、今では釧路《クスリ》場所と一緒になっているが、この前の幕府ご直轄当時までは分かれていて、請負人も、駐在の役人も、また運上金や人別帳（戸籍台帳）までも、海岸の中間にあるタンネニーを境として別々になっていた。

しかし、双方が同じ請負人のもとにおかれるようになってからは、いつのまにか同じ場所のようになって、今では同様に扱われている。

しかし、しきたりからみると釧路と白糠とでは大きく相違している。釧路場所においては、四十一人の番人中、三十六人までがアイヌの女性を強奪して妾とし、その夫たちを仙鳳跡《センホウシ》や厚岸《アツケシ》の漁場に労役に行かせるのがふつうとなっている。

だが白糠ではそのようなことはなく、もし一人でもそのようなことをする番人がいれば四十二軒、三百余人のアイヌたちが一致協力して、その番人を責めたてるのがならわしである。したがって同地の民情はすこぶる安定しており、なにごとにつけても総酋長、小使の言いつけを守らぬものはだれ一人いない。

ところで、この白糠村のアイヌでオンヘッサシという者にイチマツという甥がいる。

今年五十歳になるが、その生い立ちを聞くと、以前の幕府ご直轄の時期に同地に駐在していたある人の落とし胤《だね》で、彼がまだ二十歳のころ、蝦夷地が再び松前藩に返還されたため、父親なる人は内地に引き揚げられたのだという。

その後成長したイチマツは、自分の親は江戸の侍だというが、自分もなんとかして一つでも侍の真似を身につけたいと考えていた。

しかし松前藩では、蝦夷地を手に入れるとご直轄時代のやり方を目の仇にして、アイヌから武器を取りあげてしまったため一本の刀もなく、槍や刀剣の稽古をすることもできない。また片仮名を書くことはできたのだが、それも後には支配人に禁じられ、なにをすることもできなくなった。

そこで、アイヌの本分としては弓術、馬術の二つであると悟って、弓矢をこしらえ、あのアイヌ風の丸木弓で毎日稽古し、また馬を捕えては乗馬に励んだ。この二つを楽しみとするうちに、ついには弓術は遠方に吊した針を射当てるほどに上達し、毎年のように二、三頭の熊を捕えるようになった。また馬術のほうは、鞍の上に立ちあがって疾走させながら腕を組み、または手を開くなど、さまざまな曲乗りができるようになり、その達人ぶりは東西蝦夷地一円で第一と讃えられ、だれ一人これにつづく者とてなくなった。

このため、このあたりのアイヌたちは、イチマツの本名を呼ばず、ニシパボウと呼んでいる。このニシパボウとは、貴人の子供という意味である。

ところが、このたび幕府ご直轄となって、これまで松前藩によって禁止されていた農業が、なんのさしつかえもなくできるようになると、イチマツは第一番に家の傍に畑を開墾して、大根、粟、稗、黍《きび》、いんげん豆などを蒔いた。また名前も、それまで片仮名でイチマツと書いていたのを市松と改めるよう会所に願い出、髪を剃り落として帰化した。

今ではその畑もかなり広く開拓したというが、まことに感心なことである。

この釧路地区のアイヌ三百人あまりのうち一畝《せ》（約一アール）でも土地を耕している者はほかにいないのに、市松こそ、これを始めた元祖である。その胤は身分高い人のものであると思うので、これを詳しく記しておくものである。

31　酋長マウカアイノ

太平洋岸十勝場所の札内《サツナイ》は、十勝川口のオホツナイ（いまの大津）から二十里（八十キロ）あまり上流にあたり、歴舟《ヘルフネ》という所から山越していけば十里（四十キロ）ほど奥の山中である。マウカアイノはその地の酋長を長らく勤め、当年四十六歳、妻はコタヌン（三十六歳）、二人の間にはモッチャロフ（男、十四歳）、トレツイ（男、八歳）、オコノツ（女、六歳）がおり、一家五人で暮らしている。この酋長の弟のイソラムと私とは長いこと懇意にしており、今春、石狩から山を越えて同地を訪れたときも迎えにきてくれ、またこの秋、山中を巡回した折も案内として同行してくれた。

マウカアイノ酋長は、日ごろ戸蔦別《トッタベツ》の一軒家に住むハウサナクル老人を訪ねては、札内川の水源、幌尻岳にあるという神《カムイ》の湖の話を聞き、この地に生まれ、酋長を勤める身として、その水源を知らないのは残念なことだと、探索を思い立った。

そこで弓矢を背負い、氷雪を踏んで一昼夜がかりで川べりを溯って、大きな滝の下までたどりつき、さらに登ろうとすると、にわかに山が荒れて、霧が巻き起こり、一寸先もわからぬようになった。このため、ついにあきらめて立ち戻ったが、三日後に、再び登行を試みた。ところが、今度もまた、それまでの晴天がにわかにかき曇って黒雲に覆われ、吹雪が吹きすさんで方角を見失ったため、また下山した。

マウカアイノはそれでもあきらめず、翌年の冬、また新雪のころに水源をきわめようと登っていったが、またしても以前のようなありさまで目的を遂げられなかった。さぞ残念であったに違いない。

このように三度までも決死の覚悟で探索に挑んだ志は、なみたいていの者の及ぶところではない。

私は彼の家に二晩泊って、このときの山中の様子、また昔からの言い伝えなどを聞いて記録してあるが、その件については、戸蔦別のハウサナクルがはるかに詳しかったので、第参編の「八十九翁ハウサナクル」（三〇四頁）の項に記し、ここでは略することとする。

32　帰化アイヌの市助

太平洋岸虻田《アブタ》の会所地元の市助の父親は早死にし、母親のハルリは四十三歳になる。ハルリには息子のアコルカム（二十五歳）、娘のシモイ（二十一歳）、その妹のチコクタ（十七歳）、四番目の市助（原名はエカシハシユイ）、末娘のハル（七歳）がいる。

このたびの幕府ご直轄に伴って、各場所、場所に役人方が来られて、幕府《おかみ》のお考えはこれこれであると詳しく説き聞かせた。

これを聞いたエカシハシユイは、同地駐在の落合某氏の家に出向いて、髪形を日本風にしたいと願い出、名も市助と改めて、着物を右合わせに着、ことばも変えた。

古い膳に砂を盛って、これに箸でいろはから文字を熱心に稽古し、わずか一年足らずで、日常の読み書きはできるようになった。

そして、日本内地や江戸の絵図を見ては、本当にこんなにぎやかなところがあるのだろうかと怪しんでいた。

駐在の役人が「なぜ、そんなに信用しないのか」と問うと、市助は笑って「どうも江戸の人の言うことには嘘が多うございます。以前から江戸の錦絵というものを見せられて、江戸の女はこのように美しいのだと聞かされておりましたが、このたび、赴任されたお役人方がつれてこられた奥様方を見たところ、南部や津軽からやってくるニシン漁や昆布とりの女と変わりはございません。ですから、この江戸の絵図もあてにはなりません」と答えた。これには役人もぐっと詰まったということである。

また市助は「わしも人間と生まれたからには、こういう所へ行ってみたいがそれもできぬ。人には運不運があるものだ」といつも嘆いていたという。

今年八月下旬、私が同地を訪ねて落合氏の家に行ったところ、市助がやってきて「旦那はそのうち江戸へおいでになると思いますが、そのとき私をおつれいただけないでしょうか」と言った。私が「幕府のご禁制がなくなったらつれていってやろう」と言ったところ「いえ、ご禁制があったのは昔のことでございましょう。今はそのようなことはありますまい。私も昔のアイヌのままであればともかく、今は帰化して和人となっております。それでも、以前アイヌだったから和人と同じことをしてはならぬと言われるのでしたら、なんのために不慣れな言葉を苦労して稽古したり、この寒気厳しい土地で月代《さかやき》を剃って冷たい思いをしたのでございましょう」と、至極もっともな理屈で問い詰められた。

そこで私も「それほどに思っているのなら、今度、箱館に行った際、奉行所にお願いしてお許しが出たらつれていこう」と約束して別れたのであった。

そして箱館でそのことを願い出、いろいろな経過があったがつれて行けることになったので、安政二年（一八五五）十月二日、箱館を船出し、南部から仙台を通って江戸に向かった。市助は毎日毎日の宿のこと、天候、宿場の名、道中でのもの珍しい見聞などを残さず記録していた。江戸に到着すると市助は村垣淡路守範正殿（前箱館奉行）のお邸に置かせていただき、大江戸のありさまを日々詳しく拝見しては、故郷への土産に記録していた。これもありがたいご時世のしるしといえよう。

また、その際、仙台を通って、わが友人の山本某君に会ったところ、彼は市助に一冊の雅帳（絵や詩歌を記す帳面）を作って与えられた。その歌にいわく、

「松浦氏が供になされた市助の愛らしさに、書画帳を与える。そのはじめに、この少年の将来を祝って
又薫れ陸奥《みちのく》のわが梅の花　　布《ふ》もと庵松芽」

このように少年の未来を祝福してくれたのは、私にとってもうれしかったので、ここに記すものである。

33　憤死したトンクル

山越内の酋長トンクルについては、前編でその勇気凜々としたさまを詳しく記した（一〇五頁）のであるが、今年（安政五年、一八五八）になってある珍事が起こり、彼は変死を遂げてしまった。このことを哀れと思い記録するものである。

今年五月、山越内場所と虻田《アブタ》、有珠《ウス》、室蘭《モロラン》、幌別《ホロベツ》、白老《シラオイ》、勇払《ユウフツ》、沙流《サル》、新冠《ニイカツプ》の八場所の酋長が箱館奉行所に、幕府ご直轄後初めてのお目見得に参上することとなった。

その際、トンクルの風俗を和風に変えさせて自分の手柄にしようとする者があり、彼の髪形を和風とし、名も徳右衛門と変えたということであった。私はそれを聞いて、いやいや、あの酋長がそのように風俗を変えるはずはないと不審に思っていたのだが、その近くまで行って聞くと、山越内の酋長徳右衛門はお目見得から戻って十日もせぬうちに、ふしぎな病気にかかって死んだという。

そこでますます不審に思った私は、急いで長万部《オシヤマンベ》につき、内々、その件について調べたところ、つぎのような次第であった。

あるとき、山越内から一人の医者が来て、トンクルと酒を飲んだが、その席で医者は「こんどのお目見得には、酋長は和風の風俗でなければ参上できないのだ」と言った。

トンクルは「それならば、わしはお目見得に出なくともよろしい。アイヌの風俗はなんとしても変えるわけにはいかぬ」と答えた。

するとと医者は「そのほうも風俗を改めれば両刀を差し、槍持ちを従えて歩くことを許されるのだぞ」と言った。

「まさか風俗を改めたからといって槍持ちをつれ歩くことまでお許しにはなるまい」といえば「そう思うなら改めてみよ」と、その日は帰ったのであった。

するとその翌日、医者はトンクルを長万部会所の玄関先に呼び出して、昨日とはうって変わった威厳堂々たる態度で「そのほうが昨日、髪を結うと申したので、本日、お目見得の支度に結ってつかわす。そのほうの願いのとおりにするのだぞ」と申しわたした。

すると番人どもが左右から寄ってたかってトンクルを押さえつけ、鬚を剃り落とし、髪を結って「今日からは風俗を和風とし、名も徳右衛門とせよ」と命じられたのであった。

その翌日、長万部に、虻田、有珠、室蘭、白老、勇払、沙流、新冠の酋長たちが来るというので支度して待っていたところ、やってくる酋長たちのうち、月代《さかやき》を剃った者は一人もなく、みなアイヌの風俗のままなのでびっくりしたが、こうなっては仕方がないと、ともかくお目見得に参上した。

帰ってから聞くと、箱館でのお目見得は、別に風俗を変えなくともできたということなので、トンクルは非常に驚き「わしは、箱館やあたりの人々の笑いものとなった。これはわし一人の恥ではない。この山越内場所のアイヌすべての恥じゃ」と孫子たちに言い遺した。室蘭から帰ってからは五、六日間も一粒の食もとらず、「あの悪徳医者こそわしらの仇じゃ」とののしって泣き悲しんだ。

そして、病にかかってからも、うわごとのように「たまたま、あの医者の悪企みにかかったのを、よその者たちは、あの酋長は酒でしくじって恥をかいたとあざけるにちがいない。だからわしは、酒も食物もとらずに死ぬのじゃ」と言いながら死んでいったという。まことにその英気は、なみたいていの人間の及ぶところではない。

この件については、ソウライから詳しく聞いたので、ここに記しおくものである。

〈付〉このソウライはトンクルの弟であるが、チカイマフのイヌマカセ老人の姉娘ハツメノコを妻とし、三人の子供を持って、いまは長万部に住んでいる。なお、このソウライについても、人にすぐれたことがあるので、これまた第参編に記しておく（その記述は見当らない——訳者）。

近世蝦夷人物誌　参編

参編　巻の上

1　孝子イカシアツ

イカシアツは太平洋岸釧路《クスリ》場所の会所元に住み、現在、小使役を勤めて四十二歳になる。妻はイセセリといい、二人の仲にコヤンケ（女）、チヤウキ（男）、ほかにまだ名のない幼児二人がいて一家六人で暮らしている。

イカシアツは若いころから至って心がけがよくて会所の規則をよく守り、なににつけても人に逆らわずにきた。このたびの幕府ご直轄により風俗を和風に改めることとなると、さっそく十歳になる息子のチヤウキを役人の前につれて行き、耳輪をはずさせて和風の姿として忠吉と改名させ、自分も風俗を改めたのであった。

イカシアツは幼いころ父と死別し、今は母親のウンルトだけが残っているが、非常な孝行者で、朝夕の食事から大小便のことまで、まことに行き届いた世話をしている。日ごろから妻子に向かって「もしも母上の心にそむくようなことがあれば、たとえ七人の子供があろうとも離縁して、子供たちは遠い所へ雇人に出してしまうぞ。妻子には代りということもあるが、母上には代りはないのだから」と教訓していた。このため妻子もまた夫と同様、姑への仕え方は、ふつうの者にはまねのできぬほどである。

イカシアツは、漁業や昆布とりに雇われてよそへ行くときは、いつも一日でも先に行って、漁場のよく見える浜辺にちょっとした小屋を建てて、そこに母親を入れて、自分はその小屋の見えるところで漁や昆布とりをする。夜はその小屋の近くで筵をかぶって寝るが、火を焚き、話し声を聞かせて、母親が淋しくないよう気をつけていたという。

彼の孝行が厚いことについては、同地駐在の役人もよく調べて奉行所に報告されている。今ではイカシアツはその名も孝太と呼ばれて人々に尊敬されるようになったが、これも天地の神々が彼の孝心をめでて、このような栄誉を授けられたものであろう。

まことにイカシアツの行為こそ、聖人孔子の説かれた「父母在《いま》せば遠く遊ばず」（『論語』里仁篇、父母の在世中は心配をかけぬようできるだけ遠方に行かない）の教えに自然とかなっていると思われるのである。

2　烈女カトワンテ

石狩川中流のヘツハラは、石狩河口の運上屋から六十里（二百四十キロ）余り上流にあって、丸木舟でしか通うことができない。

秋の末ごろからは川が凍って舟の往来もできず不自由をきわめ、数丈の雪に埋もれて、四方の山々の頂きを見ることもできないという淋しい村である。

ここには、家がただ二軒だけある。その一軒は石狩川中流地域の小使役を勤めるイソランの家だが、彼は今年七十二歳になるヤエコエンという老母を一人残して、何年となく海岸の漁場にやられている。

カトワンテはこのイソランの姉で、若いころ隣家に住む酋長エンリシウのもとに嫁ぎ、エナオカシトリ、エハシユイ、シユケシアイノ（十三歳）の三人の息子と、タコイランケ（六歳）の娘の四人の子供と、タコチシユンという七十八歳になる盲目の姑と暮らしていた。そのエンリシウは、去る巳年（安政四年、一八五七）の春、五十八歳で亡くなってしまった。

ところが、隣りのイソランの家には老母しかおらず、息子のエナオカシトリとエハシユイはすでにかなりな年のため漁場にやられて家にはおらぬため、カトワンテは夫の遺体を十二、三歳のシユケシアイノと二人で、数丈の雪を掻き分け、穴を掘って埋め、形ばかりの葬いをしたのであった。そのことを漁場に出されている上の息子たちに知らせたくとも、その手段もなかった。

こうして春は過ぎ夏となっても、漁場の息子たちからはなんの連絡もないので、カトワンテは毎日山に入って、トレフ（ウバユリ）、トマ（エンゴサク）などの草の根を掘ってきては、実母とエンリシウの母、そして二人の子供たちを養い、息子のシユケシアイノも自分で薪をとるなどして、やっとのことで暮らしていた。

だが暮らしはますます窮迫して、家は次第に朽ち、屋根は破れて雨が洩り、敷物もなくなり、その日その日の食物に追われて、アッシを織って仕立てるゆとりもないため、身につける物といえば、アッシの切れ端で、やっと陰部を覆うだけという、なんともひどい生活ぶりであった。

そんなとき、たまたま石狩場所の番人、作四郎という者が、上川方面に用事があって同地に一泊した際、カトワンテのありさまを見て、ふと悪い気持を起こし、その夜、彼女の家を訪ねて「さてカトワンテ、おまえは今は亭主もおらず、一人で暮らしているのだから、今夜一晩、おれの言うことをきかないか。そうすれば、米、たばこ、木綿などをやるぞ」と言って手で引き寄せようとした。

するとカトワンテは、ただちに腰の小刀を抜いて作四郎に向かっていったので、彼はたまりかねて逃げ出したという。

その後も、カトワンテのひどい生活を見かねた、石狩上流、中流地方の酋長たちが、だれか似合いの夫を持たせようと話を持ちかけたが彼女は全く相手にせず「わたし一人が生き延びて、二人の老母を飢えさせ凍えさせるわけにはいきません。どうしても飢えるようならば、子供たちの肉を食べさせてでも、親たちを養うことはできるでしょう。操を捨てるわけにはまいりません」と答えたので、酋長たちも返すことばもなく帰ったという。

なんとも勇ましい女性ではないか。

私は去る辰年（安政三年、一八五六）、彼女の夫のエンリシウを日本海岸の留萌《ルルモツペ》まで召しつれたという因縁もあったので、今年もその家に泊って、彼の墓に飯を手向け、彼女にはいくらかの木綿、米、薬、たばこ、糸、針などを与えてきたのであった。

3　感心な少年エトメチユイ

オホーツク海岸の斜里《シャリ》の会所元に、今年六十一歳になるノヤホクという者がいる。妻はエタムケトムといい、二人の間に一女二男があり、姉はシフンノイといって今年十九歳、長男のエトメチユイは十一歳、二男はまだ小さくて名もついていない。

姉はもうかなりな年なので会所が世話してよそへ嫁にやり、老人夫婦と二人の子供だけが家にいたが、去る巳年（安政四年、一八五七）の春、妻のエタムケトムは死亡、あとはノヤホク老人と幼い子供たちばかりとなってしまった。

このため日々の暮らしにもこと欠く様子なので、同地に駐在の宮崎某氏が深く同情してエトメチユイに「わしの家に来て手習をするがよい。そうすれば毎日、飯を食わせてやるぞ」と言われ、片仮名やいろはの手本を与え、ご自宅で毎日、砂で手習をおさせになった。

ところが、これを見た他の和人が、会所にノヤホク老人を呼んで「おまえの伜のエトメチユイは、この間から和人のまねをして手習などしているが、あのようなことをしているとアイヌの風習を乱し、悪い病気がはやるぞ」とおどかして、手習をやめさせようとした。

そこでノヤホクも仕方なく、息子にその訳を話して、決して行ってはならぬと叱った。

エトメチユイは、五、六日ほどは行くのをやめていたが、その後、また出かけて行って手習をしていた。

宮崎氏が「今日は久しぶりでよく来たな」と言われたところ、「今日は父が山に行きましたので、内緒で手習にまいりました」と答えたという。

その後も、父親が家にいるときは来ないが、留守のときというと手習に来るので「飯を食って行け」とたびたび言葉をかけられたが、この少年は、決して飯を食べずに帰るのであった。そこで、そのわけを尋ねられたところ、少年はこう答えた。

「私がここにまいりますのは、飯を食べるためではなくて、手習がしたいからであります。ところが皆は、私が暮らしに困っているため、あれが行くのは手習のためではない、飯が食いたさに行くのだと言っていると、この間も友達が教えてくれました。そこで、あの者たちにも、私が飯を食べたくて来ているわけではないと知らせるため、手習さえすめば飯はいただかずに帰るのであります」と。

その恥を知る心がけは、まことに感心してもあまりあるではないか。

4　トミアンテの困窮

太平洋岸の虻田《アブタ》は、西は山越内領、東は有珠《ウス》領の間にある沿岸八、九里（三十二〜三十六キロ）ほどの所である。地元のアイヌたちは、虻田、フレナイ、大岸《オフケシ》、弁辺《ヘンベ》（今は豊浦町）、礼文華《レブンキ》の五カ所に分かれて住んでいる。

この礼文華には番屋、宿舎が置かれ、沢の口に当たって両側は峨々たる高山である。

ここに住む今年五十八歳になるトミアンテは多病で、妻のヘツマツ（三十九歳）との間に五人の子供ができたが、どれも幼いとき疳《かん》の病（ひきつけなどを起こす子供の病気）にかかって四人までが死に、今は十三歳になる六太郎一人が残ったが、これまた病気がちという、なんとも気の毒なありさまである。妻のヘツマツも、多くの子供たちを亡くしたせいか、すっかりふさぎこんで、海山で働くこともできない。

トミアンテは海で漁をしようにも丸木舟一つ持たず、網もないほどの困窮ぶりなので、いつもただ一本の銛《もり》と釣竿を持って、岩磯に出て釣糸を垂れ、獲物があればそれを食べ、ないときには二日、三日、五日、十日間も、なにも食べることができぬという苦しい生活を続けていたのであった。

そこへ昨巳年（安政四年、一八五七）のこと、奉行所から種痘のために医師が派遣されてきたが、この山越内のアイヌたちは、だれ一人、この接種を受ける者はなく、支配人たちは、アイヌたちは山へ逃げてしまったなどと言って、協力しようとしなかった。

これを聞いたトミアンテは、息子の六太郎をつれ、静狩《シッカリ》という所まで医師の桑田氏を迎えに出て、第一番にその術を施してほしいと願い出た。

そして「わしは五人の子を四人まで亡くし、残る一人もこのように病気がち、またわし自身もこのありさまで、この世に生きる甲斐もない身でありますから、この種痘というものが山越内のアイヌや支配人たちが申すように悪いものであっても、お上からの仰せゆえ、まず一番に受けてみようと存じます。もしも結果がわるければ、皆も受けず、またよい結果となれば、皆もするでありましょう」と言って、親子二人で種痘を受けたという。

その決心は、まことに英雄も及ばぬほどのものがあった。

桑田医師も、その決心にうたれ、また陰部も出るほどの破れた着物一枚で厳寒の地で過ごしている困窮ぶりを哀れんで、自分が着ておられた型染の単衣《ひとえ》もの一枚を脱いで与えられたということであった。

なにごとによらず、ものごとをなしとげようとするならば、万事につけてこの桑田氏のような心遣いがほしいものである。

それ以来、種痘はよいものだということがますます知れわたり、さらに奥地の各場所のアイヌたちも、すべて従順にその術を受けた。また、桑田医師がご自分の着物を脱いでトミアンテに与えられたお気持には、皆、ありがたいことだと感動した。はじめは種痘を嫌っていた山越内場所のアイヌたちも、一部の支配人が拒んだ以外は、その術を受けたのも当然のことであった。

5　馬丁の治平

釧路《クスリ》場所の会所元に住む治平（二十五歳）は、父をコンモチバ、母をイマウシユラという。治平は幼いときから乗馬を好み、きわめて巧みなので、いつも厩舎の係りをさせられていた。そのみごとなことは、輪駆け（円を描いて走らせる）はもちろんのこと、立乗り、横乗りなどの曲乗りも自由自在で、人々を驚かせるのであった。

このあたりでは、ふだん馬を野放しにしておき、必要なときは捕えて使い、用がすめばまた放牧しておくのである。

さて、野放しの馬を捕えるには、掛け縄（投げ縄）というものを持っていき、目ざす馬の首に投げかけて捕え、それに乗ってくる。

また、その掛け縄で親馬を捕えれば、そのあたりに遊んでいた馬たちは、五頭でも十頭でも、その跡につき従ってくるという。

今年の三月下旬のことだそうだが、この治平が馬を捕えようと浜へ出たが、あたりには一頭も見当らないので、だんだんと昆布森《コンブイ》の付近まで探しに行って、ようやく一頭をつかまえ、これに乗って帰ってきた。

すると、海岸の、下は砂路、上は十丈（三十メートル）ほどの赤土の崖となっている下に、一丈（三メートル）ほどの大熊が一頭、遊んでいた。

治平は馬を早めてうしろから駆け寄り、掛け縄を熊の首に投げ掛ける。熊は大いに怒って治平の乗った馬にとびかかろうとすると、つれていた二頭の犬が熊の両方の後脚にとびつく。そこで熊がうしろを向くと治平は縄で引く。熊が後へ前へと向かい、また退こうとするのを、治平は曲乗りで右に左にと避けながらあしらっているうち、犬たちはますます勢いづいて、前脚にまでとびかかる。ついに熊は顔のあたりに傷を受けて斃れたということである。

治平は、落ちついてその胆、肉をとり、馬に背負わせて帰ってきたとのことだ。

そのありさまは、他のアイヌ二人が崖の上から眺めており、治平が右に左に曲乗りして秘術を尽くすさまに感嘆して、私にも話してくれた。そこで私は治平とはどのような豪傑であろうかと興味を持ち、呼び寄せて酒など与えたが、なにも特別なところはなく、小柄なふつうの男であった。ただ馬に乗ったときは、野も山も少しもかまわず、自由自在に曲乗りをして駆けめぐる、すばらしい術の持主だというだけのことである。

6　孝行娘某（名不詳）

日本海岸の石狩川に沿った一已《イチヤン》は、石狩河口の運上屋から六十里（二百四十キロ）あまり上流にあたり、石狩中流のシノロと呼ばれている。ここには二軒の人家があるが、そこから上流の人家のある所までは二日がかりの難路で、中途には神居古潭《カムイコタン》といって両岸は峨々たる絶壁で滝となっている恐ろしい所がある。

また、下流のヘツハラという所にも二家の人家があるが、ここへ行くにも道はなく、舟で片道一日ずつかけて往来せねばならない。

このように人里離れた一已の地に、一軒はシヤシレカという七十余歳の老婆が、今は死を待つだけで一人住んでおり、もう一軒にはシリアンテという、これも七十五、六歳の老婆が、娘に養われている。

この姉娘はフッサレといい、十三、四歳のころから夫を持ったところ、夫婦ともに海岸の漁場にやられて、牛馬よりひどい労役に使われて、もう三十歳あまりになるのだが、母のもとには帰してもらえない。

このためシリアンテは、妹娘に養われて、ただ二人で暮らしている。

また隣家のシヤシレカも、子供一人もいない心ぼそい身の上なので、娘は一椀の食物も、毎日の薪も、自分の家と少しも変わらずシヤシレカに与えてきた。

こうして、今は二十四、五歳にもなるのに夫も持たず、朝夕、老母に孝養を尽くし、また隣りの老婆をもねんごろに世話している。

私は、今年（安政五年、一八五八）二月末のころ、石狩駐在の飯田某（豊之助、箱館奉行定役下役）氏と同行して石狩川流域を視察した際、この家に立ち寄って、たまたまこの妹娘を見かけた。

そして「もう、かなりの年齢なのに、なぜ夫を持たないのか、また女性の着る袋《モウル》と呼ぶ下着を着ないのはなぜか」と尋ねた。

すると娘は「アイヌのしきたりとして、まだ夫を持たぬ者は袋は着ません。また、年齢こそ二十五、六歳になってはおりますが、まだ男女のことには関心がありません」と答えた。そこで、それはなぜかと、繰り返し問うたところ、娘はこう答えた。

「もし夫を持てば、海岸へ行かされて労役に使われましょう。そうすれば私の母も、隣りの婆さまも、きっと飢え死にしてしまいます。そこでいまだに夫を持たないのでございます。夫を持つようにとすすめてくださる方もたびたびあります。それは夫婦二人で二人の婆さまを養えれば、よく世話もできましょうが、若夫婦二人とも労役に出されてしまっては、あとはどうすることもできません。このため私はじつは名前もなく、運上屋の戸籍にものせられず、このような世の中をのがれて、婆さまたちの世話をしているのでございます」

私が「それでは、さぞ苦労することであろう」と言うと、傍から飯田氏が「わしの配下のアイヌに、上川のサケコヤンケという者がいる。年齢は三十いくつだが、まだ妻もなく、かなりな稼ぎもできる男だ。これをわしが仲人してやるから、上川から戻ってくるとき、ここで必ず夫婦の約束をするように」と言い聞かせられた。

娘は、大変嬉しそうにはしたものの、「そうしたら、漁場へやられることになりましょう」と、またしても夫を持つことをこばんだ。

飯田氏は「いや、お前を労役に出すことはしない。この二人の老婆の世話をするため、必ずここに残すことにするから」と強くすすめられたのであった。

するとシリアンテ婆は、両眼に涙を浮かべて「さても、もったいなく、ありがたい仰せじゃ。旦那さまからこの娘に、夫を仲人してくださるとのお言葉は、いくたび生まれ変わろうと忘れはいたしませぬ。わしも七十になるというに、二人の娘を持ちながら、いまだに初孫の顔はともかく、婿という者も見ずに死ぬのかと、娘にいろいろとすすめてはみましたものの、この娘は、漁場の労役にやられたときのわしと隣りの婆さまの苦労ばかりを気にかけて、どれほどすすめても夫を持たずにきたのでございます。旦那さまのお言葉を、どうしておことわりさせましょう。なにとぞよろしくお願い申します」と泣く泣く礼を述べた。

飯田氏もさすがに涙を浮かべて「その袋という下着を作る木綿は、わしがやろう。必ず夫婦になるのだぞ」とときわめてねんごろにすすめられた。そしてこの旨を、召しつれた役つきアイヌのセツカウシと、その従兄のイソラムに言い聞かせ、サケコヤンケにも話された。

サケコヤンケは大いに喜んで、その娘の名を聞いたが、まだ名がついていないので「それならばわしから孝《たか》という名をつけてやろう」と言って出発されたのであった。

今年九月、また石狩を訪ねた折に飯田氏は「あのとき約束したとおり、私から木綿一反と、酒、米、たばこ、麴などを与えて婚礼をさせました」と言っておられたが、そのとき召しつれていたアイヌたちの言葉によれば夫のサケコヤンケも山中に住み、ともに二人の老婆に孝養を尽くしているとのことであった。

7 豪勇の金太郎

太平洋岸厚岸《アッケシ》場所の会所地元の金太郎というアイヌは、幼いときから弓矢を好み、十歳にもならぬうちから山中の猟につれていけとせがみ、また、よその家で飼っている熊を檻から出すと、それととっくみ合って相撲の真似をして遊んだ。熊もどういうわけか、この子がかまうと少しも怒らずに相手になって、楽しそうにじゃれるのだった。

このため松前藩の役人や会所の番人たちは、この子に金太郎と仇名をつけて呼んでいたが、しまいにはそれが通称となって、会所の人別帳にも金太郎と記されている。

そして成長の後は、ますます豪気な者となったのであった。

金太郎の血筋は、寛政元年（一七八九）の千島択捉《エトロフ》島アイヌの反乱の際、日本側に味方した厚岸の酋長イコトエの孫にあたる。ところが会所ではそのことを知りながら、金太郎を何の役にもつけず、平のアイヌとして使っていたが、彼はそれに不平も言わず、やがて幕府のご直轄にでもなれば……と期待していたのであった。

すると卯年（安政二年、一八五五）となって、蝦夷の奥地も箱館奉行所の管轄となることを知って、役人の赴任を待ちかねていた。

そこへ来任された喜多野氏（省吾、箱館奉行所支配調役）は、さっそくイコトエの子孫はどうなっているかと尋ねられた。

それに対して支配人は「イコトエの孫なるものは、放蕩無頼の男であります」と言いたてたが、喜多野氏は「そのようなこともあろうが、家柄の者ゆえ呼び出すように」と命じられた。

支配人も逆らうことはできず、金太郎を漁場の番小屋からつれ出して、庭先にひかえさせた。金太郎は庭に座って涙を流し「幕府《おかみ》からのお役人と伺えば、なつかしさ、ありがたさ、なんとも申しあげようがございません」と平伏した。そこで喜多野氏が「それほどまでに幕府ご直轄をありがたく思うならば、このたびのご方針に従って髪形を和風に改めよ」と言われたところ、金太郎はただちに、惜し気もなく月代《さかやき》を剃り、鬢を剃り捨て、衽も右合わせにして和風の風俗となった。

そして言葉もすべて日本語を使って、家の先祖代々のことを残さず述べたてた。

喜多野氏はすっかり驚いて「それほど日本語をよくおぼえているのに、なぜこれまで使わなかったのか」と問われると、金太郎はうやうやしく両手を地についてこう述べた。

「私どもが、父や祖父から聞いていたところでは、昔、霧多布《キイタツフ》にロシア船が来航、また択捉《エトロフ》、国後《クナシリ》などのアイヌに物を与えて手なずけたところ、最上徳内、近藤重蔵などというお武家さまが来られて『このようにロシア人が多く来るようでは、蝦夷地を松前藩などに任せておくのはよろしくない』と言っておられました。すると五、六年もして、幕府ご直轄になったということであります。

このたびも五、七年ほど前から、今度はアメリカ、イギリスなどという国の船が択捉、国後、または当地などに来て、私どもに酒を飲ませたり、餅をくれたりするようになりました。そこで、この様子では、また最上さまのような方が見回りに来られ、やがては江戸のお役人さまが来られるに違いないと思っておりました。そして、江戸のお役人さまが来られたならば、きっと昔の蝦夷の反乱や、お味方したアイヌのことなどをお尋ねになると思いましたので、三、四年ほど前から番人には内緒で日本語を稽古し、片仮名、平仮名も習っていたのであります」と。

そして一枚の和風の羽織を取り出して着、また家の中もなんとなく和風にして、壁には国泰寺の大般若経のお札を貼って、朝夕お茶を供えて拝んでいたという。

まことにその先見ぶりは感心してもあまりあるものがあった。

そこで喜多野氏も、褒美として金太郎を同地の年寄役に取り立てられたところ、非常な実力を発揮してみごとに勤め、その傍ら、彫物も巧みにしていたのも、あっぱれなことであった。

8　孝行娘ヌイタレ

日本海岸の留萌《ルルモッペ》は、西は増毛《マシケ》、東は苫前《トママイ》に接して、沿岸約九里半（三十八キロ）の土地である。かつては百軒余の人家があり、文政五年（一八二二）に蝦夷地が幕府から松前藩にお引渡しとなった当時は人家九十九軒、人口四百七十二人あったものが、次第に減少して今では五十五軒、二百十余人にまでなったという。

この地の漁業は、春は鯡《にしん》、夏はなまこ、あわび、秋はさけ、ます、その他さまざまな海産物に恵まれているため、俗に二八取りと呼ばれる本土からの出稼人も多く入って、近年はすこぶるにぎやかな土地となって、今年は売春婦なども来ているという。

ここに一人の孝行娘がいる。その名はヌイタレといって二十四歳、父親はオタトンホルといい、すでに十年ほど前に死んで、四十六歳になる母親のカネサイが残っている。

カネサイは十二年ほど前から病気にかかり、その病中、九歳の息子（五郎治）、六歳の娘（サイシウ）、四歳の息子、そしてまだ乳離れもせぬ幼児と、お腹の子供がいるときに夫と死別した。そしてオタトンホルの葬儀を終えて、まだ日もたたぬうちに出産したため、その心配も重なってますます気落ちし、症状はさらに悪化して、大小便さえ自分では行けぬようになってしまった。

このとき長女のヌイタレは、まだ十三歳で一人前の仕事もできぬ年ごろであったにもかかわらず、病床の母親と、九歳を頭にした四人の弟妹たちをねんごろに世話して養ったのである。海辺へ出て流木を拾い、漁をしていれば網から洩れた小魚をもらい、夏は山に入ってトレフ（ウバユリ）、トマ（エンゴサク）などの草の根を掘るなどして一家を養っているうち、子供たちも次第に成長して、自分のことはできるようになってきた。

しかし母親の病気はますます重くなってきて、あるとき娘に向かって言った。

「わしも、こんな悪い病気にかかっていつまでも寝こみ、おまえたちに難儀をかけてきたが、もう末の子も、牛にも馬にも踏まれぬ年になったことだし、もうわしは死んでしまったほうがよい身の上じゃ」

母親がわが身の苦しさと、親子の仲とはいえ朝夕、娘に手厚く世話されるのを遠慮してこう言うのを聞いたヌイタレは非常に悲しんで「お母さまがそんなことをおっしゃるのは、なにか私のお世話ぶりがお気に召さぬためでしょうか。今はいろいろとご不自由のことと思いますが、あと三、四年もすれば、五人の子供たちもけっこう働けるようになりましょう。そのときは、もっとお気に入るようにいたしますから、どうか焦らずにお待ちください」と訴えた。

そして、それからは、以前にも増して心を配り、ゆき届いた孝養を尽くしたのであった。

このことが、いつか松前藩に伝わって、去る丑年（嘉永六年、一八五三）には多くの米を賜わって、ヌイタレの孝養を賞されたのである。

このとき、母はヌイタレに向かって「おまえも、もう十九にもなったのだから夫をもらうがよい。よい人がいたらだれかに仲人してもらいなさい」と言った。そして、近所にコカシといって、そのとき四十五歳、もう半ば白髪となった独身の男がいたのを「この難儀な家の婿には、ああいう人がよいのではないか。ふつうの者では、病気の母親とおおぜいの子供のいるこんな家には、とても来てはくれまい」と笑った。

するとヌイタレは「私はお母さんの言いつけなら、どんな年寄りでもかまいません」と承知したので、そのコカシと婚礼をさせたのである。はた目には、まるで親子のような夫婦ができたが、ヌイタレは少しもそれを恥ずかしがらなかった。

コカシもヌイタレのやさしい気持を愛して、すこぶる睦まじく、母親の世話もていねいにして「これまでは、幼い子供らばかりでお世話していたのだからご不自由があったのも仕方がないが、わしがこの家の後継ぎとして来たからには、そういうわけにはいかぬ」と、母親や弟妹たちにも、それまでとはうって変わって古着を買い求めて着せた。

以前は、村一番の貧乏人とよばれて、たとえこごえても着る物もなく、飢えても食べものがなければ食べずにいて、やっと生きているだけというありさまだったのが、今では人並みの姿をさせて孝養を尽くした。そして子供たちが成長するに従って、次第に家も栄えてきたのである。

カネサイ一家のかつてのひどい困窮ぶりはやっと近年になって少しずつ人々に知られるようになった。当時の支配人の四郎兵衛という、南部大畑《おおはた》（現・青森県下北郡大畑町）出身の人は長らく同地に勤め、「ここのアイヌたちは、みな自分の子供のような気がする」といつも言っていたが、ヌイタレ一家の困窮中は、一日おき、二日おきに、夜更けとなると人目を忍んで米、味噌、たばこなどを届けてやっていた。そして「このことは決して人に言ってはならぬ。このことが知れればわしが主人の手前、具合がわるいから」と固く口留めしていたという。

このことは、近ごろとなってだれ言うとなく知れわたったが、四郎兵衛は「人の世話というのは、周囲の目につくようにするものではない。人目につくようにするのは自分のためを思ってのことだ」と言っていたという。

なお、今春のことということだが、一人暮らしのアイヌが長わずらいして、だれの看護も受けられずにいたところ、この四郎兵衛が毎日のように見舞っては飯を与えて世話をしていた。

このことが役人の金井某氏の耳に入り、四郎兵衛に「なぜ、長わずらいの者がいる旨を役所に届けなかったのか」と言われた。四郎兵衛は「もしお届けすれば、幕府から米一斗五升を賜わることとなりますので、たいていのことならば私ができるだけの世話をしてきたのであります」とお答えした。

四郎兵衛はこの村で、このようにして多くのアイヌの世話をしてきたと聞くが、まことに感心な者ではある。

9　孝行息子ヌサオレ

太平洋岸山越内領の遊楽部《ユウラップ》（現・八雲町）は、山越内の会所から二里（八キロ）ほど北にあたる。ここの番屋の地元に住むヌサオレは、この午年（安政五年、一八五八）で三十三歳になる。

幼いとき父親に死別して、母親のミニサオッと二人で暮らしていたが、日ごろから母を大事にして世話をやき、なにごとによらずその心にそむかぬようにしていた。母親は年老いて仕事ができず、自分もまた年少で力仕事ができぬため、家が貧しいことに心を痛めて、会所や番屋で一椀の飯、一杯の酒でももらえば、必ず持ち帰って母に見せてから食べていた。またたばこなどを与えても自分では吸わず、母親に与えるなど、なにくれとなく孝養を尽くしていた。

そこで酋長、小使などもヌサオレの孝行ぶりに感心し、口をきいて妻を持たせたのだが、この女性はなにか母親の気持にそむくことがあったとみえてただちに離別し、それからは役づきアイヌたちがどれほど妻を持つようすすめても、もしまた、母親に逆らうようなことがあってはならないと、ずっと独身で暮らしている。

彼は、家に母親一人をおいてあるため、どれほど遠方に出かけたときでも、雨風があれば泊らずに戻ってきて、母の機嫌をうかがうのであった。また、会所からのさまざまな命令に対しても、母親の言いつけ同様、少しもそむくことがないという。

このように、実に珍しい孝行者であったが、その母親は一昨辰年（安政三年、一八五六）に亡くなった。それからのヌサオレは、毎日のように母の墓へ行って、今日のお天気はいかがでしょうなどと、いともねんごろに問い、また、母親が生前、雷を非常に嫌っていたため、今日は雷が鳴りそうだという日には遠くに行かず、もしもそのような雲行きとなれば墓地へ行って守りをしていたという。

このため、近所のアイヌたちは、ヌサオレにイカシイという名をつけた。そのわけを聞くとイカシイとは、年長でものごとのよくわかった人という意味であるという。

この遊楽部から、このように二人までも、*こうした感心な者が出たのは、同地の番屋の守りをしている通訳の宇吉という者が心がけよく、いつも、やもめ、一人暮らし、老年のアイヌたちをいたわってきたためであろうかと思う次第である。

＊――二人までも　もう一人は同地の孝子クメロク（弐編巻の上第二項〔一六四頁〕）のことであろう。

10　酋長サントアイノ

オホーツク海岸の紋別《モンベツ》は、南はモニワで斜里領と、北は幌内《ホロナイ》川の北方二十三丁（約二・三キロ）で宗谷《ソウヤ》領と接している。海岸線は三十一里二十九丁（約百二十七キロ）あり、アイヌの人口は安永

（一七七二〜八一）のころは三千人余あったが、文政五年（一八二二）に蝦夷地を幕府から松前藩に引渡されたときには戸数二百八十二軒、人口千百三十六人に減り、現在（昨巳年、安政四年、一八五七）には、百五十六軒、六百七十三人となってしまった。その区域内には、幌内、サワキ、渚滑《ショコツ》、沙留《サル》、紋別、鐺沸《トウフツ》、湧別《ユウベツ》、常呂《トコロ》の八カ村があり、各村ごとに一人ずつ役づきのアイヌがおかれている。

その総酋長のサントアイノは、紋別の運上屋元の者だが、彼が万事につけて指図することには、だれ一人としてそむくことがない。

その家は何代も続いた名門で、家には甲冑三領と、大太刀、短刀など幾振りもが伝わっている。このサントアイノは幼年のころから勇気にすぐれ、義俠心に厚く、ご公儀の仰せには一度としてそむくことなく、みごとに勤めて、去年、八十九歳で亡くなった。

去る丑年（嘉永六年、一八五三）、北蝦夷地（樺太）にロシア人が来て砦などを築いたと聞くと、サントアイノは領内の酋長たちを呼び集めて「これこれ、このようなことがあった。このぶんでは、当地にもロシア人どもが来ないとも限らない。この紋別領三十里（百二十キロ）余の間に、和人はたった三人しかいないのだから、その場合はどのようなことが起こるかわからぬ。これからは昼夜の別なく、よくよく気をつけねばならぬぞ。昔、ロシア人が根室《ネモロ》、国後《クナシリ》、択捉《エトロフ》などに来たときのことを聞くと、酒、砂糖、餅、衣類、布などをたくさん持ってきて、アイヌに与えたという。今度も、もし彼らが来れば、このように暮らしに困っているわれらアイヌの窮状につけ入って、品物を与えようと言うであろうが、そのような品は決してもらうでないぞ」ときびしく訓戒した。そして領内の老人、子供に至るまで、もしロシア人が来たならば、このようにせよと手筈を定めておいたということである。

また、その翌寅年（安政元年、一八五四）に幕府の役人が江戸から多く来られて、付近を視察された際にも、部下のアイヌたちに言いつけて人手や馬を、少しも支障のないよう用意させた。彼が白髪頭を振りたてての指示に、アイヌたちは日ごろの酋長の恩情に感謝して、だれ一人そむくものもなく、万事、ゆき届いた手配がされたのであった。

このことが巡察の役人方のお耳に入って、つぎの書付けが松前藩家臣の付添改役、新井嘉藤太氏に渡された。

覚

紋別総酋長　サントアイノ

寅歳　八十五歳

右の者は寅年まで役目を精勤したこと、まことに感心である。箱館到着後、沙汰があることと思うので、褒賞しておく。

壬（甲か）七月

そして、箱館ご到着後、台盃三組、奉酒箸《イクハシ》三本、行器《シントコ》一つを下さることとなった。

その際、松前家からもそれに添えて、

その方は高齢に至るまで誠実にお役を勤めてきたため、昨年、公儀のお役人、堀織部正（利熙）どのがご巡察の折、お賞めのお言葉があって、箱館にご到着後、お沙汰があるとのことであったが、このたび台盃三組、奉酒箸、行器を下されたものである。

卯（安政二年、一八五五）三月

との書付けを添えて、お賞めの品々を下さった。

それ以来、サントアイノは、毎朝毎朝、その地からやや南方にある父親のエトナウの墓のほうを拝み、つぎに西南に向かって、江戸の地の堀の大殿さまがご無事なようにと、それぞれ一本ずつの木幣《イナウ》を削って立て、祈っていたのであった。

昨年の八月、また堀殿が同地に来られると聞いて大いに喜び、匙、糸巻のようなものを作って献上、ご前にいつまでもぬかずいて涙を流し、ご高恩に感謝していたということである。

その冬十一月、サントアイノはふとした病気から六日目に亡くなったというが、その日の朝にも、父のエトナウアイノの墓のほうを拝み、また江戸の方角を拝んで、午の刻（昼ごろ）に享年八十九歳で世を去ったという。

そのとき彼は、孫のヘイシユクを呼んで、江戸の国の堀大殿のご恩は、わが家の続く限り忘れてはならぬと、頂戴した二通の書面を渡し、日ごろの心がけはこのようにせよと教訓したというが、まことに楠正成が、わが子正行《まさつら》に行なった遺訓にも劣らぬと感嘆した次第である。

この孫のヘイシユクも、言葉少なく温厚な人物であるが、私はある日、その家を訪ねて、家に伝わる甲冑や太刀などと、二通の書面などを見せてもらって帰ったのであった。

11　イヌンヘケの貞節

太平洋岸根室《ネモロ》領の広大さは前にも記したが沿岸六十里（二百四十キロ）あまりで、近年は人口がわずか五百九十六人ほどに減ってしまったため、漁業の人手にはとうてい足らず、おおぜいの和人が出稼ぎに入っている。

この日雇の出稼人の多くは、数百里をへだてた秋田、南部（青森県東部）、津軽（同西部）等から来ているため、国元に毎年帰ることができない。このため女に不自由してアイヌの娘を犯し、また密通することがあたりまえのようになってしまった。そこで二八《にはち》（十六歳のこと）過ぎたアイヌ娘は、たいてい番人の妾などとなるため、同地の男アイヌには生涯、妻を持てずに過ごす者が多く、またいくらかでも顔立ちのよい娘は、夫を選り好みするならわしとなっている。

そのような中にあって、根室会所地元のイヌンヘケという娘は、幼いときから父母が、同地のシネアミコロというアイヌと許婚に定めておいたところ、それをよく守って、少しも軽薄な振舞いがなかった。

ところが、そのシネアミコロは、両手を大怪我して手首から先が砕け、指も三本ずつ腐ってとれてしまった。その傷はやっとのことで治ったが、両手とも親指と小指の二本ずつが残るだけとなり、その形が蟹の手のようであるため、人々はカニ、カニと仇名して呼ぶようになった。このような体となったため、人並みに働くこともできず、やっと馬を使って稼ぐだけで、収入もごく僅かとなってしまった。

それを見たイヌンヘケは、幼いときの父母たちの約束を思い出して「シネアミコロは今ではあのありさまでは、女房になろうという者はだれもあるまい。私は親たちの約束もあるのだから、あの人のところに嫁いで、一生添いとげよう」と嫁に行った。そして、夫の不具を少しもばかにせず、薪を取り、水を汲み、山に入ってオヒョウの皮を剝いで厚司《アッシ》を織って夫に着せ、またその厚司布をアザラシの毛皮と代えてそれで服を作って人並みの姿にさせるなど、まことにゆき届いた世話をして貞節を尽くしたのであった。

またシネアミコロが会所から言いつけられて遠方へ手紙の使いにやられ、少しでも帰りが遅れると、「もしや途中で熊でも出て怪我でもすまいか、うちの人はあのような体なのにそんなときはどうするだろう」とそればかりを心配し、どのような闇夜でも少しも恐れずに迎えに行き、出会えば夫の荷物を自分で背負って帰るのであった。また夫が山仕事に出て帰りが遅くなると迎えに出て、出会うまで探し求めるなど、その貞節ぶりはまことに見上げたものであった。

蝦夷地の会所の人々というのは、アイヌのことといえば、このような感心な者がいても知らぬ顔をして、なんの上申もしないのがふつうであるが、同地駐在の近藤某氏は詳しく彼女の行為を聞きただし、これを安間（純之進、箱館奉行組頭勤方）隊長のご巡察の折に申しあげ、多くの米、酒などを賜わらせたのであった。

それ以来、彼ら夫婦は、このたびの幕府ご直轄のご趣旨に深く感謝し、今年三十三歳となる夫のシネアミコロは、髪を和風に結って名も安兵衛と改め、妻のイヌンヘケはみきと改名、ともにご公儀のなみなみならぬ思召しを肝に銘じて、ますます夫婦仲睦まじく暮らしたのである。

12　豪傑ハウカアイノ

オホーツク沿岸の紋別《モンベツ》領湧別《ユウベツ》は、紋別番屋から五里三十丁（約二十三キロ）ほど離れた地で、大きな川（湧別川）が流れている。その川幅は約五十間（九十一メートル）あり、水源は五十里（約二百キロ）ほど溯ったチトカニウシという高山にある。

この山が石狩領と紋別領の境界となっているが、昔からアイヌたちは互いに往来し、向う側に行って住んだりもしていたのだが、今ではその道さえだれも知らぬようになった。

さて、このハウカアイノは、今から十二年前、同地のアイヌたちが漁業の労役のために宗谷《ソウヤ》にやられて、人口が次第に減ってくることを怒って番人と口論し、わしは宗谷の和人の言いつけはきかぬと、妻のセクンテ（四十五歳）をつれ、当時まだ幼なかった娘のエヘオヌ（二十一歳）を懐に入れて、十三日間も雪の中に寝ながらチトカニウシの峰を越えて石狩の山中にのがれた。また、同地のアイヌたち七、八人も、ハウカアイノを慕って後を追い、なんであのような所へ帰るものかと、ともに留まった。

こうして、つぎつぎとアイヌたちがいなくなるので、番人たちも仕方なく、たくさんの宝物を持ってハウカアイノを訪ね、こらえてくれと詫びを入れて呼び戻したということである。

今では彼は、同地の土産取《みやげとり》を勤めているが、山中のことを尋ねてみると、北は天塩から南は釧路《クスリ》、十勝《トカチ》、西は石狩の山々に至るまで余すところなく、その峰々を渡り、水脈山脈を調べあげていた。彼が今年までに仕とめた熊は百頭を越えると語るのであった。

13　エコキマの仇討

太平洋岸の三石《ミトシ》は、西は静内《シツナイ》、東は浦河《ウラカワ》と接して沿岸三里二十二丁（約十五キロ）の地である。布辻《フシ》、三石、鳧舞《ケリマプ》の三つの大川が南に流れ、いずれも渡船がある。

その西岸がアイヌ部落となっていて六カ村あり、人口は文政元年（一八一八）の松前藩へのお引渡し当時と現在でさして変化なく、五十余軒、二百二十一人ということである。

この川べりのカムイコタンという部落にナンフワンという五十九歳になる老女がいた。夫とは早く死別して、家にエコキマという養子を入れ、フッコサンという嫁を迎えて、二人の間に三人の子供もでき、至って仲よく暮らしていた。

ところが今年七月三日のこと、同地の産物である昆布収穫のため、山間のアイヌたちもみな海岸に小屋を設けて働いていたが、ナンフワンはその日の夕方、会所に用事があって出かけ、出稼ぎの場所へ帰ろうとする途中、熊に襲われたという。

家では、深夜になっても義母が帰ってこないので心配はしたが、まさか熊にやられるようなこともあるまいと思っていた。だが、四、五日たっても帰ってこず、会所から七、八丁（一丁は約一〇九メートル）離れた草原の中で、彼女の着ていた厚司《アツシ》の切れ端や持っていた荷物が血に染まっているのが、通りがかりのアイヌたちによって発見された。

驚いたアイヌたちは大声をあげて会所に知らせた。この日、会所では、給金支払日で多くのアイヌが集まっており、エコキマもその中にいた。彼はただちに、そばにあった鉞《まさかり》をひっさげてとび出し、現場に行った。

そして着物の切れ端や散乱した荷物を見ると、「確かに親に相違ない。この仇を生かしておくものか」と、血潮の跡をつけて山中にわけ入り、イタドリ、カヤ、ススキがびっしりと生い茂っている中を探し求めた。それに続いて、一族や知人のアイヌたち三十四、五人も、手に手に棒、鍬、弓矢などを携えて、山中をあちらこちらと、およそ二里（八キロ）ほども探し回った。

気のはやったエコキマは、われ先にと進んで、一行からほぼ二丁（約二百二十メートル）ほど離れてしまった。跡に続く人がいなくなったのを知った例の熊は、草むらの中から現われて、続いて来たシワフシタルという六十歳のアイヌに口を開いてとびかかった。

得たりと槍で突き、穂先が股際に当たると、熊は両方の前脚でシワフシタルをとらえ、下に組み敷いて荒れ狂った。そこをキンシヤモというアイヌが、後ろから鉞を振りあげて、熊の首筋を微塵になれと打ちおろす。

熊は後ろを振り向くと、こんどはキンシヤモに襲いかかったが、彼も剛気な男で、取っ組み合ってたたかった。

小使のモンカタと、当時の酋長の伜のチョクシが、大声で急を告げると、エコキマも鉞を持って引き返し、その鉞で何の苦もなく、七、八歳になろうという大熊を打ち殺したのであった。

そして彼らのしきたりどおり、熊の全身をずたずたに切り裂いて、ナンフワンの仇をとったのだが、まことに勇ましい次第であった。

ところが、最初に組み伏せられたシワフシタルは、背骨を打ち砕かれ、重傷三ヵ所、軽傷は数知れずで、一夜過ぎた翌六日の夜、息を引きとった。またキンシヤモも十四ヵ所の傷を受けたというが、どうなったであろうか。私は七日の夜は同地に泊ったが、まだ判らなかった。しかし支配人たちは、彼は助かるだろうと話していた。

14　孝行娘マタンヌ

マタンヌは今年二十七歳、勇払《ユウフツ》領鵡川《ムカワ》の河口から五、六里（二十〜三十キロ）ほど溯ったユクベツの生まれである。父はシイチコ、母はオコロマといい、兄が一人いた。マタンヌは千歳《チトセ》生まれのサンゾウという者の妾となり、鵡川の会所の近くに住み、子供も三人できて、仲睦まじく暮らしていた。

ところが、突然の流行病で兄も父も亡くなり、母親一人となってしまった。

それを知ったマタンヌは、三人の子供を置いて母を迎えに実家へ行った。しかし母は「わしは海岸のような騒々しいところに住むのはいやじゃ。一人きりになっても、住み慣れたここにいたほうが落ちつく」といってきかない。このためマタンヌは、とうとう夫に暇をもらって三人の子供をつれて山に帰った。

そして「女の身ほど辛いものはない。こうして夫に暇をもらって山に来てしまえば夫に不貞となるし、夫に操を立てようとすれば不孝となってしまう。もう一人でも兄弟があればよいのに。私はこの川底に身を沈めてしまいたい」と嘆くので、まわりの人々は「いま、おまえが死んでしまったら、だれがお母さんを養うのか」とくれぐれも言い聞かせて、孝行を尽くさせたという。

これほどまでの孝心は、なみたいていのことではないと思った次第である。

15　北蝦夷のオケラ酋長

白主《シラヌシ》は北蝦夷（サハリン）島の最南端の岬で宗谷と向かい合い、海上十八里（七十二キロ）の距離にあって、北蝦夷に渡った際は必ず船をつける港である。ここには会所があって支配人、番人等もおり、アイヌの家は十数軒ある。

同地の酋長オケラは、東はトマリオンナイから西はナイシに至る間の総酋長で、北蝦夷島を開発した五名家の一つという家柄である。今年四十七歳で、マシオオという二十歳の息子がおり、家には八人ほどの下男を使って富み栄えている。

勇気にすぐれ、義を重んじ、目下のものをよくいつくしむので、島中の人々が心服していた。この午年（安政五年、一八五八）、ご公儀から種痘の医師を派遣されて、同地で実施しようとされたが、だれ一人としてこれに応じる者はおらず、アイヌたちは「オケラ酋長がされるなら、われわれもしていただきましょう」と言った。

そのオケラも、どうしても承知しないため役人たちも医師も、実に困り果てていた。そこでオケラに対し「このように、だれも種痘をしなければ、この土地のアイヌは天然痘のために根絶やしになってしまうぞ」と、その道理を言い聞かせた。オケラは「それならば、まず試しに、わし一人がしていただぎます。それで、医者殿の言われるとおり、なんの異常もなければ、皆、承知するでしょう。わしの体は、お前さま方の試験台となります」と、第一番に種痘を受けた。

それ以後、すっかり治るまでの経過は、医師が言われたとおりであったため、アイヌたちも納得し、白主村、シヤウニ、ブチ、ヒシヤサン、リヤトマリなど五カ村の者たちがともに種痘を願い出、以来、西海岸方面は僅か三十日ほどの間に実施されて、天然痘の流行による災厄を防ぐことができた。

これもオケラのなみなみならぬ勇気と義心によるものと感心するのあまり、これを記録するものである。

16　八十九翁ハウサナクル

ハウサナクル老人は今年八十九歳、十勝川河口から三十里（百二十キロ）あまり上流の札内《サツナイ》の字《あざ》戸蔦別《トツタベツ》という奥地で、孫娘一人、曾孫一人と三人だけで暮らしている。

彼は若い時分は山中の猟の達人で、生涯に仕とめた大熊は百頭を越えるという。

西はウウカリ、静内《シツナイ》、様似《シヤマニ》、新冠《ニイカツプ》川水源のウエン、ヒホク、沙流《サル》川水源のオロウエン、沙流、糠平《ヌカヒラ》、夕張《ユウバリ》、北は空知《ソラチ》、石狩の山々まで行かぬという所はなく、氷雪雲霧をものともせずに駆け回ってきたのであった。

今では目はかすみ、耳も遠くなってはいるが、山中での猟のことを尋ねると、どこの山からはどちらへ行くのに都合がよい、どこからならばこうだなどと、手を振り、腕を張り、肩を怒らして、その表情は二十歳も若返ったかのようになる。そして、昔、石狩岳でこのような大熊を仕とめたときは、このように矢をあて、こう取っ組んで、山刀《タシロ》を抜いてこう刺し通した、また、沙流山で大鷲が鹿をつかんでいるのを追いかけ、このようにして鷲も鹿も手に入れたなどと、手柄話をするさまは、まるで、われわれの目の前で大熊と取っ組んでいるかのように、二重に曲がった腰も伸び、顔の皺も忘れるほどに身振り手振りして見せてくれた。召しつれたアイヌたちも、そのおもしろさにすっかり時間を忘れ、それから、まだその山々には珍しくふしぎな話もあるに違いないと、一泊して聞かせてもらうことにした。

すると老人が語るには、昔、この札内川の水源には一つの沼があって、このあたりのアイヌはおおぜい見にいったものだが、今ではそれを見たものは、自分しか残っておらぬという。その後、札内の酋長マウカアイノが行こうとしたが、靄《もや》に巻かれて行きつくことができなかった。

その沼のありさまは、周囲が約七里（二十八キロ）あって、入口には大きな滝がある。その左右から登って行くと、山は峨々としてそびえ、困難なことはたとえようもない。沼の中にはトドやアザラシが住み、また昆布が生えているという。このあたりでは、なぜか昔から日本語を話すことが禁じられ、また海の物の話をすることも固くいましめられていた。沼のアザラシやトドは、時おり札内に下ってくることがあり、昆布も時として流れてくるが、それはふつうの昆布より薄く、わかめのようであるという。その沼の背後は、浦河《ウラカワ》の幌別《ホロベツ》川の水源であるカモイチセノホリである……などと、すこぶる珍しい話を詳しく聞かせてくれた。

こうして記しておいても、浦島太郎の竜宮の話のような空想と思われるかもしれぬが、この川筋に昆布のような物が流れてきて流木にひっかかっているのを見るときは、この話も、まんざら斉諧《せいかい》*に出てくる根拠のないものともいえまい。ここに、その老人の英気と、この山の珍しい話を記しておくものである。

*——斉諧　中国の古書。『荘子』逍遥遊に「斉諧は怪を志《しる》せる者なり」とあるが、実物は伝わっていない。

17　酋長シトナ

太平洋岸の浦河《ウラカワ》は、西は三石《ミトシ》、東は様似《シャマニ》に接して、沿岸五里十五丁（約二十一キロ）あり、東に幌別《ホロベツ》川、西に浦川《ウラカワ》が流れて、それぞれのほとりに村落がある。人家は計百七軒、人口五百六十人、背後はすべて山々が続き、その山頂が十勝《トカチ》との境となっている。

その浦川の上流、姉茶《アネチャ》の副酋長シトナは今年五十四歳となり、妻のチャイケは五十一歳、その間に男子はヌカルフノ（二十六歳）、レレエリキ（二十四歳）、イナホカリ、女子はアサム、ヒリカレ、レウチ、トクナなど七人の子供たちがいて、すこぶる繁栄している。

私がこの家に泊って、山々川々の話を聞いたが、シトナは山中の猟にかけては非常な達人で、この浦川から溯って、十勝川の水源にあたる沼の南岸にあるカムイチセノホリまで一度行き、あの沼を見、また山頂に登って神《カムイ》の家《チセ》を見たという。その神の家とは、およそ十間（約十八メートル）と八間（約十四メートル）ほどの大岩で、上は屋根のようになっており、中は大きな穴となっている。岩で作ったもののようだが、よくわからぬとのことであった。

あたりには鹿がたくさんいたので捕えたが、色が熊のように黒かったという。また、その付近では海の物の名を言うことは昔から禁じられているため、塩をフウナ（灰）、昆布をシトカワ（木の皮）、海をトウ（沼）、船をキッチ（洞木）、鱈《たら》をチライ（イトウ）、酒をワッカ（のみ水）、和人をアチャホ（叔父さん）、味噌をトイトイ（泥）と呼ぶなどと、昔のことをよくおぼえており、私に聞かせてくれたので、よく記憶している。この話からみても、十勝のハウサナクル老人の話がでまかせでなかったことがわかるので、ここに付記しておくものである。

18　孝子エイハロ

孝子エイハロは、石狩川上流の字《あざ》キンクシベツのイタクレフコというアイヌの子供である。兄弟は七人いて、長男をエヒララ、次男をハシユイキ、三番目は娘でホネコというが、この三人は海岸の運上屋につれ去られ、長いこと便りもとだえている。家にはエイハロと五番目のシロスケ（男）と、まだ乳離れもせぬ妹、母の懐の赤児（女）、そして両親の六人が残っていた。しかも、その妹はいざりで、自由に歩けぬ身である。

ところが、末の妹がまだ懐に抱かれているうちに母は病気にかかって亡くなり、父のイタクレフコはその年から眼病をわずらって盲となった。弟のシロスケはまだ小さくて水汲み、薪取りなどもできず、近所のアイヌたちもほとんどが漁場にやられているため、だれも頼りにすることができない。

エイハロは、その難儀なありさまを兄や姉に言伝けしたのだが、運上屋ではそのようなことで三人を山へ帰すわけもなく、少しも気にかけず放っておいた。

漁場からの返事もこないので、兄や姉たちはどうしているだろうかと心配したエイハロは、盲の父親の手を曳き、母の忘れがたみの赤児を懐に、三、四歳の妹を背に負い、片手には弟の手を曳いて、故郷を出たのであった。

運上屋とはどこにあるかも知らぬが、この川に沿って下ってさえいけば、兄や姉のいるところへ行けるだろうと、途中には神居古潭《カムイコタン》の絶壁や、空知《ソラチ》、雨竜《ウリユウ》の支流があることも知らずに、一日ほど下っていくと、運よく上流から運上屋へと下っていくアイヌたちと出会った。彼らはエイハロのけなげな志を憐れんで、自分たちが乗った丸木舟に乗せてやろうと言ってくれる。エイハロは大変喜び、親や弟妹たちが腹をすかせているのを心配しながらも海岸に着くことができた。

そしてフルという所に形ばかりの草小屋を作って、父親と弟と二人の妹を入れ、自分は数日の間、あちらこちらと兄や姉をたずね歩いた末、やっと見つけ出して、ことの次第を告げた。そして昼は山に入って草の根を掘り、川で魚をとるなどして、父や弟妹を養っていた。

そのうち兄や姉たちも漁場から戻ってきたが、彼らもすなおな気持の者たちで、父親や弟妹たちをよく世話したため、なんとか暮らしの見通しも立ってきた。

ところがエイハロがまめまめしく漁や山仕事をするのを見た運上屋では、「あれはもう十三、四歳にはなるだろう。よく仕事ができそうだから、あれもつれてきて使ってやろう」と、小屋からつれてきて台所仕事をさせた。すると、エイハロが台所で飯を炊いたり雑用をしたりする働きぶりが人並すぐれているのを見た同地に住む医師の某が目をつけて、わが家の飯炊きの下男に使おうと、支配人にたのんでつれ帰り、家で使っていた。

エイハロは、その家の用事の合間には、ほぼ二十丁（約二キロ）ほども離れた盲の親や弟妹のいる小屋を見舞い、また夜食でも終われば、皆はどうしているだろうと尋ねていった。そして、なにか珍しい物でももらえば、必ず小屋の父や弟妹たちに届けるなど、少しも孝行を忘れることがなかった。

ところが武藤医師は、エイハロが親のところへ行くのを憎んで、帰ってくると薪、火箸、火吹竹、または棒などで打ち叩いてひどい目に合わせていたという。近所の人たちは、エイハロがそのように折檻されるのを憐れみ、その孝心を愛して、物陰に呼んでは、エイハロ、エイハロと、珍しい物などを与えて、ほめてやるのであった。それをこの武藤なる者は、昔の物語りに出てくる丹波国由良の山椒太夫[*1]にもまさる残虐な性格で、またその妻も、伏屋《ふせや》[*2]の黒刀自《くろとじ》そこのけの性悪女だったため、エイハロがよその人々から愛されると一層憎んで、朝に夕に打ち叩くのであった。だがエイハロは、それを少しも恐れることなく、ますます親に孝行を尽くした。そのなみなみならぬ行為を、新井（金助、石狩駐在の箱館奉行支配調役）氏も深く憐んで、この春にも、多くの米と酒、たばこなどを賜わり、武藤家から暇をとらせて運上屋に戻し、よくいたわるようにと、ねんごろに申しつけられたという。まことにエイハロの孝心と新井氏の慈愛は、感ずるに余りあるものがある。

＊1――**山椒太夫**　説経節『さんせう太夫』に出てくる強欲非道の富豪。人買の手に落ちた安寿・厨子王の姉弟を虐待、ついに安寿を責め殺すが、のちに出世した厨子王に誅される。
＊2――**伏屋《ふせや》の黒刀自《くろとじ》**　江戸中期の黒本《くろほん》（時代もの絵物語り本）『伏屋黒牡丹《ふせやのこくぼたん》』に出てくる怪盗鬼童丸の女房か。

19　小使カムイコチヤ

この蝦夷地にはまだ文字というものがなく、昔のことといえば、ただ各地の言い伝えに残っているだけで、地名、人名、家々の血統などについても言い伝えだけである。

それも今では、太平洋岸では沙流《サル》、十勝《トカチ》、釧路《クスリ》、日本海岸では石狩、天塩《テシホ》、オホーツク海岸では常呂《トコロ》、網走《アバシリ》ぐらいにしか残っておらず、内地に近い地域では昔からの言い伝えはあらかた絶えて、地名もウショロをウス（有珠）、ヤムウシナイをヤマコシナイ（山越内）、オタスツをウタスツ（歌棄）、シュマオマイをシマコマキ（島牧）などと訛って言うようになった。こうした誤りは、文字のある内地においてさえあるので、さしてふしぎなことではあるまい。

しかし、この虻田《アブタ》場所の礼文華《レブンギ》の小使役を勤めるカムイコチヤ（三十七歳）は、若いときからこのことを深く悲しんできた。そして、あと五、六十年もすれば、蝦夷の国の歴史はすべて忘れられてしまうだろうと、あちこちの長命なアイヌの家を訪ねては、いろいろと昔からの言い伝えを聞き、また、どことどこととの境界はここであるなどと、地元の若い者たちにすこぶるていねいに教えたりしていた。このため、去年も、山越内と虻田の境界のことで紛争が起こり、山越内の者は静狩《シッカリ》だと言い、虻田の者はネッニシアであると主張してもめた際も、カムイコチヤが出ていって議論に勝った結果、今では昔どおりネッニシアが境界と定められている。虻田の者にとっては、まことに大きな功績といえよう。

ところで、この者の幼少の折の話を聞くと、まだ乳離れもせぬうちからふつうの子供たちとは違っていたため、同地の人々は、神の子だと、カムイコチヤと呼んでいたのが、ついに今では通称となったのだという。カムイは神、コチヤとは前という意味だという。

一般にアイヌは、生まれたとき、または幼少のときになにか変わったことがあると、それを通称とし、これは蝦夷特有のことのように思われている。しかしわが国でも鷦鷯《さざき》*が産室に入ったことから天皇のお名前が決まったという故事もあるのだから、蝦夷地も日本も、同じことだと思うのだが、どうであろうか。

＊――**みそさざいの故事**　『仁徳記』によれば、仁徳天皇誕生の日に産室に木菟《つく》が入り、同じ日に武内宿禰《たけのうちのすくね》の妻が出産すると鷦鷯《さざき》（みそさざい）が産室に入った。父帝応神天皇は、ともに吉祥であるから、鳥の名をとりかえて子供の名とせよと言われたので、皇子の名を大鷦鷯皇子《おおさざきのみこ》、宿禰の子を木菟宿禰《つくのすくね》と名づけた。

20　大力ノッツイサンとゲドウ

大力のノッツイサンは、弐編（巻の中）に記した（二〇六頁）釧路《クスリ》場所の酋長メンカクシの息子で、母はセンコウという。姉をイヒラッテ、妹をエヘンケマッというが、この二人の娘も人並はずれた力持ちである。

ノッツイサンは山中の猟にすぐれ、弓矢にかけては非常な達人で、今は髪を和風に変え、名も能知造と改めている。

あたりの者たちが、彼の力を試そうと、いろいろな重荷を持たせても一向にへこたれず、また同地で豪力で名高いゲドウという者と相撲をとらせたが一度として敗れなかった。

相撲を稽古したこともないのに、どうしてそう巧みなのかと人が尋ねると、ノッツイサンは「わしが山で熊に矢を射込むと、熊が向かってくるので、いつも取っ組み合いになる。それで稽古したのだ」と笑っていた。

このゲドウという者の力もひととおりではなく、四斗入りの俵（約六十キログラム）を五俵ほど一度に背負って、会所の前から弁天様の社まで上り、その裏通りを回って会所まで少しも休まずに帰ってくるのである。

それと比べてみれば、このノツイサンならば、四斗俵の五つどころか、六つ、七つまで苦もなく背負うものと思われる。

さて、このゲドウの日ごろの行動について少し話してみよう。

この釧路場所には、常に四十人あまりの和人が入りこんでいるが、いずれもアイヌの妻や妾を強奪し、また少女たちも思春期となれば犯されるなど、その悪業は東西蝦夷地を通じても最も甚しい。少しでも美しい妻を持てば、和人に奪われるのがふつうとなっている。

ゲドウはこのことを考えて、シワツリキンといういざりの娘を妻に迎えて、仲よく暮らしていた。

そのわけを尋ねられるとゲドウは「わしらのような者がまともな女房を持てば、和人に奪われるのは目にみえているから、こういういざりを女房にしたのだ。こういう女ならば当地のように悪いことばかりされている所でも、まさか和人にとられることはあるまい」と答えたという。

まことに哀れでもあり、また思慮深いこととといえよう。

ゲドウは今年で二十六歳になるが、すでに二人の男子が生まれて一家仲よく暮らし、山猟に出るときは、この妻と二人の子供、食料、鍋、鉞《まさかり》などをすべて背負って山に入り、仕とめた鹿などの皮や肉の始末は妻にさせて、自分は波濤のような連山を駆けめぐって年月を送っているという。まことに珍しい豪勇の者ゆえ、ついでに記しおくものである。

21 シリコンナの義心

シリコンナは前編（弐編巻の上）に記した（一八六頁）シンリキの次男である。兄はヤエケシユクといって今は十勝の佐幌太《サオロフト》（現・新得町）に住む。三番目は女子でトマハヌ、四番目も女子でムイトルマフ、五番目はトキサマツ、六番目も女子でイルカレ、七番目はオヤラマトという。この子供たちはいずれも結婚して、それぞれ世帯を持って、然別《シカリベツ》から佐幌付近に住んでいる。

このシリコンナは父シンリキの家を継いでモリシセという妻を持ち、子供も六人いて、今もヒバウシの酋長を勤めている。その威勢は十勝川上流一帯に行きわたって、彼の命令にそむくものはだれ一人いない。家には常に五、六人もの下男を養い、また遠方から来た者はいつも家に迎え入れて、着物や飲食を与え、少しも不自由のないよう面倒をみているという。

去る巳年（安政四年、一八五七）の秋、石狩川上流の忠別《チクベツ》のアイヌ、イナオクシという者が、二人の子供を運上屋の雇にとられて故郷に帰されないことを恨み、同地のイソテクという者の姪のフツマツという娘を盗み、イソテク家先祖伝来のタンネエモシ（長太刀）一振り、シロカネセッパ（銀の鐔《つば》）二枚、イムシュツ（太刀の柄）一本、またその隣りのハリキラ家に忍び込んでタンネエモシ、セッパ、イムシュツを各一つずつ、さらに近くに住む酋長のシリコツネの家からはタンネエモシ三振り、エモシポ（短刀）二振り、セッパ三枚、イカヨフ（矢筒）一本、シャパウンペ（冠）一つを盗み出した。そして、ビビ、ベベツの山を越えて十勝に入り、このシリコンナの家にやってきたのである。

シリコンナは、二人が多くの宝物を持っているのを不審に思い、きっと盗品であろうとその十七点の品をひとまず預って、その夫婦を手厚く保護していたという。

私たちがこのたび石狩川を越えて同地に向かったところ、イナオクシがシリコンナの家にいると聞いたので、まず、その家から三里（十二キロ）ほど手前のクッタラシ（新得町屈足か）という所でシュンクラシという者を雇い、召しつれていたイソテクと二人を先に行かせて確かめた上、私たちも一せいにシリコンナの家に踏みこんでイナオクシを捕えた。

シリコンナは大いに恥じ入って「この者は去年の秋、わが家にまいりましたが、多くの宝物を持っており、身分不相応のことですので、私がすべて取り上げて預っており、何ひとつ失っておりません。どうか私に免じて、この者に縄をかけることはお許しください。

たとえ縄をかけなくとも、私がお引受けするからには、決してご心配はありません。この東蝦夷地は申すまでもなく、西蝦夷一円に行ったところで逃げ延びることはできませぬ。たとえ逃げ去ったところで、私が、各地の酋長たちに口伝えに見つけ出してくれとたのんだならば、そのことばはたちまちのうちに東西各地に伝わり、私とは一面識もない酋長、小使たちも、この者が領分に立ち入り次第ひっ捕えて、山伝いに送ってくるでありましょう」と何の苦もなく請け合った。

同行した飯田（豊之助、箱館奉行定役下役、石狩駐在）氏も、半信半疑ながら縄もかけずにおいたところ、シリコンナはうやうやしく炉端に座ってつぎのように述べた。

「毎年のオムシャ（元来、久闊を叙す挨拶、後に知行主がアイヌに制令を伝える儀式）の折には、どの国のどの船であろうとも難船して海岸にあがった者があれば、保護して食料などを与えておくようにと申し渡されております。この者は山からやってまいりましたが、身寄りもなく、泊る所もありませんのでわが家に呼び寄せて養っておりました。ところが数日後に、多くの宝物を見せましたので、これは定めし盗品であろうと思い、それは私が預って、春にでもなればそのいきさつを会所にお届けしようと思っておりました。それが一日過ぎ二日過ぎてついに今に至るまでお届けもせず、養っておりましたところ、いま、お武家さま方が来られて、召捕られたことは幸いでありあります。この者も宝物もお渡しいたしますゆえ、どうかおつれになってください。

しかしながら、この者もわが家を宿と定めて、数ヵ月の間、一つ鍋のものを食べた間柄でありますので、どうかここから海岸を通って会所へつれていくことだけはお許しください。この者も知らぬ土地で、人々に顔をさらし、あれはこういうことをしたのだと指さされるのは辛いことでありましょう」と。

この当然のことばに私は大いに感服した。飯田氏は、はじめはこの者に縄をつけ、あの源頼光が四天王を引きつれて大江山の酒呑童子を退治し、その首を京に持ち帰ったときのように、花々しく帰還しようと思っていたのであるが、シリコンナの仁心にうたれ、その説く道理に従われて、石狩アイヌの通路である山間の道を帰ったのであった。

この容易ならぬ騒ぎに少しもうろたえなかったシリコンナの勇気、義心に感ずるあまり、このことを記しおくものである。

22 義人シトスコテ

オホーツク海岸の鐺沸《トウフツ》は、紋別《モンベツ》の番屋から十五里（六十キロ）ほど南東にあたる。そこの砂浜には周囲二十里（八十キロ）あまりの沼（サロマ湖）があって、そのほとりに十三戸、五、六十人ほどのアイヌが住み、沼で多くとれるニシン、ウグイ、マス、アメマス、サケ、イトウ、カキ、シジミなどを食料としている。

このあたり、紋別から網走に至る二十六、七里（百四〜百八キロ）ほどの間には、和人の番人はおらず、番屋はあってもアイヌが番をしているだけである。

その鐺沸に、チャロマウコツという今年五十二歳になる小使がおり、その弟はシトスコテといって四十五歳になる。シトスコテはまことに義侠心に富んだ人物で、身寄りのない者や老人を深くあわれみ、また兄のチャロマウコツに対しては、親に対するようによく仕えてきた。

ところが、このたびチャロマウコツが用事があって紋別に行っている留守に、箱館からお奉行さまのご巡察が間近だとの知らせが入った。

シトスコテは「斜里《シャリ》、網走の方面では、それぞれ道路も修理してお迎えしたということだが、この土地には和人はおらず、またアイヌたちも、皆、宗谷《ソウヤ》の漁場に出されて数少なく、兄も留守でどうすることもできぬ。しかし、兄がこの土地の役つきアイヌを命じられているからには、たとえ番人がおらず、アイヌが少ないからといって、わしがいるのに放っておくわけにはいかぬ。だが、そうはいっても、一粒の米も、一杯の酒もありはせぬ」と考えた。そして、自分が蓄えてきた干魚をすべて出し、これを煮て、女や子供たちに食べさせて、南は常呂《トコロ》との境から北は紋別との境まで、海岸は砂に足をとられて歩きにくいからと、高みのところに道をつけ、二里（八キロ）ごとに休憩所を作った。

その仕事があらかた終わったころ、兄のチャロマウコツも帰ってきたので、ともに力を合わせ、番屋の世話をなにひとつ受けることなしに、陸地を切り拓いて六里（二十四キロ）の道をつけ、トド松の皮を剝いで三カ所に休憩所を建てたのであった。

このシトスコテの行為は、幕府のご法を尊重し、ご直轄のご趣旨を理解して、自分の持物を番屋のために用立てて兄の落度とならぬようにしたもので、まことに感服すべきものである。だが、このような義心厚い者に対して、宗谷、留萌《ルルモッペ》などの役人、支配人たちは、一向に大切にしようとしないのは、すこぶる嘆かわしいことであった。

23　兄弟の譲り合い、ケンルカウスとエラマオイ

太平洋岸釧路《クスリ》場所から釧路川を十里（四十キロ）ほど溯った塘路《トウロ》という所に一つの湖水（塘路湖）がある。周囲は十二、三里（四十八〜五十二キロ）で四方は山に囲まれ、水深は数百尋《ひろ》（一尋は約一・八メートル）ほどもある。

湖岸にはアシやオギが生い茂り、とくに水葱（ガマ？）が多いので、アイヌたちはこれで敷物を作って方々に運び出し、それでなかば生活を立てている。

また湖には、ウグイ、イトウ、アメマスなどが多くて暮らしやすいため、この湖畔に住む十五、六戸のアイヌたちは、漁業だけで生活が立ち、浮世の辛さを知らぬ別天地のようになっている。

名前は忘れたが、この地を治めていた酋長は、若いうちに亡くなり、その役をサキレフという者が継いでいた。

前の酋長には息子が二人おり、兄をケンルカウス、弟をエラマオイといったが、エラマオイは成長ののちサキレフの家に養子に行って孝養を尽くしていた。

ところが、年月をへてサキレフ酋長が亡くなり、その村には酋長を勤める者がいなくなった。そこで会所では、ケンルカウスにその役を勤めるよう命じたが、彼は固辞してこのように言った。「私は生まれた親の家を譲られましたが、弟のエラマオイは私の家に生まれながら、よその家を譲られて継いでいます。それが養父の役目を勤めないとあっては、周囲から、仕方のない人間のように見られましょう。そのお役は、ぜひとも弟に勤めさせてくださるように」と。

ところが弟のエラマオイは「私は、たとえ他の家を継いだからといって、兄をさしおいてこの村の長を勤めるわけにはいきません」と言ってきかない。

そこで、ではもう一度、会所へ願い出ようということになり、両人が出頭したが、ここでも互いに義理を立てて争うのでどうすることもできない。このため、しばらく後任の件はそのままになっていたが、いつまでも放っておくわけにもいかず、では両人が鎮守の弁天さまのお社の前でくじを引き、それで決めるようすすめた。

これは断わることもできず、二人が神前でくじを引いたところ、弟に当たったので、今は弟に小使を勤めさせてあるという。

まことにこの二人の譲り合いは、古代中国の管仲《かんちゅう》と鮑叔牙《ほうしゅくが》*が、互いに黄金を譲り合ったのにも少しも劣らぬ美談であるゆえに、ここに記しおくものである。

*——**管仲と鮑叔牙**　ともに紀元前七世紀の斉《せい》の重臣。不遇な少年時代から無二の親友同士であったが、斉に内乱が起こり、管仲

が仕えた王子・糺は、鮑叔牙が仕えた王子・小白に敗れて殺された。小白は王位を継いで桓公《かん》となり、人材を求めた。鮑叔牙はかつて桓公に敵対していた管仲を宰相に推し、自分はその下の上卿となって、ともに斉の繁栄をもたらした。その友情を「管鮑の交り」とたたえられる。

24　孝子トモリキ

太平洋岸の勇払《ユウフツ》領は、東は沙流《サル》領、西は白老《シラオイ》領に接して、沿岸十二里（四十八キロ）ほどの地域である。その中に勇払、厚真《アツマ》、鵡川《ムカワ》の三つの川が流れており、鵡川が最も大きく、両岸にはアイヌの村落がいくつかある。

鵡川の河口、鵡川太《ムカフト》から三里（十二キロ）ほど上流にキリカツという村があり、今年四十二歳になるトモリキという者が住んでいる。

妻はシユエシ（三十四歳）、妹がウシユラ（三十三歳）、弟がイクラム（二十三歳）でその妻はシユウランケという。皆、気だてのよい者ばかりで、カニロカという老母と一家六人で暮らしているが、孝行を怠ったことがない。兄弟三人が、幼いときから「われわれ三人で孝行を尽くそう」と約束し合い、いずれも母親のそばを離れることなく仕えてきた。

去年、その老母は亡くなったが、それ以後も、まだ生きているかのように仕え、雨風のときなどは墓地に行って夜っぴてお守りをするなど、一家五人、少しも変わることなく暮らしているのは、まことに見上げた次第である。そこで今年も、駐在の役人が、一家の孝養ぶりと睦まじい暮らしぶりに感心されて、米やたばこなどを賜わったとのことであった。

25　酋長ムンケケ

太平洋岸釧路《クスリ》場所の第三酋長ムンケケは今年五十四歳、妻はイタンキシユイといい、その間に一人いる息子は髪を和風に改めさせられ、富太郎と名づけられている。

このごろ、釧路場所駐在の役人たちは、しきりとアイヌたちを捕え、また米、たばこなどを与えては髪形を和風にせよと命じ、それでもきかぬときには、むりに鬢を剃り、髪形を変えさせていた。

こうして、今日はだれだれの姿を改めた、明日はだれを召しとって月代を剃ってやるなどというので、妻を置き去りにして逃げる者、子を捨てて山中に隠れる者があれば、またそれを追いかけて捕え、むりやり鬢を剃り、髪を結わせるなど、目もあてられぬありさまとなった。こうして、およそ五、六十人ものアイヌたちが、毎日のように捕えられたため、五、六百人もいた釧路のアイヌのうち会所の地元に居残る者はいなくなってしまった。

するとこんどは、白糠《シラヌカ》のほうへは同心のだれそれと番人のだれそれが行って、今日は何人召し捕ってきた、仙鳳跡《センホウシ》には足軽のだれそれと番人のだれそれが行って何人捕えた、山中にはだれ、

325　酋長ムンケケ

海岸にはだれと、出口、裏道のそれぞれに見張りの番人を置いて、まだ髪形を改めぬ者がいれば、老若の別なく見つけ次第捕えては、むりに姿を変えさせるのであった。

そのやり方は、あたかも嘉定屠城紀略*の物語を読むかのようで、女、子供たちは木陰、山陰に隠れて口もきかず、私の夫はもう剃られただろうか、うちの子はどうしたろうかと案じるばかりである。老人たちは床の上で涙にくれ、もう三日にもなるのに、魚一匹与える者もいないので食事もとれず、この暴虐はいつやむことか、もはや天地も崩れてしまうのかと嘆くばかりであった。たまたま遠方からご用状を運んできた者に聞けば、厚岸《アツケシ》では、大半の者が剃られた、根室でもほとんどが召し捕られ剃られたとのことで、心の安まるときもない。老人たちはもとよりのこと、女たちも、皆、もうこの世に生きる甲斐はない、飢死して恥をさらすよりは、海や川に身を投げてしまおうと覚悟するほかはなかったのである。

このとき、ムンケケ酋長はただ一人、同地駐在の役人の前に進み出て「わしはこの地の酋長、ムンケケと申す者でござりますが、このたび、幕府ご直轄となったというので、アイヌたちの鬚を剃り落とし、月代を剃らせておられますが、これは先祖に対して申訳なきことゆえ、おやめいただきたい」と、道理を立てて申しのべた。

しかし役人は少しも聞き入れようとしないので、ムンケケは、いまは生きている甲斐もないとその場を退き、研ぎすました小刀を左の脇腹につき立てようとした。

番人の重兵衛は、立ち去り際のムンケケが、いかにも死を覚悟した様子に見えたので、ものかげからひそかに伺っていてとびつき、右手を押さえてとめ、その次第を駐在の役人に聞かせた。もともと、この役人にしても、一寸先は闇で先の見通しがあったわけでもなく、思いつきでやっただけのことゆえ、ムンケケの意気ごみに強気もうせてしまった。そして、五十日か百日の間に釧路のアイヌに残らず髪を結わせ、それを手柄に出世しようとした当てもはずれて「それならば髪を剃り落とすことは許すであろう」と顔青ざめて答えたというのも、滑稽なことであった。

もしも、この処置が、髪形を和風に変えることでアイヌたちの将来の幸福を図ろうとする本心から出たものだったならば、ムンケケ一人の言葉によって、氷が春の日に溶けるように変わったはずはない。

釧路場所千三百二十六人のうち四百八十三人までが髪形を改め、名前も和風に変えたと届けにも出ていたのだが、このムンケケの義心によって沙汰止みとなり、今春、私が釧路へ行った際には、髪を結ったアイヌはたった三人しかおらず、皆、もとの断髪に戻っていたのも、まことにおかしいことであった。

＊――**嘉定屠城紀略**　朱子素著。明朝末の一六四五年、清軍が南下して江蘇省嘉定城（上海の北西方）を陥れた際の残虐行為の記録。城の内外で殺された兵士、民衆は二万余にのぼった。本書は清朝時代は永く公刊されなかったが、江戸中期にはわが国にもたらされ、紀州藩の儒者、斎藤南溟の校注で発刊された。武四郎が本書をここにあげたのは、幕府の役人によるアイヌの風俗改革の強制と、清軍が占領地の民衆に髪を切らせ、満州風の辮髪とするよう強制したこととを、よく似た蛮行とみたためであろう。

26　占い者コエルエル

オホーツク海岸の斜里《シャリ》領の広大さは前にも述べたとおりで、東北は同地方最大の岬の知床《シレトコ》、南は釧路《クスリ》領と接して、全域三十三里（一三二キロ）に及ぶ。東南方には多くの高山があり、とりわけオンネノボリ（羅臼《ラウス》岳）、チャチャノボリ（斜里岳）、ユワオノボリ（硫黄岳）など、その絶景は筆の及ぶところではない。また、同地には、網走《アバシリ》湖、能取《ノトロ》湖、藻琴《モコトウ》湖、濤沸《トウフツ》湖などの湖沼があり、数えきれぬほど多くの魚介がとれる。

そのようなめぐまれた所であるので文政五年（一八二二）の松前藩へのお引渡しの際は人口千三百二十六人、戸数三百十六軒もあったのであるが、今では人口七百十七人、百七十三軒と減ってしまい、十七カ所に分かれて住んでいる。

かつて幕府ご直轄のころは漁業もすこぶる盛んだったのだが、松前藩領となってからはすっかりさびれ、今は番屋の番をする者がいる程度で、働き手はすべて国後《クナシリ》、利尻《リイシリ》等へやられ、残っているのは老人や子供だけとなってしまった。その上、去る戌年（嘉永三年、一八五〇）からは水揚げが皆無となって、どうすることもできぬ状態であった。

同地のチアニという三十九歳になるアイヌの姉で、コエルエルという四十七、八歳になるが、なぜか夫を持とうとしない女がいる。この者が卯年（安政二年、一八五五）の春に「今年からは漁があるはずじゃ。国後や利尻にやられているアイヌの半分も、ここへ置いておけばよいものを」

と言った。

そのときは支配人も、なにをでたらめを言うかと聞き流していたのだが、その年は思いがけなく、五年ぶりでマスがかなりとれた。

しかしアイヌがいないため、思うような漁はできなかったという。

その翌年の辰年の春、コエルエルはまた「今年はニシンの群れも来るじゃろう」と言ったところそのとおりとなり、また、その翌年の巳年には「今年はニシンもマスも来る。また五十年前から一匹も来なかったタラも来るじゃろう」と言ったが、果たしてその秋にはタラも来たということである。

そこで人々は「これはきっと、幕府ご直轄となったことのお知らせであろう。このぶんならば、昔とれた魚は何によらず、ご直轄のご威勢によってやってくるだろう。おそらくイワシもとれるに違いない」と言って、海にイワシ網を立てようとした。コエルエル婆はそれを見て「それはむだなことじゃ。イワシは来るとしても、今年はまだ岸には近づくまい」と笑ったが、果たしてそのとおりであった。

そして今年の春となって「今年こそイワシの大漁があるに相違ない。方々の漁況もよいようだ」と、前年を上回る準備をしたところ、老婆は「それこそむだじゃ。今年は少なかろう」と笑っていた。

ところが、私が四月二日に同地へ行った際には、漁期の初めで、すこぶる景気がよいと張り切って「今年はあの婆さんの占いも当たらなかった」と笑っていたのだが、また五月七日に行ってみたところ、支配人も通訳も青い顔をして「またしても、あの婆さんの占いが当たって困っております」と言っていたのは滑稽であった。

漁があるといえば、欲につられて信用するが、ないと言われたので縁起がわるいと信用せず、むだな手配をして損をしたのであろう。それがおかしさのあまり、コエルエルの占いのみごとさを、ここに記しておくものである。アイヌたちの生活は、このような人々の指導のもとにいとなまれているのであろう。

27　感心な少年ヤエモシユモシユ

オホーツク海岸紋別の渚滑《ショコツ》川は石狩岳の裏側に水源を発し、その川沿いに昔はアイヌの村落が数多くあったというが、今では上流のほうは次第に滅びて、河口から二里（八キロ）ほどの間に三、四カ村が残るだけとなり、いずれも漁業だけで暮らしている。

その中のウエンノッという村には、人家が四軒ある。一軒は独り暮らしだったが宗谷の漁場にやられ、二軒目は六十いくつの老人夫婦と息子二人がいたが、ここも息子たちは宗谷にやられて、家には五、六歳の女の子と、病身の妻だけが残っている。

331　感心な少年ヤエモシユモシユ

四軒目のイソコランは三人の子供がいるが二、三年前に宗谷にやられて、家には妻と三人の子供だけが残された。下の二人の子供はまだ七、八歳だが、兄のヤエモシユモシユは今年で十三歳ほどになる。彼は他の二軒の家に毎日のように薪を取って運んでやり、またわが家の母親にもよく仕えて、まことに比べるもののない孝行息子である。

このたび、幕府ご直轄となったことにより、どこでも畑を拓いて農業をするようにとのおふれが出、あちこちで畑づくりが始まったと聞いたヤエモシユモシユは、「われわれの村では元気な者は皆、宗谷へやられたために、いまだにだれ一人、畑を作る者はいない。せっかくありがたいおふれが出たというのに、なぜこれを守らないのかと人に問われたならばどうすることもできぬ。人手がないから仕方ないと言うのでは、人々から言いわけを言っていると思われて口惜しいことだ」と考えた。そして、古い鉞《まさかり》に横に柄をすげて、それで四間（七・二メートル）四方ほどの畑二枚を作り、去年、番屋のゴミ捨場から拾ってきたというカボチャの種を植え、その傍にダイコンを一畦《うね》ほど作った。だが、まだ種が足りないというので、山から斑《まだら》大根を抜いてきて植えてあったのは、まことに感心なことであった。

その志は、天地の神々にも通じたのであろう。だれかが彼の行状を番屋に告げたことから、駐在の役人から、たびたび米、たばこなどを賜わったという。まことにけっこうなことであった。

28　酋長センケ

オホーツク海岸の宗谷場所は、西は天塩領のエキコマナイ、東は枝幸《エサシ》領との境のヤムワツカに至るまで、沿岸三十里（百二十キロ）あまりを占めている。今では枝幸、紋別等までも、宗谷場所の支配下のようになったので、同地の酋長には総酋長と、総の字がつけられている。このセンケは今年四十八歳、妻はシカトンチマツといって四十四歳となる。夫婦ともに穏やかな性格で口数少なく、義理を重んじて目下の者をいたわり、目上を敬って、総数八百人余のアイヌたちの頭と敬われているが、それにふさわしい人物であることは一目見れば知れるのである。

このたびの幕府ご直轄に伴い、役付きアイヌから下男に至るまで、その風俗を和風に改めよとのおふれがあったが、アイヌたちはそれを喜ぶどころか、一人としてそれに従う者はいなかった。そこでセンケ酋長を運上屋に呼び出して、「おまえから風俗改めのことを言い聞かせたならば、それに従う者もあるであろう」と説得を命じられたところ、その後、五人だけ、風俗を変えさせる旨を申し出てきた。そこで駐在の役人や支配人たちは、さらに追加して希望者を出すようにと命じたところ、センケ酋長は自分の家に伝わったさまざまな宝物を残らず運上屋に持参するよう下男たちに命じ、これを役人に差し出して「どうかこれで風俗を変えさせることはご勘弁いただきたい」とくれぐれもお願いした。

ところが役人は、すこぶる職務に忠実で一向に聞き入れず、やがてアイヌたちを各所から捕えてきて、百人あまりの鬚をむりに剃り落としたのであった。するとその年のうちに、そのアイヌたちの中からふしぎな病気にかかる者が出て、死者は七、八人となり、さらに病気が広がってきた。このため、誰言うとなく、風俗を変えた者は、皆、病気で死に絶えるといううわさが広まっていった。

センケはこれを聞いて非常に驚き「これはとんでもないうわさもあるものじゃ。もしもこの上、死人でもあれば、アイヌどもの考えも変わり、ゆくゆくは幕府《おかみ》のご政道の障害となるかもしれぬ」と、木幣《イナウ》を削って毎夜のように山の神、海の神に捧げ、「どうか風俗を変えた者たちの病気を治してくださるように、さもなければ今後、風俗を変える者はなくなるでございましょう。そのためには私の身命を山海の神々に奉ります」とひたすらに祈ったのであった。

その志を神々もお受けになったのであろうか、アイヌたちの病気は治ったのだが、センケ酋長は、それが前世の因縁でそれまでの寿命であったのであろうが、今年五月はじめ、ウエントマリの土に還ったのは、まことに哀れなことであった。

宗谷場所一円の人々は、一人としてセンケ酋長の死を哀れみ、悲しまぬ者はなく、私の旅行中も、どこで休憩し、また渡し舟を待つ間にも、会う者すべてが彼のことを私に語ったのであった。

そこで、その事実を確かめた上、ここに記しおくものである。

29　仙人*シコツアイノ

シコツアイノは、もとは太平洋岸十勝領の会所元の生まれで、今年、三十五、六歳となる。幼いときから人里を嫌って山中にいることを好み、一日でも山に入らねば気分が悪く、三日山に行かねば病床につくといったありさまであった。絶えず弓矢を携えて巨大な熊や鹿を仕とめてはそれを食べ、いつのまにか穀類は食べなくなった。そして三年ほど、それを続けたあげく、ふいと家を出て石狩の山中に入り、衣類が破れ果てれば毛皮を着、獣肉を食べて三十年あまり、人の顔を見ることもなく暮らしていた。

だが、この七、八年前からは、オホーツク海岸の紋別との境にあたる渚滑《ショコツ》川の上流に移って、そのあたりに住んでいるという。この紋別付近では、ときとして彼の姿を見る者もいて、シコツアイノと呼んでいる。

私は、それなら山中のことに詳しいであろうと会いたく思い、今年の五月二十三日、この川沿いに溯って、およそ二十里（八十キロ）あまり上流に行ったところ、思いがけなく彼と出会った。そこで、あれもこれもと山の話を聞かせてもらったところ、なるほど石狩、天塩、夕張《ユウバリ》から阿寒《アカン》、釧路《クスリ》に至るまでの山々について、掌の中の物を指すように、ありありと語るのであった。

穀類を食べなくなってから二十年余、塩もまた、ずっとなめたことがないというので、米、塩、糸、針などを与え、各地の話を聞いてから「おまえはもともと十勝アイヌなのに、どうしてシコツアイノと名乗るのか」と尋ねた。

彼は「土地の名を名乗れば長生きしますので」と言うので「そのように穀物も塩も食べずに長生きをして、なにか楽しいことがあるのか」と問うた。

するとシコツアイノは答えた。

「わしは四十七、八になりますが、これまでにも世の中がいろいろと変わるのを見てきました。あと四十年、五十年と生きていれば、さだめしいろいろなことを見聞できると思って長生きを願っているのです。衣食住の望みはなにもありませぬ。ただ、この蝦夷地の行く末を見届けたいだけであります。そう思っているうちに松前藩の支配は終わり、蝦夷地は江戸のご領分となりました。そうなれば、こんどはアイヌの面倒をよくみてくださるかと思い、山を降りて里で話を聞いてみたところ、下々の者を痛めつけるやり方は、松前藩のころとさして変わってはおりませぬ。このようなことでは、昔あったように、ロシア人やその他の外国人どもがやってきて、アイヌを手なずけたならば、この蝦夷地はどうなってしまうことやらと、それを見届けたいがために、こうして長命を願っているのであります。また、このたびは、アイヌに月代《さかやき》を剃らせて髪を和人のようにせよとのことではありますが、当地のアイヌたちは、だれも剃ろうとはいたしません。それならばどのような姿に変えられるのじゃろうかと、それが心配であります」と涙を流し、ではおさらばと別れを告げて山に入ろうとするのであった。

そこで古い襦袢一枚を与え、鍋は持っているかと尋ねると、破れ鍋一枚を持っていたが今は半分になってしまったとのことゆえ、それならば、箱館に帰ってから必ず鍋を一枚やるからと約束したところ、さらばさらばと、後も振り返らず、足早に山中へと去って行った。

＊――原文には「小仙」とあるが、「山仙」の書き誤まりとみなして、「仙人」と訳した。

30　孝子[*1]シアヌ

孝子シアヌは日高の沙流《サル》領門別《モンベツ》村のやもめアイヌ、イルチカンの息子で今年三十三歳になる。

339　孝子シアヌ

兄のチタラエは三十九歳だが釧路の厚岸に出稼ぎに出され、家には兄嫁と、五十八歳になる老父と、ネサムコロという四つになる姪が残って、四人で家を守っていた。

去年の秋ごろ、山に渡り熊が多数出没して危険なため、鹿猟に出る者がいなくなり、家の鹿肉の貯えもなくなってきた。ところが父親は鹿肉が好きで、しかも年老いて歯が弱ったため乾肉は食べ辛く、鮮肉でなければ食べられない。そこでシアヌは、渡り熊がいるというのもかまわず、鹿肉がなくなると山へ入って、一頭、二頭と鹿を仕止めては父親に食べさせ、孝養を尽くしていた。

八月の中ごろ、シアヌはまた石狩に出稼ぎに行くよう会所から命じられたが、出発にあたって支配人に「一両日の間、お暇をいただきたい」と申し出た。

支配人が「漁が忙しいときだが、事情によっては認めぬこともない。なぜか」と尋ねると、孝子は答えた。

「私の親は日ごろ鹿肉を好みますが、年とって乾肉を食うことができませぬ。一両日、お暇がいただければ、その間に一、二頭の鹿をとって親に渡してから出発したく思います」

支配人が「それはよろしいが、このところ熊が多く出るため、鹿はこの村には一頭も出てこず、近くの山にも見かけぬ。一両日ほどで鹿をとることはむずかしかろう。もし、鹿がとれたならば、会所から親のところへ持たせてやるから、このたびはすぐに出発せよ」と言ったので、シアヌもやむをえず、「それならば明日早朝、出発いたします」と答えた。

その日は家に帰って荷物の支度などをし、明日は石狩へ旅立とうと、寝ようとするとき外のほうで大きな物音がした。

そこで熊でも来たのかと弓矢を持って門口へ出て行くと、一頭の大熊が鹿を追ってくる。シアヌは誤たず一の矢を熊に放ち、二の矢を鹿に当てた。熊が立ちあがって孝子にとびかかろうとするところを山刀《タシロ》を振りかざして組みつき、いささか傷は負ったもののその熊を刺し殺し、鹿も仕とめて父親の食料に与え、熊は翌朝、会所に持参したのであった。

同地の支配人の長吉は、まことに心がけのよい者だけに、シアヌに向かって「おまえは日ごろから親に孝行を尽くしてきたからこそ、このように家の近くで鹿をとることができたのだぞ。昔、唐土《もろこし》という遠い国でも、孝行息子が雪の中で筍《たけのこ》を掘り、また庭先で大きな魚[*2]を得て親に食べさせたという話がある。親を大切にするほどよいことはない。これからもますます親を大切にするのだぞ」とくれぐれも言いさとして、その年は石狩への出稼ぎを免除したという。

およそ蝦夷地の支配人といえば、アイヌを畜生のようにこき使うものであるが、この支配人の心がけは人なみはずれてすぐれており、このようにシアヌの孝心を褒めてやったとは、まことに感心なことといえよう。

＊1――原文では「孝女」となっているが、内容から推して「孝子」とした。

＊2――**雪中の筍、庭先の魚**　いずれも中国の孝子説話『全相二十四孝詩選』（元代の人、郭居敬編）による。その一、孟宗《もうそう》の老

母は重病となって寒中に筍が食べたいと言った。孟宗が竹林に入って涙を流して天に祈ると数本の筍が出てきたので、これを料理して食べさせると母の病も治った（孟宗竹の名はこれからつけられた）。その二、姜詩《きょうし》の母は、六、七里も離れた川の水を飲み、いきのよい魚を食べることを好んだので、姜詩夫婦は力を合わせて水を汲み、魚を捕えて孝行を尽くしていると、あるとき庭先から美味な泉が湧き出し、中から二匹の鯉がおどり出てきた。

31　ラムロクシの義心

ラムロクシ（三十七歳）は宗谷の運上屋の地元に住むコムスケ老人に幼いころから育てられ、その家の後を継ぐよう、年ごろとなってエコトク（二十九歳）という妻を迎え夫婦となった。そして養父が年とってゆくことをなにより悲しんで朝夕、孝養を尽くしていた。外で一椀の酒をよばれても、口をつけずに持ち帰って養父にすすめるなど、まごころこめて世話していたのである。

そのコムスケが病気にかかったとき、養子に向かい「このたびアイヌの風習を和風に改めよとの仰せが出た。ありがたいことじゃから、わしが死んでも、決してこの家を焼き捨ててはならぬぞ」と言った。

ラムロクシはこの遺言を枕元で謹んで承り、養父の死後も肝に銘じて、葬式の後もアイヌの風習に反して家を焼き捨てることをせず、きちんと喪を守って、丁重に墓参を続けたという。

こうしたことは、アイヌの風習を知らぬ人からみれば、たいしたことではないとお思いであろうが、総じてアイヌとは、そのしきたりにそむくことは、たとえ身を粉にされ、骨を砕かれようとも承知しないものなのである。にもかかわらずラムロクシが養父の一言を守って、少しもそむくことがなかったのは、まことに最高の孝行ということができよう。

惜しいことにラムロクシは、老父が土産取の役を勤めていたのに、その死後、自分にそれが回ってこなかったことを不孝のように思いこみ、その気落ちから病気となって、今年の二月、まだ三年の喪も勤め終わらぬうちに亡くなってしまった。残念なことである。

32　大工シハシランクル

太平洋岸の千歳《チトセ》は勇払《ユウフツ》領に属し、昔はシコツといったが、その音が縁起が悪い（死骨に通じる）というので、箱館奉行羽太《はた》安芸守正養殿が、この地にはツルが多いため〝鶴は千年〟に因んで千歳と改められたのである。

同地には古くから番屋が一棟ある。千歳川に沿って長都《オサツ》、漁《イサリ》、蘭越《ランコシ》、烏柵舞《ウサクマナイ》などの部落があり、計七十軒、三百余人のアイヌが住んでいる。

この川は石狩川の支流で、この地のアイヌはすべてサケ漁を生業としているため、サケの登ってくる秋のころには、千歳の番屋には番人、アイヌなどがおおぜい住んでいる。しかし、冬、春、夏のころには、ほとんどの人々が太平洋岸の樽前の漁場でイワシ網を曳いたり、または日本海岸の石狩、厚田《アツタ》、小樽《オタルナイ》等でイワシ漁などをするため、この番屋にいる和人は一人か二人きりとなり、ときとしては和人が一人もいなくなることもある。

この地に住むシハシランクル（三十五歳）は妻のマエトカ（三十歳）との間に三人の子を持って、すこぶる仲睦じく暮らしている。

シハシランクルは幼いときから大工仕事をおぼえて、いつもそれを仕事とし、漁業には出ていないが、その合間には好んで習字をし、それを固く隠していた（松前藩領時代はアイヌの学問は禁止）。ところが幕府ご直轄となって、アイヌたちも習字や読書をするようにとのおふれが出たので、シハシランクルはこれまで秘密にしていた習字をさっそく始め、番屋に和人がいない場合は、ご用状の請取りや、おふれ書の写しを書くなどをしている。

これもありがたいご時世の現われとつくづく思うものである。

33　古老の爺と婆

太平洋岸日高の静内《シツナイ》場所は、東は新冠《ニイカツプ》、西は三石《ミトシ》の地に接して、海岸線は四里三十丁（約十九キロ）ある。この中に染退《シビチャリ》という大河（現・静内川）が流れ、その両岸に村落が開けて、戸数百四十九軒、人口八百三十三人に及んでいる。

部落は、会所元、フシモンベツ、アサミ、シビチャリフト、トウフツ、ヌフカ、ルベシベ、市父《イチフイ》、マクンベツ、ベラリ、ノヤシヤリ、チヌイヒラなど三十二カ所に分かれ、海山の獲物の多さは、はるかに他の地にまさっている。染退川は五里（二十キロ）ほど溯ったところでメナシベツ（東川）、シユンベツ（西川）の二つに分かれる。メナシベツは浦河《ウラカワ》領のホロノホリ川と並んで十勝岳に、シユンベツはヒホク川と並んで沙流《サル》方面に達する。どちらの水源もはるかな奥地で、山岳が峨々としてそびえ、剣を並べたかのようである。

寛文（一六六一〜七三）以前には、静内の奥、アベオナイの地に、羽後秋田仙北郡の鉱山師、庄太夫という者が多くの鉱夫をつれて入り込み、金銀鉱山を開いて多大の利益をあげ、大いに繁栄した。そして同地の酋長シクシアイノ（今はなまってシャクシャインという）の娘をめとって妻とし、オマヒシ、ニシサンなどというアイヌの豪傑を配下にして四方に勢威を振るった。

そこで寛文九年（一六六九）、松前家より多くの軍勢を遣されて服従を命じたが、シクシアイノ側はこれにも従わなかったため、蠣崎某（作左衛門）殿がこの地に下り、長期にわたって包囲、アイヌ勢は次第に兵糧が尽きて、ついに自害したという。

このようないわれがあるだけに、この地は後には峨々たる高山がそびえ、前には矢よりも早い激流が地軸を砕くごとくとどろいて両岸を打つ、まことに要害堅固の所である。

この川沿いのトウフッという村に今年七十七歳になるイタクチンネという老爺と、その隣家に八十一歳になるハルアンカという老婆が住んでいる。

私は、彼らの昔語りを聞こうと同地を訪ねて宿をとったところ、二人とも杖にすがって私のいる丸木小屋に入ってきた。

そして昔からの金掘り庄太夫の話、オニヒシ、ユサンの英雄ぶり、シクシアイノの強豪のさまなど、さまざまものがたった末に、イタクチンネはこう言った。

「わしの父親はコアロフニ、このハルアンカの父親はヤエヌアイノと申しました。わしらがまだ鬚も生えぬころ、間宮倫宗（林蔵）というお方がこの地に来られ、コアロフニとヤエヌアイノの両人を水先案内とし、そのほか四人の従者を召しつれて、この上流にのぼり、山々、沢々を調べて下ってこられました。

ところがシユベツの二里（八キロ）ほど上流のテクルンヘツまで下ってきたところで舟がひっくり返り、幾尋《ひろ》もある水底に転び落ちて、大小の刀も失い、衣類も濡らされて、わしらの父親と一緒にやっとの思いで帰ってこられました。そしてヤエヌアイノの家に立寄り、衣服を乾して立ち去られたのでございます。その後も、この海岸を二、三度にわたり通行されるたびに、わしらのところにお立寄りになり、土産をいただいたものでございます」

二人はこのように一晩中、間宮先生の思い出を語り、さめざめと涙を流して、私の旅愁を慰めてくれたのであった。

その心情の率直で淳朴なことはたとえようのないものがあったので、ここに記して、世の方々にアイヌの美しい心を知っていただこうとするものである。

34 孝子シユクフウクル

太平洋岸勇払領の鵡川《ムカワ》は、河口から約八里（三十二キロ）ほど上流で、二番目に大きな支流と分かれる。このあたりが似湾《ニワン》で、川に沿って八軒ほどの人家があるが、元気な者は皆、海岸の漁場にとられて、老人や子供たちだけが畑で暮らしを立てている。

この地のアイヌ、シユクフウクルは今年三十八歳、妻のモンテカカは三十六歳で、その間に四人の子供がある。父親には早く死別して、ロニキサンという五十歳あまりの母親がいるが、夫婦ともまことに孝行で、食事もその気に入るよう心がけ、いつも万事につけてそむくことなく尽くしてきた。

シユクフウクルは漁場にやられてからも、ときたま漁が暇なときには、夜になると漁小屋を脱け出して、七、八里（二十八～三十二キロ）も離れた家にひそかに戻ってきては、自分がもらった給与の米などを母に与え、夜の明けぬうちに漁場に戻って、仕事には差しつかえのないようにしていた。

海岸から似湾までの間には、厚真《アツマ》のキムンコタンという所から奥が、木々がうっそうと茂った原始林で野獣が多く棲み、あるときはヒグマに会い、狼の吠える声を聞き、また狐や狸が怪しい火をともすことなどもある。その中を、あるかないかの細い道を通って行くのであるから、その志たるや、なみたいていのものではない。

このような孝行者に対しては、猛獣も爪や牙を立てることができないのであろうか。このことが誰言うとなく広まって、支配人や駐在の役人の耳に入ると「いかに孝行のためとはいえ、夜中、漁場を脱け出して自宅に帰るとはけしからぬ」と、一時はひどく叱りつけられたのであった。

だが、そのうちに他の場所においては、孝行な者たちが、それぞれお賞めにあずかっていることがわかってきたので、今では役人や支配人たちも、シユクフウクルの行為をとがめぬようになったという。これも彼のまごころのほどを神々がご覧になったためであろう。

35 酋長サケノンクル

太平洋岸の新冠《ニイカツプ》場所は、沙流《サル》場所と静内《シツナイ》場所の中間にあり、海岸線はほぼ三里八丁（十三キロ弱）ほどある。昔はビボクといったのだが、その呼び名がよくないと新冠に改められたのだという。

新冠川の河口から水源までは、およそ三十里（百二十キロ）あまりあって、その奥は十勝領に接している。その両岸に沿って姉去《アネイサラ》、高江《タカエサラ》、ソリハライ、万揃《マウニソロ》、フルケシ、オシャマニ、厚別《アツベツ》と七カ所の村落があり、人家が百十軒、人口が四百十人あるという。この地のアイヌはすこぶる山中の猟を好み、いつも弓矢を持ち歩いて、その性質は剛勇である。

現在、この地域の総酋長を勤めているのがサケノンクル、その名を日本語に訳すれば大酒飲みという意味だという。常に大酒を飲んで、酒さえあれば一粒の穀類も口にせずに十日も二十日も上機嫌で過ごしている。

酒を飲むとふだんの十倍もの大力となって、大木や大石を持って力比べをすれば、村中だれ一人としてかなう者はいない。

四百人あまりものこの場所のアイヌたちは、サケノンクルの一言に草木がなびくかのように従って、その命令にそむくもの、軽んじるものは一人としていないという豪傑である。

年齢はすでに六十七歳、頭髪は秋の霜のように純白となっており、身の丈は六尺二、三寸（百八十四〜六センチ）ほどもある。勇気凜々として、まだ少しも衰えをみせない。

サケノンクルの幼いころ、間宮倫宗（林蔵）殿がその性格を愛して、山中探検の折に召しつれられた。そして別れにあたり一挺の墨を与えて、宝物を収める箱を作ったならば、この墨で塗るがよいと言われた。

彼はこの墨を今もその時の記念として大切に持っており、僅か十日ほど間宮殿に従っただけであるのに、その間、すこぶる親切にしていただいたと語っては、その墨に見入っていた。そして時々は木幣《イナウ》を削ってはその墨に供え、拝んでいるとのことである。

私は七月はじめ、彼の家を訪ねて一泊し、各地のことを尋ね、また間宮殿の山脈水脈探検の話などを聞いて、大いに有益であった。

そこで、この酋長の純朴さと、間宮殿の民衆に対するなみならぬ愛情とに感銘を受けたままを記しおくものである。

36 豪勇のハフラ酋長

太平洋岸の沙流《サル》場所は、西は勇払《ユウフツ》領、東は新冠《ニイカツプ》に接し、その中には沙流川《サルベツ》という大河がある。その水源は十勝領、または石狩領夕張《ユウバリ》と接しているというが、そこまでつきとめた者は古来、稀である。

沙流場所の中には、沙流太《サルフト》、平賀《ヒラカ》、紫雲古津《シユムンコツ》、去場《シヤリハ》、荷菜《ニナ》、二風谷《ニフタニ》、長知内《オサツナイ》、幌去《ホロサル》、貫気別《ヌツケヘツ》、荷負《ニヨイ》、門別《モンベツ》、ニナツミ、カハリ、アツヘツ、平取《ヒラトリ》と十五村落に分かれ、文化年間（一八〇四〜一八）以前は人口が千七、八百人もあったのだが次第に減少し、今では千二百二十人ほどしかいない。

その場所中の平取村に義経大明神の社といって、小さな祠《ほこら》が数十丈（一丈は約三メートル）の岩壁の上に祀られている、すこぶる風景のよい所がある。

今はそのご神体は海岸の運上屋のもとに祀られている。そのいわれは、つぎのようなことであった。

昔、源九郎義経公[*1]がこの地に来られ、平取村の酋長某のもとに一泊、給仕に召した同家の娘某を寵愛された。義経公はこうして、この家に伝わる兵法の秘伝書を盗みとろうとされたのだが、酋長もさるもので少しも油断せず、やがて娘が義経公の子供を出産しても、宝のありかを明かそうとはしなかった。そこで義経公は酋長を油断させるため盲目をよそおっていたが、あるとき、わが子を抱いて炉端に座っていた際、子供を火の中に落とし、目が見えぬため助け出せぬふりをされた。

これを見た酋長は、火中に落ちたわが子を助けられぬようでは、本当に目が見えないのであろうと安心して、秘伝書をお渡ししたのであった。

義経公はこの巻物を見て、雲を起こし、雨を降らすなどの秘術を身につけられ、浜辺に出ると小舟を盗み、それに乗って沖へと逃げ出された。酋長は大いに驚いて跡を追ったが、義経公は神通力によって雲を起こして姿を隠し、追手の舟が離れるとまた雲を晴らしなどして、ついに満州という国へと去られたという。

そのとき炉の中に落とした子供は死んでしまったが、娘の胎内に宿っていた義経公の忘れがたみがその後に出生、成長して家を嗣いだ。以来、家系は連綿と続いて今に至っているという。

しかし、なにぶん文字のない国のことゆえ、何の書物や系図らしい物とてなく、ただ口伝えだけが残されている。それをここに記そう。

○祖先――クンラクシ（妻は神であるという）――イコンヌセ（妻アシレッテ）――サマンリワク（妻シユイサンケ）――ハコトウシ（妻オロクテクル）――シヤノバチ（妻ヒリカモン）――バモン（妻ヒリカアン）――コリカタ（妻イソコロ）――イクワツテ（妻ヘキシヤ）――ホロフニ（妻モントカ）――ハーフラ（妻シコタン）―┬女子シユーラクシ
└イカシコロ（妻シユチソレ）―┬イタクマウク
├シユツカトク
├エーハンテ
└ウウセラン

シツユカトク（妻アシリシハ）―┬男子死
├男子死
├男子死
└イチヤカアイノ

ハフラ酋長は右のような物語を少しもよどみなく答えてくれた。同家は現在は平賀という所に移住して、いまなお沙流場所全域の総酋長を勤め、義経公ゆかりの家柄というので場所中のアイヌたちから尊敬されている。

去る辰年（安政三年、一八五六）、蝦夷地が幕府ご直轄となると、場所駐在の役人が赴任してきて、幕府のご意向として髪を和風に改めるようにと命じられた。場所の支配人、番人たちも、公儀よりのご命令とあって、先の見通しもなにひとつないままに、きびしく実施に移そうとしたのであった。

ところがハフラ酋長はこれに全く承服せず、駐在の役人、某氏の前に進み出てこう言った。

「このたび蝦夷地が幕府ご直轄となりましたが、それがどれほどありがたいものか、これからどうなるのかは、だれにもわかっておりませぬ。このようなときに風俗を改めよとの仰せでありますが、風俗と申すものは、そうそうたやすく変えられるものではございません。ご直轄になってから六年、七年とたち、だれもがご直轄となって本当によかったと思うようになれば、わたくしがこの場所はおろか、蝦夷地を残らず回って、いずれの場所においても髪形をすべて改めさせてご覧に入れましょう」

役人はこのハフラ酋長の大言に二の句を継ぐことができなかったが、またつぎの日、ふたたび酋長を呼び出して言った。

「近年、蝦夷地の四方の海域に、アメリカ、イギリス、ロシアなど恐ろしい国々の大きな軍艦がやってきては侵略しようとうかがっている。そこでこの際、なんとしても髪形を和風に改めねばよろしくないぞ。さもなければわれわれも箱館のお奉行さまより、きびしくお叱りを受けるのだ」と。

これを聞いたハフラ酋長は大いに怒って言う。

「ロシア、イギリス、アメリカなどが多くの軍艦をもって攻めようとしているから髪形を改めよとは、なんとも納得のいかぬお話じゃ。たとえどのような髪形をしていようとも、われらアイヌの心さえ日本のお国のためを思い、どのような攻撃にもひるまずたたかうならば、たとえ百戦百勝とはいかぬまでも、むざむざと負けることはありますまい。

それに反して、たとえ髪は和風に改めていても、ご公儀のなさりようを恨む気持でいるところへ外国の船が来たならば、まず妻子を引きつれて野山に逃げ隠れてしまい、守る者のいなくなった運上屋は、たった一発の砲弾でけしとんでしまいましょう。さらには頭を剃られていても、このようにむりやり髪形まで変えられるような国の国民となるのはまっぴらだと思っていれば、彼らに降参して案内役を買って出る者さえ、ないとは申せませぬ。

それゆえ、皆がいやがっている髪形の改変をなさるよりは、まずアイヌたちの生活が成り立つよう、お世話くださるのがようございましょう。

また、われわれの髪を日本風にせよと仰せられるのは、まことにふしぎなことであります。われわれは以前から日本の国民と思っておりましたのを、今になって急に日本風にとは、なんともおかしなことではございませぬか。そういうことであれば、今までは日本国民ではなかったことになりますゆえ、異国人に従ったところで、日本国の掟にそむいたとは言えますまい。

その昔、蝦夷地が江戸のご領地となった折にも、赤狄《アカフト》（ロシア人）の船がやってきて、アイヌ

357　豪勇のハフラ酋長

に多くの宝物、米、酒、着物などを与えて手なずけようとしたことがございます。そのときもやはり、このような髪形でありましたが、一人として彼らに従うものはございませんでした。それというのも自分たちはみな日本の国民と思っていたためであります。

また、そのときのお役人方も、アイヌたちもご自分たちと同じ日本の国民と思っておられました。

それにまた、このたびわれわれが髪形を改めぬことには、箱館に聞こえがわるいと言われるのも、まことにおかしなことでございます。さてはあなた方は、われらの髪形を改めさせたのを手柄として、出世の糸口としたり、僅かなお手当でも頂戴しようとのおつもりですな。さてさて、けちくさいお考えじゃ」

このように大笑いして、少しもとり合わぬため、役人もどうすることもできない。そこで酋長は言った。

「箱館にご報告なさるのにお困りとあれば、私が申しあげたとおりを書き記して、それを箱館にお出しなされ。わたくしどもは他の場所のアイヌたちとは家柄もいささか違っておりますので、あなた方のご出世の材料になるために髪を剃って先祖からの風俗を変えるなど、もってのほかであります」と。

役人はこれには一言もなく、やむをえずハフラ酋長の家柄や、その言いぶんを聞きとり、いくらか文章を飾って箱館奉行所に報告した。これによって沙流場所においては、風俗改めの儀はお許しとなり、また名前も、よそでは多く和風に改名させられたが、この場所ではそのままとされた。

この酋長の堂々たる気迫によって、千二百人あまりのアイヌが開国以来の風俗を改めずにすんだことは、まことに感嘆に堪えぬことである。これ以来、東西蝦夷地の各場所においても、風俗のことはさして干渉されなくなったのであるから、ハフラ酋長の先見と決断は、なみたいていの者の及ぶところではなく、感嘆するにあまりありというべきであろう。

さて、こうして三巻の原稿を書き終わり、やっとのことで机上に筆を置こうとしたところ、この五、六日の疲れに心身くたびれ果てて筆を投げ捨てて机によりかかった。

一眠りしたかと思うまに、私の魂は陸奥《みちのく》の山河を過ぎ、七里の海峡の怒濤を越えて箱館の港へと行きついたのである。そして、私も一度は行ってみたいと思っていた箱館山上町にこのたび竣工したという三階建ての料亭に行ってみると、そこにはいまや富貴をきわめて栄えておられる役人方が、同地に名高い芸妓たちに三味線を奏でさせ、蛇足園[*2]の菓子、武蔵野[*3]の料理を並べ、請負人、問屋、大工の棟梁、支配人どもが太鼓持ちをつとめて歌えや舞えと歓楽を尽くしておられた。

そのとき、座敷を吹きぬける一陣のなまぐさい風に振り返って見れば、大皿に盛られた刺身は鮮血したたる人肉、浸し物はアイヌの臓腑、うまそうな肉は人の肋骨、盃に満ちているのは、みな生血ではないか。二目とみられぬそのありさまに周囲の襖を見ると、描かれた聖賢の画像はア

361　豪勇のハフラ酋長

イヌの亡霊と変わって、ああ、うらめしや、うらめしやと訴える声に、思わず目をさました。全身に冷汗が流れ、私はもとの深川伊予橋の仮住居、餐熬豆居《さんごうとうきよ》*4の南の窓の下の机にもたれていたのであった。

このアイヌたちの恨みの声を、私だけでなく各界有識者の方々に知っていただきたいとの願いによって、松浦武四郎源弘《みなもとのひろし》は、このように記しおえたのである。

*1——源義経公　北海道の各地には、義経・弁慶主従が登場する伝説が数多く残されている。これは、和人に対する親しみを抱かせるために内地から意識的に持ちこまれた説話が、在来のアイヌの始祖神オキクルミの物語等と習合して定着したものといわれている。

ここに紹介されている伝説でも、義経が酋長の娘を通じて秘伝書を盗み出そうとするところは、『義経記《ぎけいき》』巻第二の「義経、鬼一法眼《おにいちほうげん》が所へ御出の事」（歌舞伎では『鬼一法眼三略巻』）とそっくりだし、また、相手を信用させるために盲をよそおってわが子を火中に落とすというモチーフは、幸若舞の『入鹿《いるか》』にみられ、ともに日本臭がきわめて濃い。

*2——蛇足園　当時名高い菓子屋。

*3——武蔵野　当時箱館随一の料理屋。

*4——餐熬豆居　武四郎の住居。煎豆が好物だったため、みずからこう名づけた。

解説

山本　命

本書は「近世蝦夷人物誌」の現代語訳として、一九八一年に農山漁村文化協会から出版され、その後絶版となっていたものを二〇〇二年に平凡社から平凡社ライブラリーにて再刊され、また絶版となっていたところ、松浦武四郎が生誕200年、北海道命名から150年目の節目を迎えた二〇一八年に青土社より再刊されたものである。

原著である「近世蝦夷人物誌」は、初編・二編・三編に分かれ、さらに各編とも上巻・中巻・下巻があり、全部で九巻からなる。初編は、上巻の凡例から安政四年（一八五七）に行われた五度目の蝦夷地調査を終えた後に箱館で執筆している。

武四郎の自伝では、六度目の調査に出発する前の安政五年正月に、向山栄五郎（号黄村）が序文を認めてくれたことや、調査を終えて江戸へ戻った武四郎が、同年十二月八日に幕府へ出版願いを出したが、箱館奉行所による「注意の趣にて出版相成らず」との付箋が付けられ返却されたことが記されている。

また自伝からは、「安政の大獄」で多くの志士が捕らえられた後となる、安政六年七月から二編以降の執筆にとりかかったことや、安政七年一月十九日にそれらを幕府へ献納し、「近世蝦夷人物誌後編々輯上納致し候間、為御手当右之通被下候」とあり、手当として銀二枚を与えられたことがわかる。

「近世蝦夷人物誌」には、アイヌ民族の姿をありのままに伝えることで、言葉や文化が異なるアイヌの人々のことを和人に正しく理解してもらうことや、アイヌ民族への横暴や非道な行為に及ぶ商人や役人の実名を挙げ、このような社会のあり方で良いのかを世に問いかけ、状況を改善していこうとするとともに、松前藩政から幕府直轄地となったことへの効果を強調することで、松前藩への復領を阻止する狙いがあったと考えられる。

幕末は、混沌とした時代であった。当時は、今のように誰もが平等ではなく、武士を頂点とする身分制度がある社会の中で、「差別」は日常のあちこちにあり、情報も限られていたため、異なる文化を理解し、受け入れるような時代でもなく、自分たちの文化が優れていると考えることが当たり前であった。

また、尊王攘夷の思想が沸き起こっていた時期でもあり、武四郎も志士たちと交わり、志士として行動している。

武四郎の蝦夷地調査の動機は、ロシアから日本を守ることにあった。そのためにロシアによって狙われていた蝦夷地を調べ、どこまでが日本の領土で、その端がどのような地域かを明らかにすることで、国を守る役に立ちたいと考えていたのである。

武四郎への批判に、武四郎はアイヌ民族への和風化政策を肯定しているとか、皇国史観の持ち主であったとか、アイヌ民族の良き理解者だなんてとんでもないというものや、近世蝦夷人物誌は松浦によって一方的に語られ、アイヌに押し付けられたものであるため、その語り自体も一種の暴力として理解すべきであるとするものがある。現代の価値観や考え方を当てはめるとそうなるわけだが、当時の状況は現代とは大きく違っていたことを差し引いて考える必要があるだろう。

もちろん武四郎の記録だけが真実とは限らない。しかし、武四郎が残した151冊に及ぶ蝦夷地調査の記録を読むと、彼が各地で暮らすアイヌの人々が置かれている状況に心を痛め、涙を流し、怒りに拳を振り上げてみても、自分の力ではどうすることもできない無念さをにじませながら、どうすればこの状況を改善できるか、どのような政治が望ましいのか、アイヌの人々が安心して暮らせるようにするには理想だけを語るのではなく、現実にどうすべきかを考え、激動の時代の中で悩みながら筆をとる姿が浮かび上がってくる。

「近世蝦夷人物誌」には和人によるアイヌ民族への非道な行為が記されているため、そこばかりに目が行き、取り上げられがちであるが、それはほんの一部であって、九十九の話には、親孝行であったり、ハンディキャップを持つ人々を支えたり、優れた技術を持つ人や、和人からの理不尽な行為や無理難題に理路整然と立ち向かっていく聡明な姿など、さまざまなアイヌの人々の姿を知ることによって、和人が教えられることだってたくさんあることを、武四郎は一生懸命伝えようとしている。

武四郎の執筆から160年以上が経った今、本書が再刊される意義は非常に大きい。

山本 命（松浦武四郎記念館 主任学芸員）

本著作は一九八一年八月、(社)農山漁村文化協会より刊行されました。
底本には平凡社ライブラリー版を用いました。

本文中に掲載した図版は「初編　巻の上」は公益財団法人石水博物館の所蔵、「初編　巻の中・巻の下」「二編　巻の上・巻の中」「三編　巻の下」は三重県松坂市松浦武四郎記念館の所蔵です。

アイヌ人物誌　新版

著者　松浦武四郎
訳者　更科源蔵・吉田豊

2018年10月10日　第一刷発行
2019年3月10日　第二刷発行

発行者　清水一人
発行所　青土社
〒101-0051　東京都千代田区神田神保町1-29　市瀬ビル
[電話]　03-3291-9831（編集）　03-3294-7829（営業）
[振替]　00190-7-192955

印刷・製本　ディグ
装丁　桂川潤

ISBN978-4-7917-7096-0